乌合之众？

大众非理性行为的经济学逻辑

沐 风／著

中国人民大学出版社

·北京·

前 言

“中国式过马路”已成为外国人心目中中国人的一个典型标签，也许很多外国人怎么也想不明白，一向谨小慎微的中国人为什么在过马路时却鲁莽地无视交通信号灯，只要聚了一堆人，就会勇敢地往前冲。

在刚刚过去的2015年，“爆买”一词突然莫名蹿红，包括日本、欧洲、美国等刚刚熬过次贷危机及欧债危机的西方诸国和我们的邻国，无不翘首期盼中国土豪们挥舞着大把的钞票上门抢购名牌服装、箱包、奶粉，乃至马桶盖、书包等日常生活用品，期待着大发中国财。名震海外的“中国大妈”可以在外国的奢侈品店门口不顾旁人诧异的目光，大口吃着泡面，然而在面对价值不菲的奢侈品时，却能毫不犹豫地一掷千金，这样的行为反差绝对亮瞎旁观外国人的眼睛。

事实上，无论是“中国式过马路”，或者是中国人的海外“爆买”，都是一种看上去非理性甚至疯狂的群体性行为。即使很多置身其中的人也会想不明白，为什么在群情激昂下，自己会表现得与平时判若两人，似乎所有身处群体之中的人都会被一种未知的力量剥去自己独立思考、冷静判断的能力，而成为一种群体性的乌合之众。

正如我们所熟悉的一些好莱坞超级英雄电影所展示的那样，无论是蜘蛛侠、蝙蝠侠还是钢铁侠，似乎一个看似普通的小人物，在蒙上一层神秘的面罩之后，就会完全地隐藏自己的本性，而摇身变成一个完全不同的超级英雄。似乎当人们置身于群体之中时，群体思维就会成为这种能够带来超能力、隐藏人类本性的神秘面罩，进而完全地俘获甚至改变群体中的每一个人。

似乎一夜之间，法国著名心理学家古斯塔夫·勒庞的名著《乌合之众——大众心理学研究》（以下简称《乌合之众》）就蹿红于国内各大图书市场，读者急切地阅读这本出版于一百多年前的学术名著，希望看清群体性行为的冲动、偏执、专横、传播和引导的一般规律，并以此来看清现代经济社会中的众多社会热点。

然而，建立在法国大革命历史事实之上的勒庞所著的《乌合之众》，让很多缺乏法国历史常识的国人读之无味，而偏重于心理分析的专业论述，又给一些缺乏心理学知识背景的读者造成了极大的阅读障碍，这也在很大程度上影响了勒庞所著的《乌合之众》的传播和流行。

能否写出一本建立在我们耳熟能详的日常案例基础之上的真正属于中国的《乌合之众》，能否摒弃掉过于专业，乃至枯燥的心理研究和分析方法，而采用更具可读性、更有趣味性的写作方法，让读者轻松阅读后，在面对众多的大众群体性行为时发出会心的一笑，原来这些看上去匪夷所思，甚至有些无厘头的群体性行为背后的道理却是如此简单，这恰恰是中国人民大学出版社推出《乌合之众？大众非理性行为的经济学逻辑》的初衷所在。

在很多人的想象中，经济学研究除了成本—收益分析外，就是经济增长、就业这些看上去与我们生活紧密相关，但我们却无法掌控、无法影响的复杂经济问题。然而，作为“乌合之众”而存在的人类群体，在相互交往中，人与人通过各种正式或者非正式的关系所建立起来的人际交往，不仅是一个社会问题，在很多情况下还是复杂的经济学问题。

在20世纪90年代后期，一系列诺贝尔经济学奖得主的研究把经济研究的对象扩展到了整个人类活动与人际关系，比如1992年诺奖得主贝克尔就第一次把人类的一些非经济行为纳入了经济研究的体系之下，凭借电影《美丽心灵》而为世人所熟知的1994年诺奖得主纳什开创了人与人之间进行决策博弈的经济分析新领域，2002年诺奖得主卡内曼把心理研究引入了经济分析过程之中，而同年获奖的弗农·史密斯则开创了实验经济研究的新时代。上述经济学家的研究都可以引入群体性行为的研究之中，尽管他们的经济思想比较抽象，往往复杂到普通人难以理解，但这些经济思想在解释现实生活中的群体性活动方面却有着极佳的效果，因而它们成为本书写作的思想源泉。

《乌合之众？大众非理性行为的经济学逻辑》跳出了纯粹心理学研究与社会学分析的研究框架，巧妙结合身边的具体案例，运用博弈论、行为经济学、实验经济学等现代经济学的分析方法，向读者展示了群体性行为的经济学逻辑，从一个新的角度诠释了看似偶然出现的大众非理性行为中经济学逻辑的必然。

在互联网时代，通过“烧钱式”地培育消费群体、产生范围经济、增进新经济的品牌价值，已成为无数互联网创业英雄的共同选择。这些看似非理性的“砸钱”行为，一通乱拳打死老师傅的胡打蛮干，恰恰是活学活用大众非理性行为规律的经典范例。

就在本书的写作期间，2016 年初，本意用来抑制市场投机的证券市场熔断机制，却在新一年的股市开盘后连续爆发熔断悲剧，中国的证券交易也被这些间歇爆发的熔断分割得支离破碎。为什么监管层用于抑制过度投机的善意政策创新，却沦为加剧市场追涨杀跌的罪魁祸首？当沪深 300 指数下跌 5% 时，休市 15 分钟，本意是让过度炒作的市场投机者有更多的时间冷静下来，思考自己的投资交易策略，然而在市场极度恐慌之际，它却成为再不跑就没有机会再跑的最后预警信号，反而刺激了市场中的追涨杀跌行为，进而在恢复交易之后，股指总会在极短的时间内下跌到 7%，致使 A 股直接休市熔断，全天无法交易。这也是本书再三强调的金融投资中追涨杀跌的理性思维，它恰恰从另一个角度验证了学习一些大众非理性行为规律的必要性和重要价值。如果中国的证券监管人员能够多学习一些“乌合之众”的经济逻辑，这样的悲剧，甚至是中国金融市场发展过程中的笑话也就不会发生了。

其实，无论是个人的日常生活（比如前面所说的“中国式过马路”和海外“爆买”）、金融投资（比如广大中国股民所铭记的一次次暴涨暴跌）以及伴随着打车软件等手机 APP 的普及而广为大家所知的互联网经济繁荣的背后，都隐藏着大众非理性行为的身影，它们在为本书提供丰富案例资源的同时，也反映了了解、学习《乌合之众？大众非理性行为的经济学逻辑》一书的紧迫性和现实价值。

乌合之众？

CONTENTS

目　录

Crowd?

乌合之众？

第一章

冲动的惩罚：经济学中的大众非理性行为

第一节　股灾背后的大众非理性行为

一、我为股疯

尽管2015年的夏天骄阳似火、酷热难耐，然而亿万中国股民的心却冰寒彻骨，他们仿佛置身于万古不融的巨大冰窖，正感受着一场前所未有的股灾所带来的寒意，无奈地直面自己辛勤劳动而积攒下的财富伴随着中国股票市场股指的持续下滑而消融。

其实，就在这场股灾到来之前，中国股民正享受着中国股票市场飞速发展所带来的巨大财富增值，并对于中国的股票市场持有极乐观的态度。2014年，中国股票市场终于走出多年不温不火的低迷状态，展示了五年来的最佳时刻。沪指年终收于3 234.68点，全年上涨52.87%，仅次于阿根廷，在全球证券市场表现最好的国家中位列次席。

在巨大的赚钱效应下，无论是饱经中国股市暴涨暴跌式血雨腥风洗礼的老股民，还是置身于高耸云霄的写字楼、整天西装革履的白领阶层，无论是手握重金，从黄金到比特币，买遍全世界的“中国大妈”，还是仍然没有踏足社会，对社会、经济一无所知的中学生和大学生，纷纷跑步进入中国股市，梦想就此开启一段创造个人财富的神奇传说。

特别是得益于此前互联网金融的发展，在一些 P2P 平台的帮助下，很多急于求成、急于发财的中国股民选择了利用互联网媒介，通过融资融券等杠杆交易手段，借入大量资本购买股票，梦想以此实现自身财富的更快增值。一时之间，网络融资、杠杆交易、购买股票已成为中国人所皆知的发家之道。

似乎中国股票市场也没有让亿万股民失望，2015 年中国股票市场仍然延续此前一年红得发烫的表现，上证指数持续高歌猛进、屡创新高——仅仅不到半年的时间，上证指数又暴涨六成。截至 2015 年 6 月 12 日，上证指数已报收于 5 166.35 点，众多中国股民更是赚得盆满钵盈。

然而，没有一个人想到，这似乎只是一个悲剧故事的开始。真正能够打动读者心弦的文学作品往往需要激烈的矛盾冲突、扣人心弦的情节设计和震撼人心的宏大场面。作为 2015 年备受关注的灾难大片《中国股市（2015）》，同样拥有上述优秀文学作品所应拥有的所有元素，诸如悬疑、宏大的破坏场面、希区柯克式的情节逆转以及亿万股民剧烈的感情冲突，它足以横扫所有年度电影佳作，并荣获奥斯卡金奖。

二、股灾

从 2015 年 6 月中旬开始，在毫无征兆的情况下，中国股市开启了一段跌跌不休的历程。短短不到十个交易日，上证指数已跌破 4 500 点；然而，在连续出现两个交易日的触底反弹之后，当所有股民都以为短期的调整已经充分到位、开始放心大胆地抄底杀入之时，一场前所未有的股市屠杀突然来袭，从 6 月 25 日至 7 月 8 日，中国股市突现断崖式跳水，上证指数在短短数个交易日内从 4 700 点左右跳水至 3 600 点，上证指数几乎每天都以超过 5% 的幅度暴跌。每一天，中国股票市场中超过八成的股票都会牢牢地封死在跌停板上，爆仓、巨亏、绝望和恐慌已深深地烙在众多中国股民的心头。

为了减少股民的损失，众多上市公司不得不寻找理由来申请停牌，特别是随着暴跌的不断加剧，申请停牌的上市公司数量持续增长。在一些交易日，居然出现了上千家上市公司停牌，而其余可交易的上千家上市公司则九成以上仍陷于连续跌停的状态，以致停牌上市公司居然被股民们亲切地称为良心公司，因为停牌就不会使持股股民出现巨额损失。

为了消除市场恐慌，中国金融管理当局和中国证监会几乎以一天一个救市政策，甚至多个救市政策的频率连续出台暂停 IPO、规范场外配资、重启逆回购、社保基金入市等措施。中国政府一度筹集了大约相当于 GDP 总值 10% 的 5 万亿元资金进入股票市场，以制止股民们的恐慌性抛售。

然而，大规模的救市政策也没能最终挽救中国股票市场，在 3 500 点至 4 000 点之间盘整一个月之后，8 月 18 日，这个听起来无比吉利的日子，不仅没有给中国股民带来安慰，反而再次开启了一段更为惨烈的暴跌。

8 月 24 日，上证指数报收 3 209.91 点，狂跌 8.49%，创下 8 年半以来最大跌幅，中国股票市场中近 2 200 只个股跌停，两市仅有 15 只股票上涨。此后的 8 月 25 日，上证指数再次狂跌 7.64%，报收 2 964.79 点，创下半年来的新低。中国股民已到达崩溃的边缘，这部灾难大片《中国股市（2015）》也最终达到高潮。

三、股灾背后的思考

在很多朋友看来，作为国民经济的晴雨表，股票市场应该是最讲究经济规律的市场，它应该是国民经济或者实体经济的市场反映。尽管在人民币持续贬值的压力下，中国经济面临着一定的下行压力，但整个国民经济层面并没有出现明显的恶化，金融市场的基本面也没有突发性的剧变，为什么中国股市却跌得如此之惨？

即使市场对于人民币贬值或者特定企业，甚至特定产业的发展前景产生怀疑，它也应该只影响某一只个股，或者最多一两个特定板块的股票价格走势。对于中国股票市场中的两千多家上市公司来说，它们分处不同地域、身居不同产业，每家企业的基本运营都有自身的特点，而且各公司的盈亏状况更是千差万别，本不应该受其他上市公司运营情况的太大影响。可是，为什么 2015 年中国股市却会屡现千股跌停、千股停牌，以及在暴跌过程中少数几个交易日的报复性千股涨停，似乎所有上市公司的股票走势居然踏上了相同的步调，这似乎并不符合一般意义上的客观经济规律。

如果按照一般的经济学理性思维模式，股民之所以选择购买某只股票，肯定是因为对于这家上市公司的基本运营状况持乐观态度，预期这只股票的价格在未来的价格会高于自己购买时的价格。股民们也只有低价买入、高价卖出，才有可能从股票投资中获取利润。

可是，2015年的中国股灾却给我们带来了一个新的思考：为什么理论上应该反映每一家上市公司运营概况、反映国民经济运行情况的股市却会毫无征兆地出现非理性的暴涨暴跌，为什么理论上说的不同上市公司的股价走势应该存在明显的差异性，但在股灾中表现出如此的同步性？为什么理论上说的理性投资者应该低价买入、高价卖出，并从买卖差价中谋取差价利润，但他们却在股灾之中选择恐慌性地不计成本地抛售自己高价买入的股票筹码，以求尽快脱身于股灾之外？其实，上述问题的答案存在于本书所希望阐述的大众非理性行为之中。

在经济社会中，作为一个社会人，我们每一个人都会与其他社会成员形成网络状的有机联系，这就意味着每一个人的经济决策其实都会对其他社会成员产生影响。当这种社会影响像多米诺骨牌一样不断积累之后，就可能形成完全不符合常规经济理论、经济规律所阐述的经济现象，它也不符合一般意义上的理性选择。然而，大众非理性行为看上去极为盲目、极端、缺乏稳定性，但在其背后却有同样深刻的经济逻辑和经济思维。在信息社会中，如果我们能够掌握并灵活地利用这种大众非理性行为的运行规律，也许能够帮助每一个人、每一个企业做出更客观、更科学、更理性的竞争策略，并使我们从中获益。这正是本书写作的初衷。

案例 1—1

日本书包真的适合中国消费者吗?

近年来，每到黄金周或者过年、过节时，富裕起来的中国消费者纷纷涌出国门，到世界各地旅游、购物，享受现代生活给自己带来的富足与美好。在所有中国人喜欢的旅游目的地中，我们的近邻日本由于地理位置和双方文化传统的接近，从而成为众多中国消费者首选的购物天堂。

早在 2015 年春节期间，国内的一些媒体就报道：中国游客跑到日本的一些旅游景点购物，几乎将整个购物中心的所有商品搬空了，从而给日本民众的生活带来不便，也引起了原住民对于中国游客的极大排斥心理。

中国游客在日本疯狂抢购的商品中，除了包括广为人知的婴儿奶粉外，还包括智能马桶盖和儿童书包，中国游客来到日本商场后，几乎都会选择给自己以及国内的亲友们买上几部可以自动加温，附加杀菌、除臭、自动冲洗功能的智能马桶盖，然后给国内的小朋友们捎上一个传说中附加了 GPS 定位和防灾救命功能的书包。

随着媒体报道的持续深入，一些有趣的细节开始为人们所熟知。虽然最受消费者追捧的日本马桶盖的确是日本品牌，但它们却是不折不扣的中国制造，居然就产自中国的杭州，这些马桶盖远渡重洋到达日本之后，又被众多中国消费者不辞辛苦地背回了国内。尽管其功能强大，但由于中、日的电流以及自来水纯度的差异，在进入中国家庭之后，它们往往水土不服，用不了多久就会罢工，也就是没有办法发挥其真正的功效。

更有意思的是日本书包，其价格甚至超过了万元人民币。传说中的可以防止儿童被拐卖的GPS功能，那是日本国内的附加功能，由日本政府相关部门免费附加在市场销售的每一款书包上，当小学生遇到危险时，只需要按下书包上的特殊按钮，就可以立刻给父母的手机、学校安全部门以及警署发送相关报警信号，并确定书包的所在位置，以备紧急救援。这一功能听起来的确高大上，然而，即使在日本国内，享受书包的GPS定位功能也需要按月支付相应的服务费用；到了中国之后，其GPS功能完全失效，根本无法收到日本国内的GPS信号。因此，中国消费者就是想花钱享受GPS服务，也是根本不可能的。

传说中的日本书包可以防止地震或者充当乘车撞车时的救命利器，那只是因为日本书包中会特别装上特殊材质的“变形防止板”，其材质坚硬，在发生地震或者汽车撞击时，如果把它挡在头上或者身前，的确可以起到一定的防护作用。然而，正是由于安装了这一特殊材质，日本小学生的书包总是特别沉。大家想一想，书包中装上如此一个类似于钢板的材料，能不沉吗？在地震频发的日本，拥有这样的书包的确有着极大的现实意义，然而在中国，很多人终其一生也不会遇到一次像样的地震，成天背着这样一个根本不可能发挥作用的防身利器有何意义？这样沉重的书包只会给孩子们带来巨大的负担，甚至影响腰椎的成长发育。

更有意思的是，由于日本的教育压力远没有国内大，日本的小学教育也不允许给小学生们布置太多的课后作业，因此日本书包的容量并不大，通常装上两三本书就满了。而在国内沉重的竞争压力下，很多孩子每天需要携带非常多的课本上学，如果选择了日本书包，则孩子们不得不在背着沉重日本书包的同时，再拉着一个能装更多书本的拉杆箱上学，这就给孩子们带来了更大的压力。

然而，这些水土不服、根本不适用于中国的书包却得到了众多中国家长的追捧，这自然是一个非常有意思的大众非理性行为。听上去，中国游客简直是愚昧、糊涂到了极致。的确，逐渐富裕起来的中国人凭借着日益增长的收入，的确已经成为土豪一族，但中国的整体居民收入水平仍远低于欧美发达国家。可是，这些收入低于发达国家的土豪们却愿意一掷千金，跑到国外去购买很多对自己并没有太多实用价值的商品，岂非非理性到了极致？

事实上，如果理解了大众非理性行为的一般规律，我们就能理解这种看似无厘头到了滑稽程度的非理性消费行为的经济逻辑。也许通过分析中国消费者的海外购买行为，能够帮助我们初步理解大众非理性行为的产生与演进过程。

自改革开放以来，中国经济保持了长达三十多年的高速增长，从一个贫穷落后的发展中大国发展为全球第二大经济体，创造了人类经济发展的又一个奇迹。然而，经济总量的增长并没有带来中国产业结构与产业层次的相应提升。近年来，在国际市场中，中国制造已成为质量低劣的代名词，特别是三聚氰胺事件发生后，越来越多的中国家长对于中国生产的儿童用品失去了信心，而日本、德国这些以精工制造著称的发达国家的产品则成为中国消费者心目中安全、放心的代名词，进而这些国家的产品自然也就受到了越来越多的中国消费者的欢迎。

尽管日本、德国在生产工艺方面的确拥有中国制造业企业无法达到的过人之处，但不是这些国家生产的所有产品都适合中国消费者，至少前面介绍的马桶盖和书包就不适合中国国情，因而并不适于引入国内。

然而，长期以来在中国消费者心目中所形成的对于日本产品的盲目信心，却足以摧毁一切理性。中国的消费者普遍认为，凡是日本生产的产品自然就优于国内；如果要对自己的家人（特别是子女）好，就应该不惜重金购买这些工艺精湛国家的产品，而不用考虑其是否适于国内消费。与此同时，身边其他中国消费者的抢购行为又会进一步强化这种国外产品肯定优于国内，否则为什么其他人会抢购的心理，从而形成更为普遍的模仿性抢购。

作为社会人，人类本能地处于与身边人的比较之中，在从众和攀比心理的作用下，当身边人陷入非理性抢购时，哪怕是再有理性的人，也会无法忍受抢购可能导致自己落后于他人、与他人不一样所带来的心理压抑，而别人拥有、自己却没有的心理落差会进一步加大这种心理压力，从而使得人们会跟随一些大众行为。这样一来，普遍的大众非理性行为自然就产生了。

第二节 经济学的理性假设

一、理性人假设

对于熟悉现代西方经济学的朋友们来说，想必对于理性人或者经济人假设不会陌生，因为它是现代经济学的根基。现代经济学正是假定整个社会都是由无数个理性人构成，通过作为个体的理性人的经济决策行为来保证整个社会经济的稳定运行。

现代西方经济学通常假定每一个人都是充分理性的，都能够充分利用自己所占用的社会资源，追求以最小的经济成本实现自身利益的最大化。在这个过程中，决定每一个经济主体所做决策的关键就是对于他们自身利益的准确把握和判断，而实现这一理性决策的关键就是必须保证每一个人都是自私自利的经济主体。

早在 1776 年，现代西方经济学的鼻祖、伟大的经济学家亚当・斯密就提出，在现实经济体系中，每一个人的天性都是自私和贪婪的，每一个人都在追求着自己的利益，却最终保证了社会利益的最大化。

在亚当・斯密著名的《国民财富的性质和原因的研究》(以下简称《国富论》) 中，有一段精彩的表述："他无意去促进公共利益，也不知道自己正在多大程度上促进公共利益。他宁愿支持本国劳动，而不支持外国劳动，只是为了自己的安全，他指引这种劳动产品使它具有最大的价值，也只是为了自己的利益。在这种场合，也像在许多其他的场合一样，他被一只看不见的手引导着，去达到一个他无意追求的目的……他追求自己的利益，常常能促进社会的利益。”这也成为现代经济学中对市场机制运营规律的最基础阐述。

正是源于亚当·斯密的《国富论》，现代西方经济学中最重要的思想就此产生，亚当·斯密提到的“看不见的手”就代表着西方资本主义经济的市场机制。只要政府充当守夜人，也就是现代意义上的保安，能够通过制定法律规范的方式保证市场经济的正常运行，那么在市场经济的运行过程中，每一个人都只受自己自私自利的天性驱使，做出各种有利于自身利益的决策行为，然而简单地追求自己的利益，最终却能实现社会利益的最大化。也就是说，自私的天性反而成为保证市场机制顺利运转的关键所在。

在崇扬“克己奉公”和“重义轻利”的中国传统文化中，“天下为公”是无数仁人志士不懈追求的目标，然而古老的中国人也承认“天下熙熙，皆为利来；天下攘攘，皆为利往”，故追求自身经济利益的最大化才是最符合人的自私天性的行为选择。

古人之所以高度推崇大公无私、具有崇高的品质、丝毫不考虑自身利益、全心全意投入维护社会和他人利益的伟大事业之中的仁人君子，那是因为这种重义轻利的利他之心并不符合绝大多数人的天性，因此是一种极为罕见的高尚行为，所以它才能成为中国传统文化中完美人物的化身。如果利他之心成为整个社会普遍品德的话，人人都能够维护他人利益、集体利益，那么大公无私的仁人义士也就不会再成为古人孜孜追求的榜样了。这从另一个方面反映了自私天性所引起的对于自身利益的追求，恰恰是任何一个社会中最为普遍、最为真实的人性写照。

二、成本—收益分析

既然经济学的理性思维要求自私的每一个人都在追求自身利益的同时，实现社会利益的最大化，其中必然潜藏着一个基本的条件，就是每一个进行决策的理性人都能相对准确地判断自己的决策行为对于自己的成本和收益所产生的影响，这就自然形成了经济分析中最核心、最基础的成本—收益分析法。

所谓成本—收益分析法，顾名思义，就是在决策时，决策者必须认真、细致地权衡和比较自己的每一项决策可能对自身的成本及收益所产生的变化，并在成本固定的情况下，从自己的不同决策中选出能给自己带来最大收益的决策行为，或者是在效益既定的情况下成本最小的决策，或者是能给自己带来最大净收益的决策选择。

经常有一些没有学习过经济学的朋友问我，学习经济学能给自己带来的最大好处是什么？是不是学习了经济学，就能准确地把握股票的价格走势，炒股投资百战百胜；是不是说学习了经济学，就能找到最具发展潜质的投资方向，永远超人一步，永远比其他人站得更高、看得更远、赚得更多？

其实，我不忍心打击这些对于学习经济学存在许多美好幻想的朋友们学习经济学的热情。然而，作为一名学习了数十年经济学的专业人士，利用别人的无知来误导他似乎也不符合我做人的原则，所以还是有必要给这些希望借助学习经济学而发家致富的朋友们泼一盆冷水。

在很多时候，如果我遇到类似的提问，我的回答通常为：学习经济学最大的好处就是培养你的成本—收益分析思维，让你在做出每一项决策选择的时候，都能够理性地做出最符合自身利益的决策选择，最终保证你能在人生的每一阶段、在每一次重要的命运关头、当幸福来敲打你门的时候，你能敏锐地觉察并紧紧把握住命运给你的每一次机会，最终保证你的人生选择始终有益于你的发展、符合你的利益，进而实现你人生价值的最大化。这恰恰是人们学习经济学最为基础的理性人分析时所必须使用的成本—收益分析法。

我曾经与一些本科学习数学、计算机等理工科专业，而硕士或者博士阶段又选择经济学专业的朋友们聊天，当他们问到自己与科班出身的经济学专业硕士生是否存在不同时，我的回答同样是：对于本科就学习经济学的大学生而言，哪怕他们的大学生活是在逃课、社会兼职、校外创业、甜蜜爱情中度过，哪怕他们每个学期只是在学期末才会突击自学，乃至通过死记硬背来应付考试的相应知识点，但长期经济学教育的熏陶，将自然而然地使得经济学这种最基础的成本—收益分析法深入他们的血液，在做出任何一项决策选择时，他们都会自觉不自觉地通过判断自己的成本与收益、所得与付出，最终理智地做出抉择。

对于很多具有理科背景的同学而言，长期的实验教学、数学推导固然极大地锻炼了他们的逻辑能力，但他们的逻辑往往更容易执迷于“是”或者“否”，而不是“为什么是”或者“为什么否”，在进行选择时，他们往往看不透每一项决策背后的成本与收益，反而更多地执迷于每一项选择的内容，过于关注决策内容自身的好与坏，在这种只见树木、不见森林的视角下，自然也就很难得出利用经济分析可以轻易得出的准确答案了。

当然，所谓的成本—收益分析法并不像很多门外汉想象的那么简单、直接，它其实也蕴藏着一些复杂的经济思维方法。例如，我们通常所讲的教育问题就是一个典型的可以运用成本—收益分析法得出结论的问题。

案例 1—2

读书无用论背后的成本—收益分析法

对于无数普通的中国家庭而言，高考似乎是逆转家庭命运、实现父母期望的唯一出路。所谓“千军万马过独木桥”，莘莘学子为了追求更高的学历水平、更优的学校层次、更为亮丽的专业背景，往往埋首寒窗苦读十余载，只为实现“金榜题名跃龙门，一朝成才天下知”。

在笔者工作的高校，很多高年级的本科生与硕士生也会困惑于是应该选择考研（或者考博）继续深造，还是进入社会就业。对于很多青年学生来说，这都是一个无比复杂、难以抉择的痛苦选择。那么，我们应该如何判断其背后的成本与收益呢？

显然，读书的收益是很多人都看得很清楚的，那就是未来获得更好的工作机会，赚取更多收入的可能性。在通常情况下，一个人的受教育水平与他的就业水平和收入水平表现出明显的正相关性，一个人接受的教育水平越高、获得的学历水平越高，通常会被视为具有更多其他没接受教育的人所无法获得的专业能力和个人素质，因此往往有机会获得更佳的就业机会、更多的收入报酬。而受教育水平较低的人，通常只能从事一些简单初级的劳动，因为专业门槛很低，因此他们所面临的竞争将会非常激烈，或者是收入更低，或者是就业条件更恶劣，或者是工作强度、工作风险更高。

为此，接受教育往往被人们视为有利于个人发展前途的机遇。古人云：书中自有黄金屋，书中自有颜如玉。只要读了更多的书、接受了更多的教育，那么金钱、爱人、幸福都会接踵而来。

然而，比较复杂的应该是接受教育的成本。对于很多没有接受过专业经济学教育的朋友而言，他们眼中的成本往往是通常意义上的会计成本，也就是从事相关活动过程中真实发生的成本。如果你选择读书，那么你需要交纳学费；在读书期间，你还会花费相当数量的书本费、生活费等。上述花费都是由于你选择接受教育而必须支付的额外成本费用，当然也就构成了你的受教育成本。

但是，问题是你选择读书的成本是否仅仅表现为上述会计成本呢？如果把会计成本等同于读书的成本，显然你的眼光就过于狭隘了。在经济学中，还有一种特别却非常重要的成本——机会成本，这种成本是绝对不容忽视的。

事实上，经济学中最重要的主题是提高资源的利用效率。对于我们每一个人而言，时间、精力显然是一种非常重要的资源，而这些资源往往具有多种利用途径，比如我们可以把时间用于读书、工作、创业、娱乐、谈恋爱等。但问题是，当我们把时间、精力用于读书时，就不可能把它同时用于其他用途，这就意味着我们丧失了将同样的时间、精力用于其他用途可能给我们带来的额外收益。那么，当我们选择读书时，为此所放弃的将精力用于就业所可能带来的工资收入，其实就是我们选择读书的机会成本。

显然，对于一名学生而言，读书的收益是未来可以获得更好工作机会、更多收入的可能性，而成本则是他选择读书所实际花费的会计成本与机会成本之和。作为一名理性人，在选择是否继续读书时，他就必须仔细权衡读书的成本与收益：只有当收益大于成本时，他才会选择继续读书；当成本超过收益时，显然放弃读书是一个更理智的选择。

如果理解了这一点，我们就很容易理解为什么近年来越来越多的农村学生明明考上了大学或者能够考取研究生，却选择放弃，而是直接进入社会工作。此外，读书无用论开始甚嚣尘上。

近年来，随着高等教育改革的推进，我国的大学招生规模持续扩张；与此同时，大学的课程设置却与社会需求存在较大的分歧，这导致了很多大学毕业生在进入工作岗位的初期，并不能为企业很快创造价值，并不具有“即插即用”的应用价值，有些企业甚至愿意高薪招收教育水平低但动手能力更强的技校学生或者蓝领工人，而不愿意招收具有更高学历的大学生。因此，大学生就业难已成为一种普遍的社会现象。这意味着大学生从受教育中所获得的收益，也就是凭借读书、受教育而改变人生命运的期望不得不受到更大的挑战。

另外，在大学招生规模扩大的同时，社会上的低学历、简单劳动力的规模却大幅减少，而随着中国经济的持续发展，特别是在出口导向型经济增长中，大量的出口型企业对从事简单制造业生产操作的蓝领工人的需求持续扩张，反而导致很多靠力气吃饭，并不具有高等教育水平的人群却能赚取比普通大学生更多的收入。这在反证读书无用论的同时，又增加了农村学生读书的机会成本——如果他们选择读书，则他们所放弃的进入工作岗位所赚取的收入数量将是一个对他们而言极为庞大的数字。

在读书的收益减少、成本增长的情况下，在进行是否读书的决策分析时，简单的成本—收益分析已无法得出读书的收益必然能够弥补其成本的基本结论。当中国传统的关注儿女教育，强调砸锅卖铁也要供子女读书深造的理念受到了越来越多的现实挑战时，读书无用论自然就盛行起来了。

当然，所谓的理性人分析读书的成本与收益时，往往习惯于用金钱价值，特别是用一种短期的货币关系来对读书的成本与收益进行比较，在当前大学生就业难的历史背景下，得出读书无用论自然也就不奇怪了。然而，如果从更长远的视角，跳出单纯的金钱收入进行比较，我们就会发现：低技术、低学历的简单劳动力固然在当前的中国经济发展中仍能获得不低的收入报酬，但它显然是与中国“调结构，转方式”的经济改革思路相悖的。未来，中国的经济发展必然需要更专业、更现代化的生产运营，这必须依赖于高素质专业人才，而上述不具有高等教育水平的低素质劳动力终将被历史的发展所抛弃。

从上述经济结构的调整角度来看，即使短期收益不能弥补成本的受教育决策，在长远的视角下，仍是更适应社会发展趋势的正确选择。从这个角度来说，尽管从成本与收益来看，教育的投入与产出面临着越来越大的压力和挑战，然而放弃不菲的收入、接受当前来看经济效益并不高的教育，看似非理性，却完全符合经济逻辑。

第三节　非理性行为的经济分析

一、信息不完全条件下的不完全理性

现代西方经济学的理性人假设其实潜藏着一个非常重要的前提条件，那就是每一个人都可以获得与他决策相关的所有信息，因此可以准确判断出自己决策行为的成本与收益，并据此做出最为科学、合理的决策选择。然而，这样理想的前提条件在现实中并不存在。

比如，你打算去菜市场购买一斤鸡蛋，那么按照西方经济学的市场理论，如果整个市场中的鸡蛋品质都是完全一样的，那么购买者就会到最便宜的出售者处购买。因此，如果某出售者所卖的鸡蛋比其他卖家的报价高，哪怕是只贵一分钱，也不会有购买者前来购买，因而这位要价更高的出售者所拥有的鸡蛋只能全砸在自己的手上，眼睁睁地看着它们变质，进而损失掉。同理，如果鸡蛋的出售者知道能以某

个价格出售掉他所有的鸡蛋，那么他的报价也不会降一分钱。最终的结果是在市场机制的调节作用下，整个市场中的鸡蛋价格会自动达到一个共同的水平。任何一个出售鸡蛋者都会把自己的鸡蛋售价确定在与其他竞争对手完全相同的水平上，而且他们也不会接受任何讨价还价。对于购买者而言，到任何一个出售鸡蛋的摊位购买鸡蛋都一样，因为鸡蛋的价格与质量不会有任何差异。

同理，在整个市场中，卖白菜的，卖土豆的，卖任何一件商品的摊贩都会把自己所售商品的价格确定在与其他竞争对手一样的水平上。通过市场机制的自发调节作用，可以保证所有的购买者和出售者都能以相同的价格完成同样商品的交易，最终保持了市场交易价格的稳定、有效。

对于曾经买过菜的朋友而言，上述推理的错误是明显的。为什么我们去菜市场买菜时，将会询问每一家摊贩所售菜品的价格，是因为我们知道不同摊贩的报价实际上不会完全一样。当然，在同一个市场内，出售相同商品的不同摊贩之间的价格差异不会很大，但很少会像经济学逻辑推导的那样，理想地固定在一个相同的水平上。

显然，我们只需要一家一家摊贩分别询价，就能获得整个市场中某商品的完整报价情况，然后选择报价最低、对自己最有利的一家进行交易，才是最适合自己利益的选择。那么，这么简单的道理，大家为什么不照着做呢？

比如市场中有 20 家出售鸡蛋的摊贩，假定不考虑鸡蛋的品质差异，那么我们只需要逛遍整个市场，询问这 20 家摊贩所售鸡蛋的报价，然后从中选择最低报价的一家进行交易就可以了。

问题在于，我们逛遍整个市场，询问完这20家摊贩的鸡蛋报价可能需要花费的时间相当长，如果需要花费两三个小时才能完成针对所有摊贩的询价工作，最终只为自己节约了一毛钱，那么根据前面的成本—收益分析法，你所花费时间的机会成本可能远大于所节约的一毛钱收益。显然，这样的决策是得不偿失的。

此外，如果买每样菜时都选择彻底问清市场中每一家摊贩的准确报价情况，那么可能你买一趟菜就得花费十多个小时了，而这段时间可能足够你赚一笔不小的收入了，这意味着它的机会成本相当高。这就决定了每一个买菜者通常只会询问两三家出售相同菜品的摊贩，并从中找出最优的价格进行交易，此举只能保证其交易的价格在已经询价的几家中是最合适的，但无法保证该价格一定是整个市场中报价最低的、对购买者最有利的选择。这种无法掌握所有市场信息的现象就是信息不完全。

更复杂的是，不同的商贩针对相同的菜品索要不同的价格，也许是因为他们所提供的商品的品质存在一定的差异。然而，对于很多普通消费者来说，很难准确地界定所有商品的品质与价格之间的联系。实际上，所谓的“买的没有卖的精”，往往是指在市场交易中，卖方往往掌握更多的关于商品品质的信息，而买方掌握的信息相对少得多，这也就是通常所说的信息不对称。

因此，一般经济学所坚持的理性人假设，通常是建立在市场上的所有同类商品都是同质的，买卖双方也能完全掌握市场的价格关系，或者即使产品存在差异，但买卖双方也能拥有相同的、完全的市场信息。然而，由于信息不完全和信息不对称的存在，上述理性人假设简直是一项不可能完成的任务，理论中的完全理性只如镜中花、水中月一般美好，却是虚拟的理想状态。

现代西方经济学的研究往往建立在很多复杂的假设前提之上，并且通过严密的逻辑推理，才得出当今我们所熟悉的经济学原理。然而，理想很丰满，现实很骨感。伴随着现代西方经济理论的不断发展，越来越多的经济学家发现了经济理论与现实之间的脱节，他们认为建立在虚幻且不现实的研究基础之上的传统经济理论，需要通过细致的专业研究加以完善。因此，建立在不完全竞争理论、不完全信息基础上的经济行为研究，也成为近年西方理论经济学的重要研究领域。

二、情感与非理性

传统西方经济理论中的理性人认为，每一个决策者都会根据自身的利益状况进行决策，总会选择对自己最有利、最符合自己利益的决策结果。其实，这样简单、粗暴的研究结论在很大程度上抹杀了人的情感和意识，仅把人视为一种单细胞、单一反应模式的机械。

然而，作为一门社会科学，经济学的研究对象不仅仅是单纯的经济体系，更是一个个有血、有肉、有情感、有意识、具有独立的思维能力和决策能力的活生生的人。即使是同一个人针对同样问题的回答，在不同环境、不同背景下，都有可能存在较大的差异，而理性人假设这种完全抹杀了人的独立思维能力的机械思维模式显然不能完全代表所有的经济决策。

比如说，理性人决策要求每个决策者总会选择最符合自身利益的决策结果，因此他将通过成本—收益分析，细致比较所有的决策选择可能承担的成本与收益，从中选择净利益最大的选择结果，这是最符合理性人假设的结果。

可是我们知道，在西方社会，几乎所有的富豪都会热心慈善事业，他们投入很多的精力与金钱，用于救助处于困苦与逆境中的社会底层人群。比如作为世界首富的比尔·盖茨，早已公开宣布不会把自己的万贯家财留给自己的子女，而会把全部财产都捐献给慈善机构。多年以来，这些富豪已经真金白银地拿出了亿万资金用于救助与他们毫不相关的非洲贫困人民，或者患严重疾病的穷人。

当然，也会有一些现实主义者或者持阴谋论的朋友们会质疑比尔·盖茨的善心，把他热衷慈善事业的事实视为一种自我炒作、自我吹嘘，甚至有人强词夺理地反驳：如果盖茨真的想做慈善，那么他为什么不把自己拥有的微软公司捐给国家或者分给国人；如果他真的关心穷人，为什么还控诉经济收入不高的中国人盗版他的WINDOWS软件，直接免费让大家用不就得了吗?

事实上，比尔·盖茨都已经贵为世界首富、天下无人不识君了，自己的家产已经够自己及子孙数代尽情享用了，再进行炒作与吹嘘，对盖茨已没有太大的意义了。至于质疑盖茨为什么不让中国人免费使用他的软件，显然没有理解西方的工作哲学，即“Business is business”(工作就是工作)，而把事业与慈善完全混同了。

对于西方人而言，事业就应该按理性人假设，追求自己利益的最大化，而慈善追求的是全人类的幸福安康，也是为了内心的安宁，它与利益无关，这完全是两个层面的问题。

一个可以说明问题的例子是，大家知道巴菲特是仅次于盖茨的世界二号富翁，他同样认可盖茨的哲学，公开宣布将会把自己的财产全部捐给慈善事业。估计在所有人看来，像巴菲特这样一下子向慈善事业捐出好几百亿美元，绝对是能够赢得极大社会声誉的好事。然而，巴菲特却把他的财产全部捐给盖茨所创立的“比尔和梅琳达·盖茨基金会”（以下简称“盖茨基金会”），也就是巴菲特出钱，然而名誉却归盖茨基金会所有。这在很多中国人看来是完全不可思议的事情，在巴菲特看来，却是一个很自然的结果。他追求的只是把财产捐给慈善，保证自己捐出的财产能够给穷人带来最大的好处，那么委托任何一个第三方组织帮助自己完成心愿都是同样的结果，既然他信任盖茨基金会，那么把自己的全部家产都交给盖茨基金会也就毫无问题了。

即使慈善还没有被全部中国人所接受，我们也看到陈光标、曹德旺等先富裕起来的一些富翁已经开始把自己辛苦赚来的财产大量地用于捐助困难人群，这在很大程度上也证明了由于慈善、同情等情感的存在，人们在决策时并不会仅仅考虑利益最大化，有时牺牲自己的利益同样是合理的选择。

2015年，天津“8·12大爆炸”造成了极大的人身伤害，夺去了一百多名无辜群众，特别是消防员战士的生命，也给数万民众造成了巨大的财产损失。然而，就在爆炸发生后数小时，数万名来自天津、北京甚至全国的志愿者已经齐聚天津滨海，他们花费自己的资金购买净水、食品、药品、衣服用于救济灾民，他们排起长队献血以应对灾难造成的血荒，他们冒险来到灾区参与生命救援与灾后秩序的重建。如果单纯地按照理性人假设，只以利益作为行动与否的标准，那么这些志愿者的行为都是无法用经济理论解释的，但这恰恰是现实的客观存在。如果经济学根本无法解释这样广泛存在的现实，那么经济学的应用价值显然也就值得怀疑了。

作为有情感、有意识的生物，人类在进行决策思维时，并不是传统经济学理论所设想的那样，单向、纯粹地通过成本和收益的比较，绝对地选择最符合自己利益的决策，在同情、爱慕、信仰、怜悯等感情因素的作用下，一些不符合最优利益的决策选择，其实也是人类的常见选择。

三、大众非理性行为问题的提出

其实，作为社会人，人们总是生活在与他人的交往与联系之中，也不可避免地会受到他人决策选择的影响，在一些模仿、学习、羡慕、恐慌、妒忌等情感的左右下，一个人的非理性行为很容易对他人产生明显的影响，最终形成整个社会的非理性行为浪潮，从而引发本书所关注的大众非理性行为。

正是在上述信息不完全和信息不对称的现实下，当民众对于一些自己所关注的问题并不拥有足够的内幕信息时，人们将倾向于关注他人在面临同样的选择时将会采取的行为决策，并通过模仿、学习的策略，复制他人的策略选择，以避免自己由于信息不对称所遭受的损失，从而形成了一种明显的从众心理。

在社会决策之中，作为公众意见领袖，或者单纯的先行者的选择是否是真正的理性行为，将会决定整个社会决策选择的合理性。如果最早采取决策选择的先行者的决策本身就存在一定的非理性，并且这种非理性又通过广泛的模仿和学习成为一种社会风气，那么大众非理性行为自然也就产生了。

当然，作为社会人，现代社会中的每个人所做出的独立决策选择，其实都会对身边的其他人群，乃至整个社会产生一定的影响作用，在一些复杂的博弈决策机制下，对单个决策人是理性行为的决策选择，如果被更多的人所采取，却会造成更大范围内的非理性。这使得大众非理性行为的产生和演进变得更为复杂。

案例 1—3

抢盐风波

提起 2011 年的抢盐风波，也许很多朋友仍然记忆犹新，甚至有时大家在一起聊天时，还会把多年前的这场闹剧当作笑话用于逗乐，然而这一闹剧产生、发酵以及消散的全过程，也许还能给大家提供很多值得思考的地方。

2011 年 3 月 11 日，在大洋彼岸的日本爆发了一场里氏 8.9 级的地震，在大自然强大破坏力的作用下，即使是在对各等级地震司空见惯、已经对一般地震见怪不怪、房屋素以抗震著称的日本，也随处可见房屋建筑的倒塌和人员的极大伤亡，日本经济也因此遭受了一场巨大的浩劫。

在这场地震中，真正给世人以震撼的灾难发生在不为人知的日本小城福岛。作为拥有日本，乃至当时全球最大的核电机组的福岛核电站，已经安全运营了整整40个年头，它的存在为能源缺乏的日本提供了廉价而稳定的电力供应。尽管灾后很多专家指出福岛核电站的很多设备已经严重老化，存在着极大的安全隐患，然而在灾前，它曾被全世界视为安全开发核电资源的模范企业。

2011年的这场巨大地震超过了福岛核电站的抗震能力，在巨大地震波的冲击下，原来就出现了腐蚀的福岛核电站一号机组的压力抑制室和气体废弃物处理系统相继出现问题，从而引发核蒸气泄漏，并在一天之后引发爆炸，大量对人体有害的废弃放射性物质随着废水和蒸汽被排入海水和空气，这也引发了继切尔诺贝利核电站之后，又一起震撼世人的核污染事件。

由于受此事件的影响，运营福岛核电站的东京电力公司很快宣布废弃存在泄漏隐患的六台核电机组，并于两年后宣布完全停止福岛第一电站的运营。但是，这场核泄漏风波还是给福岛人民带来了很大损失。由于受到核泄漏的影响，在灾后几年时间里，福岛本地生产的农产品和海产品都含有大量对人体有害的放射性物质，因而根本无人问津。由于害怕核泄漏的伤害，很多福岛人民也不得不选择放弃自己的家园，背井离乡，迁居到更为安全的其他地区。

然而，没人能够想到，福岛核泄漏引发的最大群体性恐慌居然不是出现在福岛，甚至不是出现在日本，而是出现在邻近的中国。就在震后的第二天，由于福岛核泄漏向海洋排出了大量含有放射性物质的废水，因此海水已经受到严重的污染，从海水中提炼的食盐已不再能够食用的传言开始在浙江、福建等沿海地区蔓延。为了防止海水污染导致购买不到清洁安全的食盐，一些先知先觉的民众开始大量购买食盐，宁可先囤一批食盐，也不愿意以后买不到盐吃。

随着海水被福岛核泄漏污染导致无盐可吃的传言的人际传播，福岛核电站对海水的污染程度也被不断夸大，甚至有人援引一些医学专家的话，说盐水可以杀毒灭菌，因此大量吃盐可以防范福岛核污染对人体的伤害，又进一步加大了中国民众对于食盐的抢购风潮。

就在福岛发生核泄漏的第二天，在国内的一些沿海地区已经出现了小规模的抢盐热潮，短短一周之内，这样的抢盐风潮就蔓延全国，继而一发不可收拾。短短四五天时间，国内所有商场、超市、便利店的食盐就被抢购一空。有些人为了囤积居奇，居然抢购了上万公斤的食盐，以求在未来食盐供应不足时高价卖出牟利。

当所有零售店的食盐都因为抢购而出现缺货后，更多的抢购者把目光投向了同样是咸味的咸菜、酱油等。一周之后，全国人民惊讶地发现，几乎所有国内超市的调味品货架都已经被恐慌的人民群众抢购一空，这场抢盐风波开始进一步发酵，很多人开始担心核泄漏会对中国产生极大的影响，进而担忧空气污染、水污染和食品安全。

为了消除抢盐风波的传播，我国政府从第一时间就邀请大量专家向人民讲解福岛核泄漏的前因后果和对中国的影响，辟谣食盐在防范核污染中的作用，并督促盐业部门集中力量、加大食盐生产，以保障市场供应，同时打击造谣惑众、恶意囤积、哄抬物价、扰乱市场等违法行为。短短十天的时间，食盐又重新回到各大超市的货架，随着食盐恢复供应，其价格也回归正常，抢盐风波不攻自破，很快化为乌有。

显然，这场抢盐风波是一场大众非理性行为的经典演绎。抢盐风波的产生源于大众对于信息不透明、信息不完全所产生的不安和恐慌，抢盐风波的扩张源于人与人之间的相互影响和模仿带来的从众行为，而抢盐风波的治理则需要充分和清楚的信息传播，保证供应对于市场恐慌的消除，稳定价格对于囤积居奇的市场炒作行为的打击。

从某种意义上说，抢盐风波不仅是我们茶余饭后的谈资，更是我们如何应对大众非理性行为的标准教科书，即引导公众行为、消除公共恐慌、保障信息公开也将成为应对大众非理性行为的标准策略。

其实，群体性的非理性行为并不是一个新鲜的话题，100 年前的法国社会心理学家曾经写下著名的《乌合之众》，该书结合法国大革命过程中的一个群体性事件，对于大众群体性行为中的破坏性、极端化和低智商化的特征进行了深入的分析。然而，恰恰由于该书写于法国大革命的特殊背景下，对于缺乏相应历史知识的中国读者而言，其可读性自然受到极大的影响。

对于个人行为中的非理性行为，特别是通过实验的方式来证明个人行为决策中非理性的研究方法，也就是通常所说的实验经济学和行为经济学，自 20 世纪末开始，已经得到了广泛的认可。2002 年，美国普林斯顿大学的丹尼尔·卡尼曼和乔治·梅森大学的弗农·斯密斯这两位著名的实验经济学大家荣获当年的诺贝尔经济学奖，更是把这一学科推向了巅峰。

然而，这些实验经济学大家的著作往往偏重于复杂的数学分析和逻辑推导，对于一般的经济学者或者普通民众显得过于深奥，自然影响了这些观点的普及。不过，诸如丹·艾瑞里所著的《怪诞行为学》等对于个人行为决策中非理性行为进行介绍的通俗读物的普及，还是让一些人逐渐了解了非理性思维的存在。

与此同时，信奉自由市场机制的传统经济学对这种偏重于特定实验环境的研究方法存在极大的质疑，仍然坚持个人决策在理性思维的决定下，往往会通过一种自然而然的机制，比如市场这只“看不见的手”，保证社会经济运行的有序和稳定。

正是在这样的特殊背景下，本书才希望结合中国读者更为熟悉的经济案例，把群体性行为选择和个人非理性思维结合起来，为读者朋友献上一份了解群体行为中大众非理性行为的经济逻辑。也许看上去千头万绪的大众群体性行为却存在很多不为人知的规律与秘密，后文也将向读者朋友展示生活中常见的一些明星广告代言、金融投资过程中的追涨杀跌背后的秘密。

Crowd?

Economic Logic of Popular Irrational Behavior

第二章

理性的缺失：我们能够预判大众非理性行为吗？

第一节　经济学是一门预测科学吗？

一、不靠谱的经济预测

如果问起学习经济学的好处，可能很多人（包括一些经济学专业学者）都会把它归纳为解释和预测。外行看热闹，内行看门道，通晓经济理论，的确能够帮助一个人看清现代经济社会运行的客观规律，从而看清世间万象之后不变的经济规律，帮助自己在任何时候都能理智、科学地做出更符合自身利益和客观经济规律的行为决策。此外，在很多人看来，精通经济理论也能帮助自己遵循客观经济规律，把握经济运行的方向，从而顺势而为、先人一步，在市场竞争中赢得主动。

从某种程度上说，上述说法有一定的道理，解释与预测本来就应是经济学的重要功能。然而，它也存在明显的谬误，经济学固然能够很好地帮人看透经济现象、解释经济行为，但在经济预测方面却不如大家想象的那么完美。

在现实生活中，我们经常看到很多知名的经济学家对证券市场的走势、国家的宏观经济运行，乃至 CPI、房价、利率等老百姓密切关注的经济指标做出各种判断，发布自己的个人预测结果。如果有朋友关注过经济大腕的预测结果，我们会发现，其预测的准确性实在不敢恭维。

既然贵为知名的经济大腕，显然这些经济学家都已经对经济学进行过精深的研究，能够熟练地运用各种复杂的经济理论和经济模型，针对各种经济现象进行专业的经济分析。如果经济学真的如我们大家想象的那样，作为一门严谨的科学理论，那么经济预测就应该像我们在实验室里做实验一样，能够准确预测出最终的实验结果。然而，现实却狠狠地给了众多经济学家一记响亮的耳光。

事实上，有关经济学家预测不准的笑话很多，美国前总统克林顿就曾经拿他所信任的总统经济顾问委员会开玩笑，他说：“我的总统经济顾问委员会有十名经济学家，可他们却能得出12种对美国经济的不同预测结果。”在很多人看来，经济学家最常见的行为是在经济现象发生以后运用各种复杂的经济理论和经济模型向公众解释自己此前的预测为什么没有发生。这些经济学家通常到了明天才知道，为什么昨天预言的事情在今天没有发生。

当然，作为当前最火爆的专业选择和最受关注的知识类型，显然经济学不会是蛊惑人心的伪科学。然而，作为一门社会科学，它的知识结构却与我们所熟悉的传统自然科学有着截然不同的特征。

在自然科学领域，我们通常可以通过实验的方法验证出学者的观点正确与否。即使实验结论需要一些极为特殊的实验环境，比如真空、绝对低温、无摩擦力、无电阻等，科学家们仍可以通过匠心独具的实验器材和实验流程的优化，模拟实验所需的完美实验条件，或者通过逻辑性的抽象分析，从类似的实验条件中，抽象出更复杂实验条件下的实验结果。正是由于这种特殊的研究模式，科学家们只要按照相同的实验环境和实验流程，总可以一遍一遍地复制相同的实验结果。

然而，作为一门社会科学，经济学通常是研究一个经济体系的运行规律，其研究对象不再是死板的实验器材，而是由大量活生生的人所构成的经济系统。由于实验条件的不同，因此每个人决策选择的改变都可能对最终的实验结果产生极大的影响，比如同样是政府的降息行为，在不同的经济环境下，对于宏观经济和金融市场产生的影响，可能具有极大的差异性。

因此，经济学家在进行经济学研究的过程中，往往习惯于运用严格的假设条件，把经济预测和经济推理建立在完美的不那么真实的理想状态之中，他们只关注一些核心的、本质的因素对于经济预测的影响，而把其他可能的影响因素全部忽视。然而，事实上，即使是一些不那么重要的影响因素，它们的存在也可能会对经济学家的预测准确性产生极大的影响，最终导致其预测结果与现实显得那么的不协调。

二、经济学研究中的主观意识

假如你今年的工作业绩比较好，而且在年终拿到了一大笔奖金，此时你决定好好犒劳一下辛苦了一年的自己，并决定给自己买一辆足以向亲戚朋友炫耀、体现自己不凡身价的汽车。经过长期考察，您选择了最新款的宝马 X6 汽车。

在购买这辆宝马汽车之前，你似乎觉得在马路上很少能够看到这款豪车，因此这才是自己所期待的与众不同的超凡身份象征。然而，当您兴高采烈地从 4S 店提到新车并驾驶这辆新车上路后，却惊讶地发现，在很多地方都可以看到与该车同一款式，甚至同一颜色的宝马汽车，似乎花费自己数百万元巨资的豪车变成了比比皆是的大众车，这无疑令您感觉十分郁闷。究竟是什么导致您所购买的宝马豪车忽然成为大路货了呢？

其实，无论您有没有购买这款宝马汽车，或者是购买了哪一款汽车，您的决策对于其他购车人的影响可谓微乎其微，而您是否购买了某一品牌的汽车，对于这个品牌的市场销售而言，也几乎可以忽略不计。从某种意义上说，你的决策与其他人的决策都是独立的。

问题就在于，当您购买某一款汽车之前，您通常并不会关注这个型号的汽车，即使每天在马路上，您可能会看到数十辆这款汽车，但由于缺乏关注的兴趣，您往往会熟视无睹、根本不放在心上。可是，当您购买了某一款汽车之后，这款汽车将成为您的新关注点，哪怕在马路上偶然有一辆与自己同款的汽车擦肩而过，自己也会敏感地马上察觉。因此，即使马路上某一款汽车的数量并没有发生变化，但由于观测者关注点的转移，也会给观测者带来完全不同的感受。

案例 2—1

坐飞机安全吗?

如果要评选 2014 年最悲催企业的话，马来西亚航空公司绝对值得诸位投上一票。作为一家颇负盛名的航空公司，马航曾是全东南亚拥有最多机组的航空公司，其航线遍及亚洲、欧洲、美洲、非洲、澳大利亚等世界各地。2007—2013 年马航连续 7 年被评为五星级航空公司，这可是全球航空公司的最高荣誉，每年能够获此殊荣的航空公司不过六七家。然而，2014 年一连串的悲惨事故之后，马航这个曾经的航空巨人已面临倒闭的危机。

2014 年 3 月 8 日，马航 MH370 航班离开吉隆坡机场飞往北京，然而这架载有 227 名乘客和 12 名机组成员的波音 777 飞机并没有按计划凌晨到达北京机场，却在起飞两个小时之后，忽然神秘地从雷达中消失，没有人知道飞机飞到了哪里，也没有人知道飞机是否已经坠毁，更没有人知道飞机上的 239 名人员是否安全存活。一时之间，各种谣言、猜测满天乱飞。无论事件是由恶劣天气等自然灾害造成，还是源于恐怖袭击，或者国家之间的政治斗争，所有的灾难性结果都只能由倒霉的马航独自承担，它们不仅必须承受昂贵的飞机失踪成本，还必须对所有 239 名乘机人员的安全承担赔偿责任，这个灾难把马航推向了危机。

然而，没有人想到，MH370 的消失只是一个开始，仅仅 4 个月后，又一场灾难再一次悄无声息地降临到了马航的身上。同年 7 月 17 日，MH17——一架马航由荷兰阿姆斯特丹飞往吉隆坡的航班在乌克兰被导弹击中坠毁。执行这次飞行任务的仍是号称最安全、最舒适的波音 777，机上 283 名乘客和 15 名机组乘员无一幸存。尽管调查证明飞机是被一枚山毛榉地对空导弹击落，但无论是当时处于冲突之中的俄罗斯人，还是乌克兰民间力量都不承认是自己击落了这架民航飞机。

连续两起飞机坠毁事故的发生，导致马航这个以往的航空巨人成为了舆论关注的焦点。一时之间，乘坐马航航班被很多人视为不吉利的选择，甚至马航的员工都因为害怕遭遇不测，不愿意执行飞行航班任务。因此，马航也沦落到了破产的边缘。2014 年 8 月，马航宣布退出证券市场，并被收归国有；11 月，马航宣布裁员 6 000 人，同时进行公司重组。新马航改革的第一步就是裁减飞往欧美国家的洲际航班，而专注于区域性的中程航线。马航这个曾经的世界最佳航空公司，不得不重新开始自己的飞行事业，而其发展的前途却蒙着一层厚厚的迷雾。

无独有偶，2015 年 10 月 31 日，一架载有 220 多名乘客的俄罗斯飞机在埃及西奈半岛坠毁；数小时后，极端宗教组织“伊斯兰国”（IS）宣布对该事件负责。一些航空专家也相信是由恐怖分子利用埃及机场安检的疏漏，将具有强大爆炸力的炸弹带上了飞机，才造成了这起恶性的飞机坠毁事故。

在短短一年多的时间里，连续三起恶性的飞机失事事故，让很多人对飞行安全产生了疑问，越来越多的朋友们开始患上恐飞症，谈乘飞机而色变。可是，大家有没有想过，乘坐飞机真的如大家想象的那么不安全吗?

其实，正如大家所知道的，即使 2014 年与 2015 被视为飞机失事的高发年，但也只是在差不多一年半的时间内发生了三起飞机失事，造成 700 多人死亡。可是，如果大家想一下，每天会有多少人死于公路上的交通事故呢？伴随汽车大量进入寻常百姓家，我们的道路交通死亡率长期居高不下，在 21 世纪的最初几年，每年因为车祸而死亡的人数都在10万人以上。尽管随着交通安全治理的逐步深入，2005年后每年的交通事故数量和死亡人数开始缓慢下降，但每年的交通事故总数仍然超过20万起，每年的死亡人数大概保持在5万人左右。

与飞机700人的死亡人数相比，公路交通的死亡率显然高了很多，但我们会认为乘坐汽车是一项高危行为吗？我们会因为害怕乘坐汽车出交通意外，而不愿意或者不敢乘车吗？显然，几乎没有人会因为怕出事而不愿意乘坐汽车。可是，为什么会有那么多的人因为害怕飞机出事而拒绝乘坐实际上更安全的飞机呢？

显然，在选择交通工具时，人们并不是完全理性地根据实际发生事故的概率去评判其安全性，而是更多地从感性的视角做出评价，这显然也是一种典型的大众非理性行为。

其实，即使是害怕飞机失事而拒绝乘坐飞机、患有恐飞症的朋友们也知道，航空飞行其实是安全系数最高的出行方式，只是问题在于，尽管飞机很少出事，但由于其航行在高空，一旦出现事故，几乎就一定是全机坠亡的恶性事故，能够从飞机失事中侥幸捡回性命的概率，似乎比彩票中乐透大奖还困难。正是由于其损失过大，反而导致决策者根本不愿意接受如此沉重的代价，他们并不考虑损失的概率，而是坚决地回避任何自己无法忍受的巨大风险，这恰恰是风险厌恶的理性人最正常的心理反应。

大家都知道，你乘坐的飞机哪怕只有万分之一甚至一亿分之一的几率出现坠毁的恶性事故，但这也许就注定了你的生命终结。尽管我们在一生中发生交通事故的概率会大得多，然而大家都知道，我们遇到的绝大多数都是小擦小碰，并不会危及我们的生命安全。

从这一方面而言，道路交通风险是每一个正常的行为人都愿意承担的，但飞机失事的风险却是无人愿意承担的，那么它的概率是大或小，其实就不重要了。因为哪怕只有一线可能，如果落到了你的头上，那就是绝对的死亡。因此，人们愿意选择更危险的道路交通工具而拒绝飞行，自然是一种看似非理性的合理选择。

其实，还有一个理由导致很多人拒绝乘坐飞机。比如我拿一张白纸给你看，并询问这是什么，也许只在纸上一个小角落里印着一个小小的“人”字，这个字占的面积不超过纸张的百分之十。可是，相信绝大多数人的回答都不是“纸”，而是“人”。

为什么明明我给你看的是一个写有“人”字的白纸，你却回答它是一个“人”字，而忽略掉写着这个小字的纸呢？显然，在绝大多数人的心中，纸是一种常见的事物，我们不认为有人会问这是什么，我们会自然地把提问者的问题提炼为“这张纸上写着什么？”因此自然就会回答“人”。

同理，正是由于道路交通事故频发，我们已经把它当作一种自然了，中国每年都会发生数十起死亡人数过10人的恶性道路交通事故，并引发媒体的关注。然而，即使是这种重大交通事故，媒体的关注也仅能维持数天而已。在绝大多数人看来，普通的小交通事故根本不具有新闻价值，也不会引起媒体的任何报道。

所以，很多人已把道路交通事故看作一种自然，哪怕是发生了乘客死亡的严重车祸，也觉得是非常正常的。尽管它落入了很多人的眼帘，但不会引起人们关注，而被自然而然地忽略掉了。然而像飞机失事这种恶性事故，那可是爆炸性新闻，截至本书写作时，马航 MH370 失踪已过去快两年了，可是媒体仍会时不时地炒作发现了飞机踪影的新闻。因此，它自然就会更多地引起人的关注，留在人的记忆深处。

正是由于这种心理上关注程度的不同，也造成了大多数人会对飞机失事更为敏感，而对道路交通事故则表现得麻木多了。在这种奇怪的心理作用下，实际上更为安全的飞机反而让很多人害怕，因此他们拒绝乘坐也就不足为奇了。

作为有血有肉、有感情的人，他们的心理选择自然复杂得多。从一般意义上说，由大众所构成的乌合之众，由于彼此之间的相互影响和沟通，会使一种个人的心理上升为更大群体的共同选择。这也使得一些个人的错觉很容易演化为一种群体性的恐慌，进而成为一种集体的非理性行为选择，也许恐飞症就是一个典型的案例了。

与前述买汽车的例子一样，人们之所以会注意到飞机的失事，而忽略掉数量更多的汽车交通意外事件，完全是由于观测者对于不同研究对象的关注程度不同而造成的。作为有情感的人类，在观测日常经济事件时，也很难真正的、丝毫不带感情的充当一名超然的旁观者，人们总会在一定情感的支配下、怀着一定心理感情进行相应的经济分析，而感情色彩的渗入自然也就影响了个人决策的科学性，进而引发了大众的非理性行为。

同理，当经济学家在观测经济运行情况时，由于不同经济学家对于不同指标的关注程度存在明显的差异，即使面对的是完全相同的宏观经济状况，由于强调不同经济指标的变化及影响，因而他们对于未来的经济变化预测也会存在非常大的区别。

上至宏观经济的运行，中至区域产业经济的结构调整，下至特定企业的发展前景或者特定金融资产的价格变化，都会存在无数个相互联系、相互影响、相互作用的经济指标和影响因素，每一个经济指标和影响因素都会对整体的经济运行产生微妙的作用，它们还会在与其他经济指标的相互作用下产生细微的变化。如果把所有因素都考虑在内，那么整个的经济分析过程将会变得无比的繁杂，以至于超出现有的计算分析能力。因此，现有的经济分析往往只会在庞大的经济体系中选择若干经济学家心目中的重要因素进行分析，而忽视其他的次要因素，以追求经济分析的简洁和高效。

然而，正如前面驾车人对于道路上汽车关注度的差异一样，不同的经济学家在选择分析指标时，其实是具有非常明显的主观性的，因此自然容易导致分析结论的差异性了。即使不同经济学家选择了完全相同的经济指标，但如果他们选择了不同的分析方法，在分析过程中，对于不同经济指标的分析权重就可能存在细微的差异，同样会导致截然不同的研究结论。

案例 2—2

经济学家对中国经济增长水平的预测

改革开放以后的中国经济保持了 30 多年的经济增长，终于从一个贫穷、落后的发展中大国，成长为世界第二的经济巨人。然而，自 21 世纪以来，伴随着中国经济的增长，人民道德水准的下滑、环境的污染、贫富差距的拉大等社会问题逐渐暴露出来，这也引发了对于中国经济能否保持当前的高速增长态势，中国经济的高速增长还能保持多久的广泛讨论。

其实，早在1994年，中国著名经济学家林毅夫就准确地预测到在未来的20年内，中国将能保持8%的经济增长率。他的主要理由很简单，因为当时中国的人均GDP水平大致相当于日本和亚洲“四小龙”在20世纪五六十年代的水平，而这些亚洲高增长国家或地区在此后的20多年内都保持了8%~10%的高速增长。

事实上，尽管林教授的历史分析与比较分析的经济分析方法听起来非常简单，但被证明是非常准确、有效的。然而，2012年以后，当林教授再次提出中国还可以保持20年8%的高速增长时，这一判断却遭遇了普遍的质疑。毕竟2008年次贷危机发生后，中国经济也暴露出很多严重的问题，全要素生产率的停滞不前和经济结构的严重失衡，极大地限制了中国经济的未来发展空间。

另外，与中国的人均GDP保持相当水平的发展中国家或地区的数量不在少数，林教授却偏偏选择经济表现最优的日本和“亚洲四小龙”，而不选择拉美、非洲等经济出现严重停滞甚至倒退的国家或地区作为比较对象，显然在选择研究对象方面表现出了极大的主观性。林教授的研究方法就好像让你去果园里采摘草莓，因为采摘者通常只会挑最大最好的草莓采摘，没有成熟的草莓根本就无人问津。如果观测者看到所有采摘人篮子里的草莓都是又大又红的成熟草莓，就得出结论——整个果园里的草莓都已经熟透了。这样的观测方法显然不科学。因此，这种表现出明显主观性的研究方法以及通过刻意选择而得出的研究结论的科学性自然无法令人信服。

与林教授的结论不同，2010年中国人民银行首席经济学家马骏指出：由于出口减速、房地产需求下降、城镇化速度放慢、劳动人口减少、全要素生产率增速下降和投资成本提高等负面因素的存在，根据中国经济过去的表现以及相关的国际经验，判断未来十年中国经济的增长率将降低至7%左右。

2015年，国际货币基金组织在年度《世界经济展望》中指出：由于石油价格和人民币汇率变化的影响以及人口老龄化的冲击，中国经济在2015年、2016年和2020年的经济增长率预期将下降至6.8%、6.3%和6.3% 。

事实上，影响中国经济增长的因素数量众多，由于不同经济学家对于中国未来经济走势的判断存在明显的差异，他们往往愿意通过选择能证明自己观点的相关指标来说服读者，这反过来影响了学者们的研究方法和指标选择。也就是说，不是选择指标来预测经济，而是为了证明自己的观点来选择指标。这种主观差异性的存在，导致不同学者对于中国经济未来走势持截然不同的判断也就不足为怪了。

三、经济学家为什么喜欢预测经济形势？

既然经济学研究对象的特殊性和研究方法的主观性决定了经济预测的准确率无法保证，可是，为什么经济学家仍喜欢进行经济预测呢？

在现代经济社会中，即使是完全没有接受过经济学教育的人对于GDP、CPI等专业的经济指标也不再陌生，大众对于房价、证券市场的股指、物价、就业率、汇率等经济指标更是关心备至，即使在街边巷角或者公交车上，也经常可以看到三五成群的民众开口阔谈经济形势。大众已经习惯于运用各种常见的经济指标去反映经济运行的基本状况，民众对于各种重要经济指标的关注度已不亚于自己的家事，因此提前掌握经济运行指标的运行概况，使自己能够做出顺应经济形势的决策选择并维护自己的经济利益，已经成为公众的共同渴望。

从人的本性来说，追求安全、防范未知的危险是人类亘古以来孜孜追求的美好生活，从原始社会对于森林中凶残野兽的袭击，再到封建社会对于洪水、旱灾等自然灾害的降临，从资本主义社会对于周期性爆发的经济危机的恐惧，再到社会主义社会中社会生产对于人类需求的满足，几乎每一个时代，在人类的内心中，都存在着各种可能会影响自身幸福感的恐惧因素。尽管所有人都知道，无论如何担心，这些恐惧因素总是人类意志无法改变的客观存在，但对于它们到底是何时、以什么形式驾临，又会对自己的生活产生何种影响的恐惧，却始终贯穿于人的一生。

人们出于对未知的担心与恐惧，总是渴望提前预知未来的命运。在这种时候，任何人随便预言未来的前景，都会引起民众极大的关注度。显然，猜错是一个大概率事件，因此会被大家视为理所当然，而后仅仅化为大家茶余饭后的谈资。

无论是谁，不管他是所谓的预言家，还是专业的经济学家，甚至只是邻家的阿猫阿狗，哪怕他只是由于瞎猫碰上死耗子，偶然提前说中了某个大家均关注的灾难发生，都可能会给自己赢得无上的荣誉和崇高的地位。无论是中国传统中的巫师、神棍，还是拥有神秘色彩、游走于欧洲的吉普赛人，抑或是大家都熟悉的《哈里·波特》里的魔法师，最初可能都只是出于侥幸而偶然命中某一大事的普通人。一旦他们无意之中猜对了一个重大事件，他们就摇身变成万人敬仰的英雄人物。

正是看到了预言成功所带来的巨大利益刺激，很多人会通过一些意义含糊的表达、运用一些模棱两可的语言去预测未来的发展。当一些重大事件发生后，民众就会用这些看上去意义不清的预言去解释已知的现象，从而赋予这些含糊的语言明确的含义，这也是诺查丹玛斯等受民众追捧的极具神秘色彩的预言家名垂青史的原因所在。

经济学家也是一样的，他们同样渴望获得公众最大程度的关注和赢得无上的职业荣耀；显然，预测未来经济形势是实现自己梦想的捷径。尽管存在经济分析方法的各种限制，人们总会习惯性或选择性地遗忘那些预言失败的笑话，而把注意力更多地集中于那些在过去做出的、在一定程度上能够揭示当前某些特征的真实预言，并且把做出这种正确预言的经济学家神化，视其为真正的经济权威。

从某种程度上说，选择预言恰恰符合前面所说的理性人特征。如果预言失败，将被视为理所当然，除了稍稍有损预言者的面子，不会有其他的损失；也就是说，他的机会成本是很低的。如果侥幸预言成功，将会给预言者带来巨大的经济利益，其收益显然是远大于成本的，那么选择经常预言，显然就成为了经济学家最热衷的工作。

当然，为了弥补预言失败有可能给做出预言的经济学家带来的名誉损害，当现实的发展出现了与经济学家事前的预言完全不同的走势之后，经济学家更热衷于通过专业的分析，向民众揭示自己预言失败的客观原因。因此，似乎绝大多数经济学家的工作都处于预言——解释自己预言失败的原因——再次预言——再次解释自己预言失败的原因这样的死循环之中。

当然，经济学家的经济预测与封建社会中神棍的胡言乱语存在根本的区别。经济学家的预言是建立在科学经济理论的基础上的，其分析过程和分析方法往往会运用各种数学的、统计的、历史的、比较的研究方法，因而其结论会具有更高的科学性，的确能够在很大程度上揭示问题的本质。

然而，在当前无比复杂的经济系统中，任何一个经济分析都存在着数以万计的影响因子，而不同的影响因子又会通过差异化的作用机理反作用于经济系统之中，任何一个细微作用因子的些许变化，通过系统化的传导，都可能引发巨大的结果差异。恰如蝴蝶效应所说的，太平洋上的一只蝴蝶偶尔拍动翅膀，就可能在几个月之后，在美洲引发一场巨大的龙卷风。这种现实经济系统中的复杂混沌性，是任何计算机系统也无法运算出来的。

第二节　难以预测的非理性行为

一、网络购物中的非理性心理

在经济分析的过程中，我们通常会通过简单的理性分析，把每一个人的行为决策都建立在简单对比成本与收益的基础之上。的确，这样的分析会使很多的经济分析变得简单可行，它可以通过简化的经济分析逻辑，直观地得出简单的分析结果。然而，对于有血、有肉、有感情的人而言，他们并不是在任何时候都是理智的，冲动、感情与错觉在很多情况下会代替理智，从而使行为人做出一些并不理性，却更符合经济逻辑的决策。这显然增加了经济分析的难度。

也许在 2000 年前后，网购还是一件很高端、大气、上档次的时尚选择，很多人把网购作为体验互联网经济便利性的第一选择，进而选择在网上商城购买服装、图书、电子产品等相关产品。在互联网都没有完全普及的那个时代，如果一个人会网购，曾经有过网购经历，是一件很值得向朋友吹嘘的体验。

然而，短短十多年过去，网购似乎已完全深入到每一个中国人的生活之中。每到“双十一”这个被众多电商人为制造出来的网购狂欢日，亿万中国网民都会情不自禁地在各大网站大肆采购，而快递爆仓似乎已成为中国互联网购物狂潮的一个特有标签。

2012 年 12 月 12 日，在中国中央电视台的 CCTV 经济年度人物颁奖典礼上，作为当时中国首富的万达集团董事长王健林和稳坐国内互联网经济头把交椅的阿里巴巴董事会主席马云，即兴提出了一场亿元豪赌，而他们不惜重金豪赌的对象只是到了 2020 年，中国的电子商务能否在中国的零售市场中占据 50% 以上的份额。

也许对很多网购达人来说，王健林与马云之争似乎已经必败无疑，笔者身边的很多网购达人，甚至可能达到 90% 以上的日常消费都通过网购或者移动支付等现代化的消费模式实现。然而，在移动互联布局仍有待加强的农村与城郊结合处，特别是在一些中老年消费群体中，网络消费只是居民日常消费的点缀罢了。

如果要运用经济思维，论及网购对于实地消费和现场消费的替代，显然就必须比较两者的成本和收益。一般而言，网络购物的最大优势或者收益就在于更低廉的价格、更低的购物成本，而其不足是购物与消费之间存在一定的时间差，无法获得传统的当场消费或现场消费的真实体验。此外，由于无法亲身感受商品的质量，也会影响购买者的消费体验。因此，只有相比于商场消费，网购的价格有足够的吸引力，才有可能弥补其不能现场消费或消费体验的不足。

假如您打算购买一件衣服，在现实的商场中，它的标价为200元，而网购的价格只有150元。通常情况下，您会觉得50元的差价具有足够的吸引力，足以诱惑您放弃在商场亲身试衣、现场购买的快感，甚至有些网购达人会选择去商场试完衣服，再扫描衣服条形码，然后按试衣的型号去网上商城以更低廉的价格购买。

第二种情况是您打算购买一台最新的苹果MAC电脑，假设这台电脑在大商场中的标价为20 000元，而网上商场的标价为19 950元。显然，与刚才的那件衣服一样，选择在网上商城购买，您同样可以获得50元的购物成本节约；或者说，放弃网购，专门跑一趟大商场的成本同样是50元。

那么，在第二种情况下，一般的消费者会选择继续网购，还是去大商场实地消费呢？相信更多的顾客会选择去大商场购买，而不是节约50元购货成本的网购模式。

同样是跑一趟大商场，同样是节约50元，消费者为什么在购买标价200元的衣服和标价20 000元的电脑时，会产生两种完全不同的策略选择呢？显然，用前述经济学的理性思维是无法解释这种现象的，导致这一奇怪结果的只能是消费者的非理性思维。

同样是节约50元，但消费者却习惯于更多地关注所节约的成本与总消费支出的比例关系：对于一件衣服来说，选择网购可以节约购货成本的25%，显然是一个非常有吸引力的选择，而对于一台MAC电脑而言，50元仅相当于总货款的0.25%。显然，对于一台标价20 000元的电脑而言，50元的折扣并不具有足够的吸引力，让消费者放弃在商场中现场消费、亲身感受商品性能的便捷性。

对于一个理性人来说，由于他关注的是网购行为的成本与收益，因而上述两起网购行为的收益其实是完全一样的，但在不同的消费场景中，相同的经济收益对于消费者做出消费行为决策的影响力却是完全不同的。这就意味着真正对人的行为决策起作用的并不是理性的经济思维，而是无法以精确数值加以约束的人类的心理变化。

同理，正如大家所看到的那样，尽管网购已深入到每一个现代人的生活中，但最常见的消费品仍是价格不高的服装、图书、IT产品，尽管像房屋、汽车、奢侈品的网络消费已不是什么新鲜事物，但在这些高价产品的市场中，通过网络媒介实现的销售行为所占的比重仍然非常有限。

也许在服装、图书、电子产品等传统网购领域，现场消费模式基本已经败走麦城，网购销售已成为这些商品销售的主战场，然而，能否撬动高价商品市场的网络购物新模式，让更多的人放弃传统的现场消费模式而转向网络消费模式，才是马云能否赢得与王健林的赌局的关键所在。

二、科学家为什么也信仰上帝？

在很多历史故事中，无论是在古老的中国，抑或是在欧美国家，我们都会看到宗教力量是一支影响力巨大的社会力量。哪怕贵为帝王，当他们遇到无法解决的问题时，也会去寻求神的帮助，而祭祀、祷告、礼拜等宗教活动，也成为众多信徒期待与神建立起沟通渠道的主要形式。在哲学、文学、绘画、建筑等多个领域，宗教都为现代人类文化留下了很多不可磨灭的文明。

也许很多朋友很好奇，在科学文化尚不发达的古代，宗教成为主导人类行为选择的核心力量不足为怪。毕竟，当很多社会现象无法用人类所能理解的科学去解释时，人们自然而然地将其归结于神秘且万能的神灵，从而产生对于神灵的敬畏之心，并从内心愿意接受自己所信仰宗教的驱使。

但是，在现代社会中，科学技术正在飞速发展，人类认识自然、征服自然的能力已取得了突飞猛进的进步，绝大多数古人无法理解的自然现象，现代科学都可以给予准确的解释。伴随着现代航空航天技术的进步，随着人类征服太空的步伐加快，在我们生活的地球之中，神灵是否存在似乎已不再是一个问题了。

然而，我们发现，哪怕是一些最知名的科学家，仍是宗教最为忠实的信徒，尽管他们知道也许这些没有真实的作用，但科学家们仍会花费他们最为宝贵的时间去做礼拜，在餐前进行祷告，按最为传统的宗教仪式举办婚礼等等。

这就带来了一个极有意思的问题，为什么明知道神灵并不存在，可是科学家们仍会信仰这些以神为核心的宗教呢？

案例 2—3

布鲁诺之死

在宗教与科学的斗争历史中，地心说与日心说的争斗绝对是一场不容忽视的、漫长的、激烈的，并且血腥的斗争历史。

从古希腊开始，人类就开始思考我们所生活的地球与宇宙的关系。经过亚里士多德、托勒密等古代哲学家几代人的思考，到了两千多年前，古代欧洲人就提出我们所生活的地球正是宇宙的中心，月球、太阳、水星、木星和火星等其他星体都在自己的轨道上围绕地球运转，这就是通常所说的地心说。伴随着西欧宗教思想的不断成熟与完善，到了13世纪前后，地心说已成为西欧天主教思想中最核心的世界观正统理论。

然而，到了文艺复兴时期，被天主教徒们信奉为真理的地心说受到了越来越多的质疑，而其中最凌厉的攻击恰恰来自一位虔诚的天主教徒——波兰教士哥白尼。正是由于虔诚钻研天主教经典著作，哥白尼发现了自己长期以来信奉的地心说似乎并不能解释自己观测到的很多现象，地球似乎并不是宇宙的中心，地球和其他行星都在围绕太阳运转，并据此提出了日心说。

作为一名教士，哥白尼深知当时的欧洲天主教派维护宗教教义的决心和手段，由于担心自己的理论触怒教廷，直到自己去世前，哥白尼才选择出版了耗尽自己心血的著作《天体运行论》，而且直到自己弥留之际，才第一次摸到自己著作的封面。

此后，一位意大利传教士布鲁诺偶然接触到哥白尼的《天体运行论》，很快被其观点所打动，开始向民众宣传日心说。此举极大地触怒了意大利的天主教会，他很快被当作异教徒而革除教籍，逐出天主教会，又被迫离开自己的祖国，在欧洲各地流浪。

即使在流浪之际，布鲁诺仍然到处演讲、宣传日心说，批判当时天主教会经院哲学的陈腐理论。很快，他就被天主教会逮捕，并在宗教监狱中囚禁了8年。然而，一切痛苦的刑罚折磨都没有动摇布鲁诺坚持科学、捍卫真理的决心，在恼羞成怒之际，罗马教廷判处其火刑。1600年2月17日，在无数狂热的天主教徒的眼皮下，在罗马的鲜花广场，布鲁诺被罗马教会活活烧死，终年52岁。

可能在很多熟悉欧洲历史的朋友眼中，像布鲁诺一样死于严酷的宗教刑罚在古代欧洲并不是什么稀奇的事情。在黑死病肆虐欧洲、夺走无数人生命的中世纪，女巫就被天主教视为带来黑死病的罪魁祸首，从而受到300多年的屠杀。无数女性只因为性格孤僻、行为怪诞，就被错当为女巫并随意判处火刑，像布鲁诺一样被活活地烧死。

可是，在很多人的心目中，欧美的天主教、基督教的宗教活动似乎更多的是礼拜和祷告，倡导教徒的自省和自律，与暴力是完全没有联系的。包括我们熟悉的佛教、道教、伊斯兰教，似乎宗教的力量在很大程度上是一种对于信仰者的自我约束，而非对于他人的强制。可是，为什么在布鲁诺所处的时代，天主教徒们会如此残忍地把人活活烧死？

可以想象，即使在没有法律惩罚的社会中，让一个人随意以残忍的手段剥夺另一个人的生命，这种命令可能任何一个有良知的人都不会接受。可是，为什么这样的宗教刑罚在中世纪却极为盛行呢？

其实，上述火刑就是一种典型的大众非理性行为，也就是对于任何一个人都是非理性的刑罚，却很容易在众人的煽动与放纵下超脱个体的理性思维，进而走向极端和非理性。

下面举一个典型的例子，如果一辆出故障的汽车停在路边，而且车上装着大量苹果。在正常的情况下，周围的民众都知道随意拿别人的苹果，不仅不道德，而且涉嫌违法，可能会把自己送进监狱。可是，一旦有一名旁观民众走上前去，哪怕只是拿了一个被摔烂的苹果，也会激起周围民众的效仿行为，哄抢也就由此而生。当群体性的哄抢被民众的狂热情绪所点燃，那么所有的纪律、道德、法律的约束都会被打破，哪怕是一些以往被视为有道德的人，也会毫不犹豫地加入哄抢之列；否则，他将被身边的人所孤立，或者嘲笑、排斥。

西方的宗教活动其实与此相同，所有人（包括下令烧死布鲁诺的宗教领袖）都知道自己做法的残忍和不道德，然而，当参与的人员数量增多时，增加的人员数量会淡化每一个人心底不道德的负罪感，进而放纵个人的破坏性和无纪律的本能。这也使得对于个人而言的非理性，对于大众而言变得可以接受。

即使科学家自己并不相信神的存在，但若自己的家人、朋友以及其他人都信奉宗教，那么在这样浓厚的宗教氛围中，要以个人之力对抗宗教，显然是不可能完成的任务。为了使自己能够被周围人所接受，无论他是否相信神的存在，唯有共同进行宗教行为和信仰相同的宗教，才是更为理性的行为。

第三节　大众非理性行为的规律性

一、非理性行为真的无痕可寻吗？

很多读者朋友都非常喜欢金庸先生的武侠小说，可能对《笑傲江湖》中豪气冲天的令狐冲印象深刻，而令狐冲的独门绝技“以无招胜有招”更是令人心生向往。的确，无论是什么样的武学绝技，哪怕是名扬天下的少林七十二绝技，抑或是变化无穷的华山剑法，只要有规范的招式，总是需要徒弟依照师傅的演练，依葫芦画瓢，一招一式的学习，那么总会有迹可寻，只要对手了解你的武功招式，那么你的一举一动就将在对手的掌握之中，当你使出任何一招（在你想象中）对手无以抵挡的武功绝技时，对手总可以料敌机先，对你的招式做出提前的判断，进而使出制敌之法。

其实，金庸先生的另一部作品《侠客行》就戏剧性地演绎了知己知彼、洞敌于心、克敌制胜的故事，无论雪山剑法如何巧妙，可是当石破天学会专门克制雪山剑法的金乌刀法之后，只要看到对手使出哪一招雪山剑法，那么只需要相应地使出专破该招的金乌刀法，那么对手完全没有招架之功，只能落败而逃。

可是，如果你在掌握了武学的基本奥妙之后，可以随心所欲地创造出新的武学招数，甚至在使出某一招时，自己心中都不知道这一招将会攻击对手的哪个部位，那么对手怎么可能提前预判你的招式，进而采取相应的招式呢？

类似的道理在我们的日常行为选择中一样存在，如果你是一个理性的人，并且决定自己策略选择的基本标准都是最基本的成本—收益分析，那么显然你的对手也可以提前站在你的立场上，分析你的成本和收益，从而比较准确地得出你将如何选择的结论，然后采取相应的策略选择，将你置于危险境地。

可以想象，如果决策者真是理论经济学所设想的绝对理性，其实反而将自己置于容易让他人判断自身行为决策选择的危险境界。任何一个同样理性的对手，都可以判断出他们的策略选择，并采取相应的应对措施，这样就可能在双方的博弈中占据主动。

在近期红透半边天的科幻小说《三体》中，其实也有完全类似的叙述。当小说的主人公叶文洁历经磨难来到神秘的红岸基地后，凭借自己的半吊子科学研究水平很快成为红岸基地的技术核心人员，并成为一度敌视她的基地负责人雷志成和杨卫宁不得不拉拢的关键人物，上演了一场现实版丑小鸭故事。

难道叶文洁真的拥有神秘的科学基因或者天赋吗？或者作为解

放军核心科研机构的红岸基地实在名不符实，其组成人员的水平令人不敢恭维？其实，叶文洁很快就发现了其中的秘密，由于身处重要的红岸军事基地，所有人员几乎都处于与世隔绝的状态，一旦某人表现出红岸基地所必须倚重的科技能力，那就意味着他将永远待在这个红岸基地，再也没有机会看到自己的父母、爱人与子女。显然，这是很多科研人员所希望避免的窘境。他们要想离开红岸基地，只有让基地领导认为此科研人员的水平有限，往往成事不足、败事有余，对基地的科研工作没有任何帮助，那么基地自然没有理由再养这样的闲人，把这些根本配不上基地水平的低素质人员赶出基地自然是基地领导的首选方案。因此，红岸基地的科研人员越是表现出低水平，就越容易离开红岸基地。在思乡之情的驱动下，自然所有的科研人员都会选择隐藏自身的科研水平，而把更多的工作或者表现的机会让给了叶文洁。在这种情况下，叶文洁自然很容易脱颖而出了。

其实，红岸基地科研人员的表现完全是针对有权决定基地人员调动的基地领导而做出的。

在现代社会中，每个行为人都不是没有理性分析能力的一介莽夫，更不会像一些惊悚片中刻画的那种完全与常人思维不一样的变态思维者，但由于每个人的思维差异和立场不同，从而决定了每个人都不会严格地按照某个特定的思维框架行事，他们的行为往往难以琢磨，并且无迹可寻，这就像传说中的无招胜有招，当行为人都不知道自己的下一步选择时，那么其对手显然不可能预判行为人的行为决策并采取应对之策了。

案例2—4

上海外滩踩踏事件背后的群体行为

每年的新年都是欢乐的天堂，所有人都会齐聚一堂，共同期待新年钟声的敲响，彼此祝福来年的幸福安康。然而，没有人能够想到，2014年一场庆贺新年到来的活动却成为很多人生命的终结，而引发这一悲剧的恰恰是大众的复杂行为。

自2012年起，在每年的新年，上海都会举办外滩灯光秀，用来迎接新年的到来。光怪陆离的灯光与上海外滩的绚丽景色相映成趣，特别是在零点到来之际，由巨大的灯光所组成的倒计时标志，更令无数游客大呼过瘾。

2014年12月31日，在2014年的最后一天，无数民众齐聚上海外滩，期待着与往年一样，能够欣赏到绚丽多彩的外滩灯光秀。然而，游客们并不知道，为了缓解每年灯光秀造成的交通压力，2014年上海市政府决定把外滩灯光秀转移到另一个相对封闭的场所——外滩源。也许是因为媒体宣传的不足，也许是因为外滩源与外滩仅仅一字之差，因此仍有大量民众拥至历年外滩灯光秀的最佳观赏地——陈毅广场。

由于已不再举办灯光秀，因此外滩上维持秩序的警察较往年少了不少，而涌入外滩的人群却没有明显减少。由于外滩观景平台要高出马路四五米，因此民众必须走过一小段由17级台阶所组成的小缓坡，这也是当晚人流最拥挤、秩序最混乱的地点。

到了当晚23点之后，陈毅广场已被等待新年灯光秀的游客们挤得水泄不通。已经到达外滩边上的游客见没有举办灯光秀的迹象，开始向外挤，而更多的群众又在选择向外滩挤，人群在台阶处逐渐堵成一团，秩序开始混乱。

23点35分，在陈毅广场马路对面的建筑物中，一家新开业的酒吧开始向窗外撒自己印制的代金券。由于代金券的票面极像美元，因此外滩的人群开始骚动，所有人都认为有土豪在楼上撒真正的美元取乐，大家都想尽快挤过去捡拾美元。因此，人群在瞬间产生了向代金券撒落地集中的力量，而里面的人还不知道是怎么回事。由于外面的人拼命地向同样的方向挤，一些游客被挤倒，而他们又绊倒了更多的游客，人群就像多米诺骨牌，发生了次第的倒下，进而人压人、人挤人、人踩人，一场罕见的巨大踩踏事故发生了。

尽管上海警方很快出动大量警力，把受伤的游客送往医院紧急救治，然而还是有36人在这场踩踏悲剧中失去了年轻的生命，其中绝大多数都是妇女与儿童，此外还有数十人受伤，一场人们期待中的新年狂欢最终演变为一场巨大的悲剧。

实际上，上述外滩踩踏悲剧的背后同样是大众非理性行为的驱使。在整个陈毅广场聚集着成千上万名游客，每个人都是独立的决策主体，他们可以随机决定自己的行动方向，每个人的行动方向其实都与同一区域的其他决策主体是独立的。如果把他们描绘在一张蓝图上，就好像在一张小白纸中描绘出无数个散点朝着随机方向、随意变动的运动轨迹。显然，这样的行动毫无规律可言，观测者自然也无法把握任何一个散点下一阶段的运动方向和运动趋势，这就构成了一个数学上的随机游走模型。

在随机游走模型中，所有单独个体的行动规律是无法预测的，但在这种看似无规则的随机游走模型中，个体与个体之间却存在着一定的有机联系，他们之间相互作用、相互影响，最终构成了一个具有一定内凝性的运动系统。个体决策的随机性固然会导致彼此之间明显的差异性，然而从概率分析上看，它们又会表现出一定的相似性，导致群体的大量随机行为可以通过概率分析实现预测，这也构成了物理学中布朗运动的数学表述方法。

同理，在这场踩踏事件中，每一名游客的运动轨迹的确是随机的，他们可以率性地决定向任意方向行走。另外，随着大量游客的聚集和人群的涌动，又会推动更多的游客朝着群体运动方向移动，这又表现出一定的规律性。

在无序的状态中，众多随机游走的游客的运动会使人群在特定区域形成聚集，最终影响群体的通行效率，这也是我们在日常生活中可以明显体会到的。当无序的运动状态被打破时，一个意外的外部刺激（也就是前面所说的高空扔代金券的行为）将会驱动看似分散的系统朝着特定的方向突破，这又会在行动方向上产生一个巨大的驱动力，进而对每一个参与其中的游客的运动产生推动力。当人流的方向与个体游客的随机方向不一致时，摔倒与踩踏似乎已无法避免。

在现实生活中，我们可以看到在拥有大量群体性因素的体育比赛或音乐会的检票口，或者春运的火车站、机场安检处入口，管理者通常会设置弯曲的人行通道。看上去，这样的人行通道把原本畅通的广场划成了曲折的小道，结果导致人员更加聚集，似乎会明显降低人流的通行效率。实际上，这是防止随机游走造成踩踏事故的最佳办法。曲折的栅栏不仅分开了人流，而且明显限定了每个个体的前行方向，在许进不许退的通行秩序下，原本无序、随机运动的人员只能按照完全相同的前进方向运动。当个体不存在运动轨迹的差异，并且保持了相同的运动方向和运动速度时，不同个体之间的干扰将达到最小，自然就不会形成类似外滩踩踏事故的恶性事件。

无独有偶，2015 年 9 月 25 日在沙特阿拉伯的圣城麦加，数以万计的朝觐者在虔诚地进行自己的朝圣之旅时，也发生了恶性踩踏事故，造成至少 717 人遇难、863 人受伤的巨大人员伤亡事故。从新闻来看，踩踏同样发生在看上去行走通畅的广场地带，宽阔的通行条件看上去为众多朝觐者的行动提供了自由，但它却形成了无数的随机游走个体，造成彼此之间不同方向、不同力度的相互干扰。当意料之外的一个外来刺激导致通行秩序出现混乱，并产生群体性恐慌时，群体的外逃行为自然会在特定方向产生巨大的干扰力，发生踩踏事故。

俗话说，“淹死的都是会水的”。像外滩踩踏或者麦加踩踏这样的恶性事件恰恰都发生在看上去通行效率最高的空旷地带，如果通过限定前进方向、规划运动轨迹的方式，严格分隔开个体的运动行为，限定其运动选择，那么这样的大众非理性行为所造成的悲剧也许就不会发生。

掌握大众行为的运动规律，理解大众非理性行为的产生机制，类似的踩踏悲剧自然也就逐渐从我们的生活中消失了。

二、大众非理性行为的一般规律

尽管对于个人而言，由于非理性行为不符合一般的逻辑思维，因此通常无法判断，更难以理解。然而，如果上升到更广泛层面的大众非理性行为，它已不再单纯地由某一个人的非理性行为所左右，主要反映为更广泛层面上群体性的非理性行为。这能够让人理解其发展演化的全过程，从而掌握其一般规律。

如果论及大众非理性行为的规律性，那么盲从性应该是它的最大特征了。也许某行为对单一的行为人而言，的确是非理性行为，然而，一旦这种行为普遍出现，就会产生极大的感染力，从而向更广泛的群体传导。在整个传导链条中，尽管后来者也知道前人的行为并不符合常理，然而他们却习惯于不假思索地接受，完全模仿、学习前人的非理性行为，从而使得非理性行为成为一种普遍的群体性现象。

很多朋友应该听说过“羊群效应”的故事。当牧民放牧羊群时，如果在一群羊飞奔的前方横上一根比一般羊的高度略低的木杆，那么羊群在向前飞奔、经过这条木杆时，自然会选择一跃而过。一群羊都会自然地跑到木杆前然后一跃而过，对于某只羊而言，由于前面有木杆拦路，要想继续前行，那么选择横空跃起、跳过木杆自然是最理性的选择。

当前面的羊都选择飞跃过这根木杆之后，后面的羊群自然就知道飞身跃过障碍是前辈们通过自身摸索掌握的前行诀窍。然而，如果数十只乃至数百只羊跃过横杆之后，牧人悄悄地撤掉这根横杆，这意味着拦在羊群前行道路上的障碍已被清除，后面的羊根本不需要再飞跃横杆就可以直接一路狂奔了。

然而，奇怪的事件发生了：尽管已不存在这根横杆了，但在后面羊群前行的路上似乎仍横放着一根看不见的木杆，后面的羊在经过前面羊飞跃的地方，也会习惯性地向上跃起，希望借此越过曾经存在于此的障碍物。由于木杆已不复存在，因而羊群多此一举的飞跃显然已不再是理性选择，反而成了非理性行为，但所有后面的羊都会不断复制这种非理性行为，不会有任何一只后面的羊大胆地质疑前面羊的非理性行为，只会选择盲目地接受与模仿。

在大家熟悉的童话故事《皇帝的新装》中，骗子之所以敢欺骗皇帝，正是掌握了人们的这种盲从心理。尽管大家都看到皇帝根本没有穿衣服，但由于大家都说只有笨蛋或者不忠于皇帝的人才看不见皇帝的新装，如果大家都说能看到漂亮的衣服，只有自己站出来质疑，表现得与其他人不一样，那么显然很容易触怒皇帝，进而把自己置于危险的境地。显然，这不是对自己有利的理性选择。

相反，明明看不见衣服，但保持与他人一致，反而可以将自己隐藏在群体性的共同选择之中，不会给自己带来灾难性的后果。因此，所有人都会盲目地与他人保持一致，而根本不会考虑这种一致是否科学，是否符合逻辑。只有根本不懂人情世故、不明白“枪打出头鸟”处世哲学的小孩子才会大胆喊出“皇帝根本没有穿衣服”。小孩子的这种正确做法，却不符合现代社会中人际交往的复杂关系。

大众非理性行为的第二个特性是极端性。正如前面布鲁诺被活活烧死的例子所说的那样，当所有的决策都被隐藏于大众行为中时，个人决策其实已完全被集体所绑架了，个人不可能单纯根据自己的利益选择做出决策，而只能将自己置身于集体之中，并通过一种群体性的、偏执性的行为决策模式，选择一种放纵自己理智、放纵对自己道德约束的狂热行为。

正是因为个人决策被群体决策所主导，因此整个决策过程更容易被感情而非理智所驱动，从而使群体行为陷入狂热、极端之中，而后放大决策的非理性，最终形成影响更庞大、辐射更深远的大众非理性狂潮，借以确保整个群体，乃至整个社会体系的稳定关系。

案例 2—5

焦灼的上甘岭战役

“一条大河波浪宽，风吹稻花香两岸。”听到这首熟悉的曲子，想必很多朋友自然就想起抗美援朝战争中著名的上甘岭战役，想起无数残酷，却又振奋人心的战争场面。

可是，有谁知道爆发过如此惨烈战争场面的上甘岭只是面积仅有 3.7 平方公里的两个不起眼的小土坡，从战略意义上说，它只是战略要地五圣山的一个前哨，即使丢了上甘岭，后面的五圣山也完全可以撑起更为坚固的防守体系，而且在上甘岭与五圣山之间，其实还有多个与上甘岭类似的其他小山作为战争的缓冲地带。此外，五圣山只是朝鲜一个普通城市金化的外围防守要塞，其实并不具有真正决定战争胜负的关键意义。

在这场激战展开之初，中美双方都没有想到会在如此狭小的地带展开这场寸土必争的残酷拉锯战。1952 年 10 月 14 日，当美军对上甘岭的597.9高地展开攻击时，仅仅投入了2个营的兵力，也许在他们看来，2个营的军事投入已足够拿下这么一个不起眼的小土山了。的确，当时守卫上甘岭阵地的我军也只有两个加强连的微弱兵力。

然而，令美国人没有想到的是，在兵力和武器方面占据绝对优势，又拥有强大的飞机、大炮掩护的美军遭遇了前所未有的顽强抵抗，他们每向前一步都要付出血的代价。当然，仅仅一天的时间，守卫阵地的志愿军战士几乎伤亡殆尽，当战斗处于胶着状态后，后方的志愿军指挥部才第一次把关注的目光转向这两个以前都没有注意到的小土山，开始不断地从后方调动部队增援上甘岭前线的战斗。

随着志愿军后援部队的强力支持，很快就夺回了战争第一天丧失的前沿阵地，这不禁令美军恼羞成怒，同样开始选择调兵遣将，向上甘岭地区投入新的援军。于是，上甘岭成了一个不折不扣的黑洞，尽管大家都知道它并不具有真正的战略地位，但随着战争的持续进程，它已成为双方义气之争的中心。由于阵地过于狭小，双方不可能把大规模兵力一下子全部投入上甘岭战斗之中，只能选择以营甚至连为单位，不断向前追加兵力。前面的部队打光了，后面的部队续上，后面的部队打光了，又会有新的部队继续顶上来，上甘岭也由此成为一个真正意义上的绞肉机，不断吞噬着双方的军事投入。

本该是一场小规模遭遇战的上甘岭战役，最终持续了43天，美军先后投入了6万兵力、300余门大炮、170辆坦克，出动飞机3 000余架次，狂轰190余万发炮弹、5 000余发炸弹。而志愿军也投入了4.3万余人，双方的伤亡人数都超过万人。最终，上甘岭战役作为朝鲜战争中最惨烈、伤亡人数最多的一场战役而永载史册。

就在上甘岭的狭小地域内，双方反复争夺阵地59次，志愿军总共打退美军的900多次冲锋。美军的屡次进攻都以失败告终，不得不放弃了对志愿军的大规模进攻，而被迫选择撤出战斗。战后，几乎整个上甘岭的山土都被炮火彻底深耕了一遍，山头甚至被削低了两米多，成为一片废墟。

我们一直在传说，美军参谋长布拉德利对于朝鲜战争的评价是“在错误的时间、错误的地点和错误的敌人进行了一场错误的战争”，且不说这个传言是否属实，但我们至少可以说，伟大的上甘岭战役才是不折不扣的双方在错误的时间、错误的地点进行了一场错误的战争。

在很多人看来，战争更需要指挥官理性的决策思维，任何冲动与鲁莽都可能会把自己引向失败。显然，如果按照这样的思维，中、美双方的指挥官都不会不明白，在上甘岭的狭小地带展开战斗是多么的不合适。由于地域狭小，双方都不可能投入大量兵力，而只能选择“添油”战术，不断地往战斗中投入新的兵力，这也使得战斗变得更加胶着、更加惨烈，并且会给双方带来无穷无尽的伤亡，却没有任何战略意义。单纯从军事上看，上甘岭战役的展开完全是双方指挥官对下属部队不负责任的斗气之举，然而这却铸就了战争史上的一段传奇。

其实，单纯从经济学角度考虑，上甘岭战役的展开是一个典型的大众非理性行为。作为久经战火洗礼的战场老将，双方的指挥官都应该清楚，根本不值得在上甘岭这样并不具有特殊战略意义的地带投入如此多的兵力。然而，当战火燃起之后，随着对手投入兵力的不断增加，任何一方都面临着骑虎难下的困境，一旦选择退让，就极有可能会使自己的军心受挫，甚至会让对手乘胜追击，一举击溃自己，赢得整场战争的胜利。在这种情况下，任何一方都不愿意首先向对手表示认输，也就逼迫自己只能选择继续这场非理性的战争。

在上甘岭战役中，虽然我国志愿军做出了一定的牺牲，但是该战役的胜利，彻底粉碎了敌人的“金化攻势”，给敌人以沉重的打击。上甘岭战役不仅从军事上打垮了敌人的攻势，也打出了我军的指挥艺术、战斗作风和团结精神，打出了国威军威。曾有人说过，美国人真正认识中国人，是从上甘岭开始的。

正是由于大众非理性行为的极端性，我们会发现，在一些非理性行为背后，真正主导每一个行为决策选择的早已不是理智的成本—收益分析，而是单纯的感情驱使下的冲动。

三、为什么要认识大众非理性行为?

其实，大众非理性行为还存在第三个基本特征，那就是引导性。群体性的行为选择往往会受到少数几个先行者的行为影响，从而表现出与先行者决策的某种趋同性。这就意味着，如果通过某些具有强大影响力的标杆性人物的行动选择，就可以向更广阔的范围施加影响，从而有意识地改变乃至引导群体性的行为选择。现代意义上的广告营销，其实正是建立在大众非理性行为这个基本特征之上的。

现代犯罪学中有一个著名的概念叫作“破窗效应”。当一个建筑物矗立在一个社区的时候，周边的民众往往都会爱惜整洁的环境。可是，当有一天几个顽皮的小孩在游戏时用石子打破了建筑物的一块窗户，如果大楼的物业管理者没有在第一时间替换掉这块破碎的玻璃，那么周边的人就会忽然发现，原来这只是一栋破楼，别人可以打破玻璃，我其实也可以顺手打破一两扇窗户取乐。于是，大家就会发现，在很短的时间内，被打破的玻璃会接二连三的出现，用不了多久，整栋大楼都没有几扇完好的玻璃了；再过几天，可能墙壁都会被画得乱七八糟，一栋崭新的大楼很快就变得破烂不堪。

同理，在一面洁白的墙壁上，如果偶然有几位小朋友随手在墙上划了几条，却没有得到及时的清理。很快，大家就会发现原来这面墙是可以用来涂鸦的。于是，用不了多久，整面原本洁白干净的墙壁都会让人画得乱七八糟、面目全非。

在我们所处的环境中，如果每一个人都严格遵守纪律和道德，那么整个社会都会维持一个良好的秩序。可是，如果有人破坏了原有的社会秩序，却没有得到相应的惩处，那么大家就会进行效仿，最终的结果将是人性中的一些非理性、非道德的想法被无限放大，而约束却被降到最低，最终导致整个社会道德的沉沦。

案例 2—6

扶不扶？

在现代社会中，关于人们道德沦丧的争论在持续发酵，而诱发这一争论的一个重要事实就是，每当有老人摔倒在地，只会有人旁观，很少有人愿意主动上前把老人搀扶起来。更令人寒心的是，媒体经常报道，有人因为扶起摔倒的老人而被诬陷撞人，并被判处巨额的赔偿。即使有些此类法律诉讼会被监控视频证实，老太太是自己跌倒，而与扶人者无关，最终的结果是扶人者在经过多轮的法律诉讼后，身心皆疲，却只落得清白的名誉，而昧着良心诬陷好心人的老人的最后结果，通常只是口头赔礼道歉。

事实上，想必大家都很清楚，关于老人应不应该扶的争议起源于 2006 年南京发生的彭宇案。当年，一位徐老太太在公交站等车时摔倒，旁边一名叫彭宇的市民将她扶起，并陪同其家人将徐老太太送到了医院，还垫付了医药费。彭宇自称是见义勇为，而徐老太太却说她是被彭宇撞倒的，因此彭宇应该赔偿其全部医药费，并对她做出相应的赔偿。

事后，徐老太太用一纸诉状将彭宇告上法庭。经过法庭的调查调解之后，南京法庭做出判决：判处彭宇承担 40% 的责任，共计赔偿徐老太太 45 876.36 元。对此，舆论哗然，大众对于这场法律诉讼的关注和热评持续多年而未见降温。

其实，时至今日，徐老太太是否真的是由彭宇撞倒，仍没有一个真实的结果。舆论对于这一案件的关注重点在于法院的判处并没有完全建立在对事实的调查基础之上，而表现出明显的主观臆断。法庭上，法官的一句“如果不是你撞的，你为什么要扶她”的质疑，完全打破了我们传统道德中尊老爱幼的道德理念。如果法庭能够通过细致入微的调查，找到彭宇撞倒徐老太太的事实证据，那么法院即使让彭宇赔偿更多的损失，也不会引起民众的关注。

关键在于，按照一般的“谁主张、谁举证”的法律举证责任分配规则来说，既然徐老太太控诉彭宇将她撞倒，那么她应该找出能够证明自己被彭宇撞倒的人证或物证，即只能由事实证据来决定这场法律诉讼的最终结果。

其实，事实并不能排除徐老太太的确是由彭宇撞倒的，但至少他不是自行离开，而是主动送徐老太太去医院。显然，无论是否是由彭宇撞倒的徐老太太，彭宇总有着基本的良心和道德，这就需要法律通过有说服力的事实来公开判决，给彭宇和民众以交代。

问题在于，南京法院建立在法官主观臆断基础上的判决，以及“如果不是你撞的老太太，你为什么要送她去医院？”“如果不是你撞的老太太，你为什么愿意垫付医药费？”法官一连串的质疑，其实都是建立在人性本恶、不会发自内心地帮助别人的思维模式之上。在这样的思维下，双方各打五十大板的判决，让彭宇赔偿徐老太太部分医疗费用，的确是令双方都无法接受的判决结果。

在彭宇案发生后，媒体又连续曝光了天津的许云鹤案、广东汕头高中生扶摔倒老人被诬案、四川达州三个儿童扶起摔倒老太太被诬案等，尽管很多案件借助于证人或者监控证明了扶人者的确没有撞倒老人，但在漫长的诉讼过程中，好心人的善意也逐渐被诬陷者的恩将仇报所消解。“不惹事，不多事”成为越来越多的现代中国人的共同选择。的确，我们现在已很少看到扶老人被诬陷的新闻了，但我们却看到了更多老人摔倒后因无人敢扶而伤情恶化甚至死亡的报道，这成为当前社会的悲哀。

其实，前面所提到的彭宇案就好像一扇被打破的窗户，如果南京法院可以公开、公平、公正地对此案进行宣判，能够以事实为依据使原、被告双方都能够信服，则这扇被打破的窗户就算维修好了，而整个社会对于是否应该扶摔倒老人的问题也不会产生如此大的争议了。

如果不能妥善地解决此案，就好像放任破掉的窗户随意展露在众人面前，在群体性的模仿与信息传播下，不良老人们知道了在自己摔倒后随便诬陷帮助自己的好心人，只会给自己带来巨大的经济利益，却没有任何法律风险，大不了一句道歉了事。这只会诱使更多的老人，甚至所有可能受到他人帮助的弱势群体都走上恩将仇报的不归路。民众则会产生对于可能出现的诬蔑、冤枉风险避之不及，遇到他人处于困境时，总会习惯性地绕着走，唯恐被人冤枉。最终，那些愿意帮助他人的善良人就像大熊猫一样，处于濒临灭绝的状态。

“人之初，性本善”，从人的内心而言，每个人都渴望在自己遭遇困难的时候，能够有人站出来伸出援手。当然，在别人处于困难之时，自己也愿意提供力所能及的帮助。从这个方面来说，善是一种理性选择。如果对于善的恶意伤害不能得到有效惩处，也就是自己的善意付出将面临巨大的经济利益风险的话，则作为理性的现代人，没人愿意挥霍自己的善，由此将产生明显的“破窗效应”，并使社会道德陷入沉沦。

相反，如果任何一项对于善意行为的伤害都会受到相应的惩罚，每一个人的善意都能得到法律制度、社会规则和道德的保护，这才能引导整个社会积极向上的道德风尚。

在网络中，“中国式过马路”一直广受民众诟病。在很多地方，即使红灯亮起、汽车启动，也会看到三三两两的行人仍然不紧不慢地在马路上踱步。一时之间，在马路上，行人与汽车抢路，步行与机动车同道，导致交通秩序混乱无章。这种对于交通秩序的无视不仅制造了非常多的交通事故，也极大地降低了通行效率。

然而，我们可以想象，所谓的“中国式过马路”往往是源于少数民众的不自觉行为。当红灯亮起时，也许很多人都自觉地停留在人行横道前等待交通灯转为绿灯。此时，如果大家都遵守秩序，那么整个交通都会顺畅无比。可是，如果偶然有一两名不自觉的行人选择与机动车抢行（的确，由于闯红灯，他们能够比其他行人更早地横穿马路，更早地到达马路的另一边），并且这些行人的违规行为不能得到当场制止的话，自然会引起其他行人的效仿。其他原本遵守交通规则的行人会觉得，既然别人可以安全、顺畅地通过闯红灯到达马路的另一边，那么自己不闯红灯显然就吃亏了，自己的通行效率就不如闯红灯者了。在一种不吃亏心态的支配下，就会有越来越多的人选择闯红灯。此时，整个交通秩序已完全失控，同时道路的通行效率也降到了最低。

在“中国式过马路”中，把控好最早横穿马路的行人，能够在他们违章的第一时间及时制止他们的不安全行为，自然就可以打消其他效仿者的学习心理，从而维持规范、有序的公交规则了。

同理，在商业中，每一个企业完全可以通过一些有意识的市场行为，如广告代言、营销活动、商业策划、市场炒作等，诱使目标客户采取某种对自己有利的策略选择。当越来越多的人采取对于企业有利的行为决策后，自然就会形成对更多消费者的吸引力和引导力，从而开发出一个对企业真正有价值的“金矿”。

在互联网时代，对于新兴市场的培育和产品的宣传炒作，都隐藏着或多或少的引导大众非理性行为的策略选择，后文将会结合最新的案例进行深入阐述。

Crowd?
Economic Logic of Popular Irrational Behavior

第三章

心灵的选择：
大众非理性行为中的心理学

第一节　为什么大家愿意买彩票？

一、购买彩票是发财的捷径吗？

自从中央颁布八项规定以来，一些以往手持国人心目中“金饭碗”的朋友们的梦魇来临了，以前工作不累、收入丰厚、福利诱人的美好日子一去而不复返，不仅工作考核越来越严格、社会监督越来越严密，而且更为悲催的是收入就像“王小二过年，一年不如一年”。

以前过年、过节，一些单位的员工不但会有不菲的年终奖可拿，单位通常还会发些苹果、带鱼之类的年货，尽管它们的价值并不算高，但经常大包小包地拿单位分的福利回家，也足够向亲友炫耀的了。可是，八项规定颁布以后，很多单位的领导为了防止犯错误、影响自己的政治前途，往往选择不仅不再发钱，而且把很多正常福利都砍得干干净净。

在这样的现实背景下，很多人也编撰了许多调侃自己福利下降的段子自娱自乐。例如，听说某单位过年的年终奖最高可达500万元，真是令人心生向往。可是一大帮人跑过去一打听，原来这个单位过年时向每名员工发放一张彩票，如果能够中大奖的话，头奖的确可以中上 500 万元，一时成为职场笑谈。

这些令人啼笑皆非的彩票年终奖，想必大家并不陌生。在我们的生活中，经常可以看到彩票的身影，如福利彩票、体育彩票、双色球以及各种不同名目、不同玩法的彩票，更是令无数彩民为之神魂颠倒、日思夜想。

我们经常可以看到一些新闻，一些彩民甚至每周都会拿出数千元乃至数万元购买彩票，梦想有朝一日能够凭借购买彩票发家致富，他们把购买彩票作为自己发财的捷径。事实上，即使在笔者身边，这样甘为彩票狂的彩民也随处可见。可是，问题来了，到底购买彩票是不是真正的发财捷径？它是不是一个人的理性选择呢？

如果单从投入产出来看，彩民只需要花费 2 元钱购买彩票，就有机会最高中得 500 万元大奖，真正的一本万利，它的收益甚至远超以暴利著称的贩毒等犯罪行为。可是，如果买彩票真的如此暴利，为什么大家不在发工资的第一时间，就把自己的所有工资都拿去购买彩票呢？

想必大家都清楚上述问题的答案，因为并不是你只要买彩票就一定能中奖，中奖只是一个小概率事件。在绝大多数情况下，彩民们用于购买彩票的投入都会直接打了水漂，连响都听不到。也许一个人购买几百次彩票，也中不了哪怕一个最小的奖。可是，也有人运气爆棚，他只是出于消遣，甚至为了换零钱，只花了 2 块钱随意购买一张彩票就中了大奖，不同人的运气真可谓千差万别。

通常情况下，在进行投资决策时，我们考虑得最多的就是投资的收益与风险。当然，我们最敏感的指标就是投资收益。假设拿出 100 元钱进行投资，那么在不同的投资选择中，我们可能会获得不同的投资收益。在其他因素相同的情况下，如果投资选择A可以带来200元的投资收益，就肯定比投资选择B只能带来150元的投资收益更有吸引力。

但是，关键在于不同投资项目的风险，也就是投资结果存在的不确定性是不一样的。我们每一个人都会厌恶风险，渴望更为安全、更为明确的投资结果。因此，如果两个投资项目——A投资项目的投资收益更为稳定，比如说是固定的200元，而B投资项目的投资收益变动较大，比如说是0~200元，那么作为一个理智的人，当然他宁愿要固定的200元，而不愿意承担风险而拿不到200元。

为了吸引足够的投资，如果某投资选择的风险更高，那么它就必须提供更高的投资收益以补偿所可能承担的高风险，比如上述存在不确定的投资项目的收益在0~400元时，也许会有一些风险偏好者愿意承担风险，即他们为了追求更高的收益而接受这种不确定性。因此，在通常情况下，高风险必然伴随着高回报。

比如在大家所关注的理财市场中，如果投资者不愿意承担任何风险，显然可以把钱存入银行，获得固定的存款利息。如果投资者期望更高的投资收益，那么他可以选择把钱投入以货币基金为基本形式的各互联网巨头推出的余额宝、财付通、小金库等互联网理财产品中。至少在当前的金融市场，互联网基金的风险略高于银行存款。不过，正如大家所看到的那样，它的收益率也是略高于银行存款的，它的高收益足以弥补其较高风险的不足。

如果投资者对于互联网货币基金的收益率还不满意，现在红遍互联网的 P2P 理财也许能够满足他们对于高收益的渴望。目前，互联网 P2P 理财的年收益率普遍都在 10% 以上，足以秒杀所有银行存款或宝宝军团。但是，不断传出的 P2P 平台跑路的传闻，也让人隐隐感受到其背后的重重风险。

与我们生活中的投资理财相似，彩票投资也可以完美地诠释投资的风险与收益之间的正相关关系。正由于在彩票投资中，中奖只是一个小概率事件，因此其中蕴藏着巨大的风险，这也使得彩票投资中奖固然收益颇丰，但由于几率过低，反而导致其并不是一个最优的投资选择。

从彩票的运营原理也可以看出彩票投资并不是最优的投资策略。无论在中国，抑或欧美国家，彩票往往都附带一定的公益属性，它有些类似于互联网经济中的众筹，即集合多名购买彩票的彩民的资金，拿出其中的一小部分用于回馈彩民，而其他部分在扣除相应的税收和彩票的运营成本之后，往往都用于社会福利事业。

其实，这也意味着彩民所获得的奖金总额总是远小于所有彩民的购彩成本之和。这就引发了一个有意思的问题，即使购买彩票并不是一个理性的选择，为什么仍有如此多的彩民选择购买彩票呢?

二、彩票中的侥幸心理

尽管购买彩票不是一个理性的投资选择，可是仍有无数的彩民对购买彩票情有独钟，最根本的原因就在于每个人心中存在的贪婪与侥幸心理。

在现实生活中，我们会看到，诸如贩毒、抢劫、绑架等严重刑事犯罪必将受到法律的严惩，可是仍有无数的不法之徒宁愿铤而走险，冒着受到法律惩罚的风险。对此，马克思曾经有一段名言：一旦有适当的利润，资本就胆大起来。如果有 10% 的利润，它就保证被到处使用；有 20% 的利润，它就活跃起来；有 50% 的利润，它就铤而走险；为了 100% 的利润，它就敢践踏一切人间法律；有 300% 的利润，它就敢犯任何罪行，甚至冒绞首的危险。马克思的话，在很大程度上揭示了贪婪所带来的侥幸心理。

尽管大家都知道，犯法自然会受到法律的惩罚，但是，即使最睿智的侦探也不能保证将所有的罪犯都绳之以法，即使神通如福尔摩斯，也会在聪明的艾琳小姐面前折戟而归，只是大家并不知道谁会是少数的幸运儿，而警察的职责则是尽量减少逃脱法律惩罚的罪犯数量。

所有彩民的心中都会觉得，自己将是那个被上帝所垂青的幸运儿，因此会放大自己中大奖的期望。尽管所有彩民都知道，彩票中大奖根本就是一件虚无缥缈的小概率事件，但所有的彩民都会觉得自己就是那个被上帝所垂青的人，肯定能够中得那份超级大奖。

尽管无数的彩经都在教授彩民应该如何分析彩票中奖号码背后的规律性，无数的骗子也在叫卖着下一期的中奖号码，但我们可以想象，如果真的存在这份可以预测彩票号码的超级彩经，或者能够提前得到下期中奖号码的内幕，那么拥有这项独门绝技或者神秘内幕的人，必然可以获得巨额的财富，哪里还需要依靠上课或者卖书、卖号码赚些小钱？

就算上述卖家愿意与其他人分享，如果这些内幕都是靠谱的，那么凭此可以买中正确号码的彩民数量想必不在少数，而中奖人数的急剧暴增，必然会极大地摊薄最终中奖号码的彩金额度，以致“火锅奖”频出，那时中奖想必也不再是一件值得骄傲的美事了。这会使真正知道内幕消息的卖家自己中奖的奖金收入锐减，就算出售中奖号码能让他们获得一定的收益，但只怕也弥补不了奖金下降的损失，因而愿意做这种损己利人事情的人不会太多。

作为一名大学教师，笔者在日常的教学工作中经常看到会有学生在每个学期的期末考试中作弊，以谋求及格、更为优秀的成绩、争取奖学金等。尽管学校的规章制度对于作弊都做出了明确且严格的规定，学生一旦作弊被抓的最终处理将影响毕业资格，甚至影响他们一生的命运。看起来，作弊会让学生付出巨大的代价，而如此巨大的成本若没有更大的预期收益作为补偿，不会是一个理性的选择。

可是，令人感到讽刺的结果发生了，正是由于学生作弊会给学生造成非常严重的后果，反而让老师背负了更大的压力。显然，老师不愿意由于自己抓住了作弊的学生，导致学生被开除学籍或者取消学位。因此，绝大多数老师反而选择了在抓住学生作弊时采取宽大处理，可能只是将作弊学生逐出考场，甚至在没收作弊材料后，允许学生继续考试。

如果作弊的最严重后果只是逐出考场而考试不及格，那么对于很多本来就没有及格能力的学生而言，他根本就没有任何损失，或者说没有付出任何额外的代价；与此同时，作弊成功却让他有机会及格，那么作弊的收益显然远远超过了作弊的成本，因此高校学生的作弊也就一发而不可收了。

事实上，在任何一个学校都会有一些非常严格的老师，也就是同学们传说中的“杀手级”人物，如果他们抓到在考试中作弊的学生，真的会送到教务部门，要求学校按校纪校规处理。如果这种情况发生，学生少则被取消学位，多则被勒令退学，代价不可谓不大。

然而，每一名学生在心中都会觉得自己即使作弊，遇到的也只会是宽容型的老师，而不会点背到遇到严格的“杀手”，他们把被严格老师抓到当场作弊视为一种小概率事件，并认为自己是不可能被严厉老师抓住的幸运儿。于是，选择作弊成为很多不认真学习的同学应付大学老师的法宝，而这的确导致很多学生由于受到作弊的处分而无法顺利毕业。

其实，无论是中彩票或者是作弊被抓的事件，任何一件事情的发生都有一定的规律性。对于相应的人群而言，每个人发生这些行为的几率也大致稳定。然而，在现实中，每个人总是习惯于放大自己幸运的一面，而自欺欺人地漠视自己倒霉的一面，于是看似非理性的买彩票和作弊这类行为，在现实生活中反而成了极常见的普遍现象。这恰恰揭示了本书所说的大众非理性行为的产生原理。

三、彩票中的心理感知

试想一下，如果给您一个10千克的哑铃，现在给您的哑铃增加10克的重量，您能感觉出来吗？想必很多朋友未必能够如此敏感地察觉出来，毕竟哑铃的重量只是变动了千分之一，相较于它自己的重量，这实在是一个微不足道的变动。

再换一种情况，如果给您一个10克的砝码，现在再给您的砝码增加10克，您能感受得到吗？这个时候，您可能会轻松地感受到这一变化了。砝码的重量变动一倍，实在不是一个小的变化。

同样是变动10克，如果变动的对象不一样的话，大家的感受也是完全不一样的。这看上去是一个很平常的自然现象，然而它却是心理学上一个非常重要的结论——韦伯-费希纳定律。

尽管从原理上说，韦伯-费希纳定律包含着很多专业的心理学专有名词和复杂的数学推导，但通俗地说，其实就像笔者前面所举的这两种情况，人的感官对于外界刺激的感受并不取决于刺激本身的绝对大小，它其实更多地取决于刺激的相对大小。

费希纳通过数学的方法推导出心理的变化与刺激量表现出一定的对数关系，刺激的强弱通常会以几何级数增加，而人体的感官却只能以相对平缓的算术级数增长。这种说法似乎还是令人有些丈二和尚摸不着头脑，也令没有受过专业心理学教育的朋友们觉得稀里糊涂，下面就以彩票为例对其进行解释。

假如我们能够提前获知下一期500万元大奖的彩票号码，但获知的条件是，您只能购买一注中奖号码。那么，如果贵为中国首富的马云获得了这个白得500万元的秘密，您觉得他的兴奋程度是什么样的？

尽管500万元大奖听起来数值庞大，但对于身家百亿的马云而言，也不过相当于自己身家的万分之一，或者几千分之一，只是毛毛雨了。

可是，对于一名刚刚走出大学校园、月工资只有两三千元的职场新人而言，如果能够获得这500万元，将能极大地改变自己的命运，可以不用再担心买不起房子了，可以风风光光地筹划一场婚礼大典，可以和心爱的人进行一场温馨浪漫的旅游。对于一个穷小子而言，这一切绝对是做梦也想不到的美丽场景。

同样是500万元，金额没有任何变化，但它对不同的目标群体会产生完全不一样的心理变化。这500万元对于一个亿万富翁而言，显然其刺激的强度非常有限，自然也不会给受众带来巨大的心理变化。对于穷人而言，500万元可能是自己一生都赚不到的天文数字，如果得到这500万元，那绝对是可以改变自己和家人命运的重要转折，因此其狂喜的程度显然要大得多了。

这也许解释了为什么购买彩票的往往是收入水平更低的中低收入群体，而真正的高收入群体却很少会购买彩票。因为对于高收入者而言，即使中彩票，给自己带来的成功感受和心灵上的喜悦感并不会特别突出，而对于低收入群体就完全不一样了。

从另一个角度来看，彩票往往宣扬的是以小博大。对于购彩者而言，他购买彩票的花费往往是一个小额资金；从刺激上说，减少这样的资金并不会给自己的生活造成过大的困扰，即给自己带来的负面冲击和伤害是非常有限的。如果侥幸能够中得大奖，那么他所得到的也许是天文数字般的奖金，而这给自己带来的喜悦感受是极为强大的，因此牺牲自己的少量资金去换取自己想象中能够得到的极大喜悦，或者只是每期在等待开奖过程中的那种期待与希望，对于很多彩民而言，也许都是极为重要的。

正是由于这些原因，购买彩票看上去并不是非常理性的选择，可是在侥幸和希望的双重刺激下，很多收入水平并不高的人宁愿每个月拿出对自己而言，也许足以改善自己生活水平的小量资金，执迷不悔地购买彩票。也许在他们看来，他们肯定能够得到彩池中足以改变命运的500万元。这就是希望，但它也是一种看上去极为无厘头的非理性选择。

第二节　一样的金钱，不一样的命运

一、倒霉的幸运儿

独享彩票大奖似乎是无数人心目中美好人生的新启程，然而事实上，我们时常听到某位超级大奖的幸运儿在获得天文数字的彩票大奖之后，却在短短数年内，由于个人的挥霍无度而花掉自己所有的金钱，最后落得个穷困潦倒、流落街头的悲惨命运。

难道是中彩票耗光了这些幸运儿一生的运气，从此就开始衰神附体，一生走背字了吗？假如人生有重来的机会，也许没有获得超级大奖的话，这些彩民们还能过着简单平淡却又丰衣足食的平常生活。难道对于众多彩民而言，中彩票并不是一件真正意义上的幸运事件吗？

如果按照传统的经济思维，资金积累的增大，显然可以使储蓄者拥有更高的消费能力，从而增加他的幸福感。著名的经济学家弗里德曼甚至认为，决定一个人消费支出的并不是一个人某个特定时期的具体收入水平，而是在长期内能够保持稳定的持久性收入。例如，我们会发现很多名牌大学的学生在读书时其实是根本没有稳定收入来源的，很多人的现期收入甚至为零。然而，他们的真实消费水平通常会高于普通大学的大学生，或者根本没有读大学的同龄农民工。然而，如果比较真实收入的话，农民工已进入社会，通过出卖自己的体力劳动，其实也可以获得不菲的收入，至少他们在现实中的真实收入肯定高于根本没有稳定收入来源的在读大学生。

之所以名牌大学的大学生在还没有获得高收入的阶段，就已维持了相对较高的消费水平，显然是由于他们预期凭借自己优异的学业成绩，在未来能够获得更高的收入水平。决定他们当前消费能力的，并不是他们在现实生活中的真实收入，而是行为人对于自己长期持久性收入水平的预期。

当然，持久收入理论也成为现代西方经济学非常重要的组成部分，与只考虑现实收入与消费间内在联系的传统消费理论相比，它能够更好地解释个人消费水平的变化。然而，如果这个理论能够无条件地生效，那么当某人幸运地中得彩票大奖之后，他一生可以支配的资金规模也会有较大幅度的增长，作为一名符合持久收入理论的理性经济人来说，他应该把自己中彩票所得的巨额资金均匀分布于自己的一生，以保证自己可以永远享受这个幸运事件的成果。因此，他们应该每一年相对均衡地提高自己的消费水平，而不是一下子把钱全部挥霍掉。

可是，无数中大奖后由于挥霍无度而导致破产的真实事例告诉我们，人们并不会真如弗里德曼想象的那么理性，几乎没有人忍得住诱惑，而把巨额奖金平均安排于自己后半生的消费，往往选择此前自己几乎不能想象的奢侈消费，这到底是什么原因呢？

二、心理账户的选择

对于很多人而言，尽管都是自己的收入，但人们对于不同来源、不同性质收入的关注程度是完全不同的。可以想象，最能符合弗里德曼持久收入理论解释的收入往往是个人最稳定的薪金收入，比如每个月在固定时间发放的工资收入。假设您的工资是每月一号发放，而在每个月的其他 29 天内，您没有其他的收入来源，但作为一个理性人，您绝对不会在发工资的当天就把自己一个月的工资全部花光。在我们看来，即使是最不理性的“月光公主”们，最多也只是每个月把自己的所有收入全部花光，不留任何积蓄，而不是在发工资的当天就把工资收入全部花光，而在其他日子里忍饥挨饿，喝西北风。

偶尔的超过自己收入水平的透支消费，可以通过运用积蓄或者借贷的方式加以弥补。但是，如果每个月都透支消费，并且没有像父母这样稳定的资金支持来源，这种透支消费方式几乎不可能持续下去。

除了工资收入外，很多人还会有奖金、业绩提成、彩票中奖等偶然性收入。当然，每个人在进行消费选择时，其实很难提前预判自己的偶然性收入，所以主要是参照持久性收入来选择消费水平，但是，当某个偶然性所得出现且决策人获得这个收入之后，他自然就可以在当期或者下期的消费决策时，把这个偶然性收入加进自己的收入中，从而提升此后的消费水平。这就是弗里德曼想象中对于持久性收入的理性行为。

然而，在真实的生活中，人们对于持久性收入和偶然性收入的价值判断是完全不一样的。或者说，任何两种不同性质的收入，其实是被每个行为人清晰地划分在两个不同的心理账户中。对于长期稳定的持久性收入，人们更倾向于选择相对稳定地把它纳入一个更长的生命周期内考虑，以此决定行为人对于长期消费水平的选择。然而，对于中彩票、获得遗产等偶然性收入而言，它们是分属不同心理账户的，行为人在决定这些收入如何消费时，其决策眼光往往更加短视和随意。

如前所述，正因为中彩票并不在每一名彩民的预期之中，能够中得彩票大奖绝对是意外之喜，因此中彩者会觉得这笔钱完全是意料之外的、从天上掉下来的馅饼，那么来得容易，去得也容易，所以花起来往往率性得多，而毫无计划地将其浪费掉似乎也不是什么不可以接受的罪过。然而，工资收入是自己辛辛苦苦劳动的代价，每一分钱都源于自己的辛勤劳动，如果浪费，自己首先内心就过不去，那么花费自己的工资收入时更谨慎、更有计划性也就不足为怪了。

案例 3—1

拉斯维加斯的传奇睡衣男

在著名的赌城拉斯维加斯有一个广为流传，却无人能够证明其真伪的传奇故事，它似乎是上述不同心理账户消费选择的最佳说明。

一对新婚夫妇到拉斯维加斯度蜜月，他们来到赌城后，当然会选择小赌怡情一番了，于是他们从自己的蜜月旅行经费中拿出1 000美元在拉斯维加斯的赌场中好好逍遥了一番。当然，与绝大多数来到赌城的游客一样，他们输得精光后回到了酒店房间休息。

当妻子早早进入梦乡之后，丈夫洗漱时在自己的口袋里无意中又发现一个5美元的筹码和一张写着阿拉伯数字“17”的小纸条。由于第二天就将踏上归途，因此赌场的筹码也将成为毫无价值的旅游纪念品，于是丈夫决定再到赌场小赌一把，把这个筹码输掉后再回房间休息。

丈夫觉得只需要到楼下的赌场随手一赌，就可以结束任务并回房间休息，因而他连睡衣都懒得换，只盼把筹码输掉，就可以回到温暖的被窝睡觉了。

丈夫觉得附在小纸条上的这个阿拉伯数字“17”是上帝给自己的某种暗示，于是他直接来到轮盘赌，把5美元筹码都压在了数字“17”上。很幸运，他真的赢了，5美元变成了175美元。拿到赢得的175美元筹码后，他毫不犹豫地再次把所有筹码都压在了数字“17”上。他都不敢相信，自己又赢了，此时他手上已有了6 125美元。

令所有人想象不到的是，这位穿着睡衣的、看上去一点都不像赌徒的年轻男子，就这样一次一次地把全部筹码压到数字“17”上，然后居然真的一次又一次地赢得了更多的筹码。短短几局之后，他手中的筹码已达到26 000万美元这一天文数字。

睡衣男再次把所有的26 000万美元全部压在了数字“17”上，但是很可惜，这次轮盘赌的指针在“17”上摇了两下，居然又细微地多转了一点点，最终指针指在了数字“18”上。很遗憾，就是这么一点点细微的转动，睡衣男与近百亿美元擦肩而过。更不幸的是，这一次他将失去所有的26 000万美元。因此，他只得悻悻地回到了自己的酒店房间。

睡眼蒙胧的妻子看到丈夫穿着睡衣从外面归来，随口问他去哪了。“我又去赌了两把”，丈夫回答。妻子再次问道：“那结果怎么样？”丈夫很轻松地回答：“没什么，我输掉了5美元。”

我们相信，哪怕是比尔·盖茨或者巴菲特这样的超级大富翁，如果一下子失去26 000万美元，也会产生强烈的失落感，甚至能够体会到心痛的感觉。的确，26 000万美元，这是很多美国平常家庭数百代才能赚得的天文数字。对于像睡衣男这样普通的美国人而言，不要说失去26 000万美元，如果丢掉的钱包里面有260美元，夫妻俩可能都会郁闷好几天。可是，为什么我们感觉睡衣男却如此轻松呢？

很显然，通过赌博轻松赢来的26 000万美元与自己通过工作所得的260美元并不在一个心理账户中。每个人在自己的心目中都有多个不同的心理账户，人们在进行消费决策时，其实会分别针对不同的收入进行不同的消费决策。

像赌博所得或者中彩票所得，这种偶然性所得在很多人的心中本就是意外之喜，没有也是正常的；得到了，那绝对是老天爷的眷顾，那么铺张一点、浪费一点这些本来就不属于自已的钱，也不会让自己的内心不安。因此，人们对于它的消费心理与对于自己收入的消费心理，绝对不在一个决策层面。人们对于不同来源收入的消费决策完全不一样，这与经济理论所设想的所有收入都将被纳入持久性收入完全不一样。

在现实生活中，我们经常看到一些朋友在得到年终奖之后，会奢侈地给自己买一个价格不菲的名牌包或者豪华服装，尽管这些都是自己一直想买而舍不得购买的产品，可是当自己忽然得到一笔意外之财时，自己并不会理性地把这笔意外之财平均安排到自己后半生的消费中，而是决定奢侈一把，给自己一个特别的犒赏，最终导致自己的短期消费有一个非常大的增长。在一些极端的情况下，这种短期奢侈性消费的价值甚至会超过自己的意外所得。

一个典型的案例来自第二次世界大战后，德国政府对于在战争中受到迫害的犹太人的赔偿。大家都知道，在第二次世界大战中，无数犹太家庭的财产被德国没收，大量的犹太人被投入集中营，甚至死在其中。战争结束后，德国政府开始陆续归还在战争中受到财产损失的犹太人的财富，并对他们做出相应的赔偿。显然，对于这些犹太人家庭而言，这些补偿根本无法弥补他们在战争中所受到的创伤，但它仍是一笔意外之财。

经济学家兰德博格对 297 个获得经济赔偿的犹太人家庭做出的

调查显示，获得这些意外收入最多的家庭，这些赔偿金额大约占到他们家庭收入的66%，他们的边际消费倾向大约为0.23，也就是每给这些家庭100元，他们会拿出23元用于消费。对于那些获得最少赔偿收入的家庭而言，获得的赔偿金仅相当于他们家庭收入的7%左右，但这些家庭的边际消费倾向居然达到2；也就是说，如果得到100元赔偿金，他们会花掉200元，不仅把得到的意外所得全部花掉，还会从其他家庭收入中拿出一笔钱，用于因这次意外所得而犒赏自己家庭的奢侈性消费。

三、信用卡中心理账户的应用

其实，消费的心理账户在现实生活中并不罕见，最常见的应用就是信用卡。在现代信用社会中，想必很多朋友早已习惯了并不携带太多的现金在身上，如果出门需要消费，总是习惯性地拿出信用卡，随手一刷，轻松愉快。

媒体经常报道，很多朋友特别是自控力较低的年轻朋友沦为卡奴的悲惨经历。正因为信用卡刷卡过于简单，特别是根本不需要平时消费所经历的取钱、点钱，再把真金白银的现金交付给他人的过程，只是轻轻一刷，就可以轻松完成付钱的全过程。因此，很多年轻人往往会无节制地刷卡消费，甚至会超过自己的承受能力进行刷卡消费。当信用卡每个月的分期付款费、利息、滞纳金都超过刷卡人的收入能力时，持卡人将真正地沦为被信用卡所俘虏的卡奴。

当然，刷卡消费的确是存在很多优点的，比如省去取钱、点钞的便捷性，杜绝假钞的安全性；更重要的是，它可以把本来购物时就应该完成的无成本支付延期到未来。只要你能在信用卡的还款日期前足额归还欠款，你可以享受数十天无息占用货款的优惠。

我们知道，即使刷卡轻松，可是刷卡的钱同样是需要偿还的，并不是说刷了就白刷了，也不意味着由于刷卡不需要经历数钱的过程，就省去了支付给别人钱的责任。也就是说，无论是刷卡，或者是在移动通信时代越来越时尚的刷手机、刷脸等千奇百怪的移动支付手段，都没有改变在商品交易过程中一方支付资金、另一方获得商品或服务的交易本质。

但是，为什么在正常的消费活动中，很少看到有人会成为天生购物狂，变得花钱上瘾而一发不可收拾；可是，在信用卡消费中，这样的随意消费、过度消费却极为常见，甚至导致卡奴的普遍出现？

同理，在一般人的心目中，现金支出与信用卡消费属于两个完全不同的心理账户。当你拿出钱包，一张一张地取出现金，以完成你的消费活动时，你很容易想象到自己赚取这些资金的不容易，并把消费与收入更紧密地联系在一起。从钱包中一张一张地取钱，就好像提醒自己正在一点一点地花费自己的辛勤劳动。显然，这样的消费暗示会让人更加谨慎、更加理智，当然也更符合经济理论中持久收入学说所想象的理性消费规律。

信用卡消费则简单得多，除了轻松地拿出卡片随手一刷，并不需要其他的额外动作，更不用说与自己收入的联系了。在很多人的心目中，信用卡中的钱似乎与中彩票或者赌博赢来的钱一样，是一种天赐之财，因此不花白不花、花了也就花了，从而表现出非常明显的随意性。这就中了商家的促销大计，并使自己购物成瘾。

对于现代商业社会而言，信用卡是一种刺激消费的极为重要的发明。如果人们真如经济学家想象的那样，理智地对待所有的经济收入，合理地安排各种收入在自己一生中的消费决策，那么无论使用什么样的结算工具，都不会改变人们的消费水平。事实上，正如我们看到的，由于心理账户的不同区分，信用卡能够表现出明显的刺激消费作用，人们的理性消费心理在心理账户面前变得无比的脆弱。

心理账户的存在决定了在每个人的消费决策中非理性行为都会广泛存在，在群体性的模仿、学习与攀比中，非理性消费决策表现得更加明显。这在很大程度上解释了现有社会中大众非理性消费的普遍存在。

第三节　欲望未满中的心理规律

一、得不到的总是最珍贵的

随着我们收入水平的提升，现代社会中的孩子们已可以享受到父母儿童时所梦寐以求的漂亮衣服和精美玩具，但有些时候，令很多家长朋友们恼火的是，明明自己已为孩子买了最昂贵、最精致、最具趣味性的玩具，然而当自己的孩子看到邻居或者其他孩子在玩一些非常平淡无奇、毫无美感、毫无趣味性的玩具时，反而会哭着、闹着要。有时，孩子甚至会拿自己极为昂贵的玩具与其他孩子交换，全然不顾自己的玩具花了家长多少银子。

很多时候，我们往往愿意把上述现象归结于孩子太小，根本没有金钱观，对价格的多与少毫无感觉。我们想象，随着孩子的成长、心智的成熟，这样的幼稚、非理性的行为自然就会随之消失。

然而，实际上，这样的心理与年龄并没有直接的关系。君不见，明明有些人住着奢华的大别墅，有时还会羡慕他人小房子的精致以及易于打扫；明明有些人拥有最先进的苹果 iPhone 产品，却会为他人手机中拥有的一项自己手机不具备、同时也基本不需要的功能而感觉遗憾；更为奇怪的是，有些人明明家有贤惠、能干的娇妻，却想方设法地与那些明显不如自己妻子的女人搭讪，为她们大把花钱。其实，这些我们生活中比比皆是的现象，与孩子们拿昂贵玩具交换廉价玩具，从本质上说，并没有差别。

从某种意义上说，我们判断一件事物价值的标准，并不是单纯地从经济价值上评判，也不会理性地比较不同选择的内在价值。对于很多人来说，在很多时候，得不到的永远是最珍贵的，即使再好的东西，当人们得到后，也会觉得原来就这么回事，反而不再珍惜，可是失去时，他又会追悔莫及。

“曾经有一份真挚的爱情摆在我面前，但我没有珍惜，等到失去了，我才后悔莫及，人世间最痛苦的事莫过于此。”显然，《大话西游》中这句经典的台词，已经深深体会到了“得不到的才是最珍贵的”这一心理规律。

尽管很多人在内心中也知道，其实自己得不到的并不一定比自己已得到的拥有更大的价值，然而每个人都会对得不到的东西拥有更多美好而不现实的期望，全然不顾这种期望是否符合客观现实。从某种程度上说，人们所渴望的并不是自己得不到的东西，而是由于得不到，所以无从了解，以致自己会对得不到的东西持有更大的期望、更多的想象，自己所追求的恰恰是自己想象中的得不到，而不是它的真实存在。

二、遗憾是一种美

当我们坐在一排椅子面前，如果大多数椅子都排列得整整齐齐，只有一把椅子零乱地夹杂在其中，显得与其他椅子是那么的不协调。想必绝大多数人都会自然地走上前去，将这把椅子整齐地放在它应该在的位置上。有时，我们会简单地把它归结为一种强迫症，认为是自己心理不健康的一种外在表现。事实上，请大家放心，大家的心理都很健康，我们的行为举止完全符合常见的心理规律。

曾经有一位叫作布鲁玛·紫格尼克的心理学家做过一次很有名的实验。她给 128 名学生布置了一份相同的作业，可是在实验过程中，她先让一部分学生完成所有作业，而在进行另一部分学生的实验时，却在学生的作业做了一半的时候忽然中止，不允许继续下去。过了一个小时后，她向所有参与实验的学生询问关于刚才做作业的问题时，发现学生们对于那些没有完成的作业往往印象更为深刻，而对于已完成的作业则记忆模糊。这就是心理学中的“紫格尼克效应”。

想必很多朋友都有过类似的经历，在我们参加一些考试的过程中，有些题目可以轻松解决，有些题目则是经过深思熟虑也难以解答。当考完试后过一段时间，再向您询问上次考试的内容时，最先涌上心头的往往是那些您解答不出来的问题。即便考试结束了，可是这些令您感觉遗憾的未解答题目却始终萦绕在您的心头，久久不能散去。

被称为现代心理学之父的德国心理学家勒温对“紫格尼克效应”做了清楚的阐述，他认为：每个人都有一种自然的倾向去完成一种行为选择，其中既有先天的生理需要，比如吃饭是为了满足饿的生理动机、喝水是为了解决渴的生理动机，也会包括纯粹出于心理的需要，比如解答一道老师布置的作业、完成一项领导下达的任务等，这就产生了一种心理张力。

如果人产生了一种心理需要，却没能得以满足，就会产生一个张力系统，以支配人们为完成这个心理需要将采取的行为。如果任务顺利完成，与之对应的张力系统就将随之消失；可是，如果任务没有完成，导致心理需要无法得到满足，那么张力系统就将持久存在，并进一步支配人的行为选择。

由于心理张力的存在，我们会发现：当我们产生一种需要或者选择一项行为，却最终没能达到目的时，就会产生某种遗憾心理，它又会对人们未来的行为选择产生进一步的影响和制约。

从某种程度上说，对于一名完美主义者而言，正是由于他对于一切事物都拥有近乎完美的要求，因此他力争在所有方面都做到最好，以至于在进行一项行为决策时，他将面临更强烈的心理张力，而持久存在的张力系统会使行为人在学习、工作、生活时，出现专注度下降以及心理情绪的恐慌和不安，反而会打破行为人心理的平衡，最终导致行为人情绪失控、工作效率下降，因而失败也就在所难免了。

在现实生活中，我们会发现，越是你在乎的人和事，你越慎重、越小心地对待，你反而更容易出错，导致你的行为选择与你的最初目标出现偏离，反而更难实现你的目标。有时，如果你能放松心态，减少对行为选择近乎苛刻的要求，你反而会发现成功是如此的简单。

我们经常说“知足者常乐”，其实就是一种对于“紫格尼克效应”灵活应用的策略选择。“知足”并不是指对一切都持无所谓或者不在乎的态度，或者对任何事情都没有需求，这样也就不会产生为满足自己需求的心理张力，当然就不会对个人行为形成任何影响。“知足”更应该是一种积极的心态，我们不会为了实现某个难以达到的目标而严加苛求，甚至不问客观条件是否可行、自身能力是否达到，仍给自己制定一个远大而难以实现的行动目标，最终由于无法实现目标的遗憾心理而影响自己的身心健康。

案例 3—2

与亿万美元擦肩而过的遗憾

在风起云涌的中国互联网经济中，无数创业英雄如雨后春笋般闪亮登场，在中国互联网经济的发展中留下了自己专属的印记，然而可能绝大多数创业者都只如流星般，给人们留下了短暂的美好感觉，却转瞬即逝，消失得无影无踪。

在中国互联网经济的发展中，很多业内人士会把王东视为最具悲情色彩的互联网英雄，甚至有些媒体把他称为最令人感到遗憾的互联网创业者。也许很多人对王东这个名字会感觉陌生，的确，他并不像早期的张朝阳、丁磊，或者不时抢占媒体头版的马云、刘强东般声名显赫。但是，提起他所创办的人人网和美团网，想必大家就熟悉得多了。

2000 年毕业于清华大学后，王东选择赴美留学，然而仅仅在美国待了不到三年的时间，2004 年初他就做出放弃学业、回国创业的决定。王东早期选择的几个创业项目都不算成功。由于在美国留学期间，他接触到了 2004 年 2 月横空出世、短短几个月就火遍全美的脸谱（Facebook），也因此萌生了把 Facebook 搬到中国，创立中国版 Facebook 的想法，这就催生了我们所熟悉的校内网。当然，可能大家更熟悉它现在的名字——人人网。

令所有人都没有想到的是，2005 年末校内网的推出得到了中国网民，特别是大学生群体的极大欢迎，仅仅三个月的时间，就发展了 3 万名注册用户，而且看上去，它还将以更快的速度扩张，貌似它的成功只是时间问题了。

然而，王东在创造出校内网仅仅十个月后（即 2006 年 10 月），就以 200 万美元的价格把校内网出售给了千象互动集团。后面的故事大家就很熟悉了，2009 年 7 月千象互动集团把校内网更名为人人网。2011 年 5 月 4 日，人人网在美国纽约证券交易所成功上市，开盘价 19.5 美元，比发行价上涨 39.29%；上市首日，人人网收盘于 18.01 美元，较发行价上涨 28.64%。在本次 IPO 中，人人网以 14 美元的发行价共发行了 5 310 万股美国存托股票，总融资额为 7.434 亿美元。以此价格计算，购买了人人网的千象互动集团 CEO 陈一舟由此身价过亿，成为响当当的亿万富翁。陈一舟收购校内网的这一着妙棋给自己带来了过亿美元的收益，与之相比，王东可以说把数亿美元的金矿拱手让给他人，可谓悲催极了。

很多互联网财经评论都将王东出售校内网的举动视为现代企业管理决策中的一记败招，认为王东会为此遗憾终生。显然，放弃了像人人网这样运营成功的社交媒体网站，也放弃了它可能带给自己的巨大成就和财富，的确是一件很遗憾的事。同样，我们也很难想象，如果马云失去了阿里巴巴、刘强东失去了京东，他们的一生会成为什么样。

然而事实上，类似于王东这样的决策遗憾在现代商业决策中并不少见。新经济创始人开创新事业，然后选择变现，再投入到新的创业中在现代经济中其实是一种很常见的商业模式。也许很多像王东这样的人，他们的乐趣来自于创业过程中给自己带来的挑战感，而不是创业所带来的财富。

此外，对于一名白手起家的创业者来说，王东其实并不具有把他所拥有的事业做大做强的雄厚资源。事实上，当他刚创立校内网的时候，陈一舟就已向他发出了收购要约，那时雄心万丈的王东毫不犹豫地选择了拒绝。可是，校内网的迅速发展和用户的不断增长，意味着他需要不断地追加服务器投资、追加运营人力的投资，校内网对于投资资本的渴望把王东推到了一个尴尬的窘境。如果不追加投资、影响到用户体验的话，校内网等于是把自己的用户推向竞争对手。如果继续追加投资，但自己的资本不足，那么当自己花完最后一个铜板之后，失败就是无法避免的。相较而言，把校内网转让给另一个有意愿且有能力把它做大做强的对手，也远比让它慢慢死去来得更为理智。

王东出售校内网得到的200万美元，虽然与人人网后来的市值相差甚远，但他正是利用这笔钱，又创立了国内最成功的团购网站之一“美团网”，在另一条起跑线上开始了自己新的创业征程。

值得一提的是，在校内网的收购业务中赚得盆满钵盈的陈一舟并不是对社交媒体一窍不通，仅凭借自己有钱就坐等摘桃子、抢夺胜利果实的行业新手。其实，在校内网最核心的同学录领域，陈一舟才是真正的先行者，他于1999年创立的ChinaRen曾经是国内同学录领域的领导者。然而，2009年他还是选择把十岁的ChinaRen卖给了搜狐公司。

我们可以把王东出售校内网、陈一舟出售ChinaRen这样的正常商业行为视为一种遗憾（的确，当创业者经过千辛万苦的努力，创造出一个被市场认可的事业，却因为种种原因不得不把自己的宝贝让给他人，这绝对是痛苦且遗憾的过程），但缺乏这样的股权交易，我们所见证的繁荣的互联网经济也许都不会出现。

当一个人沉醉于自己的事业，甚至为了不留遗憾，而选择一定要坚守、一定要取得成功时，我们固然需要佩服他的勇气和毅力，但有些时候，放手才是一种理智，留一点遗憾也许才最美。

下面套用王东出售校内网时所引用的丘吉尔的名言来说明创业者出售自己亲手创造事业的商业行为，“这并不是一个结束，这甚至不是一个结束的开始，不过，这也许是开始的结束”，也许它代表着一种遗憾，但在很多时候，这样的遗憾却是最理性的选择。

三、广告营销中的非理性心理

想必很多年龄大的朋友还记得在商品紧缺的时代，当看到街头有人排队时，也许我们并不知道大家到底是为什么而排队，更不知道自己是否需要购买这种大家抢购的商品，所有人的共同选择都是先排到队伍的后面，无论有用没用，先买了再说，总之没有坏处。显然，这也符合本书所分析的大众非理性行为。然而，不知道有没有人认真地思考过，在这一看似非理性的大众行为背后，是否存在一定的客观规律？

可能很多朋友曾经有过类似的经历，当我们上街时看到一大帮人都在抢购一件商品，也许自己并不需要这种商品，甚至自己觉得它并不划算，但当所有人都在抢购时，自己似乎也会受到传染，情不自禁地跟着购买了这件自己并不需要的商品。也许在群众性的疯狂氛围中，最坚定的人都会丧失自己内心的坚守和理智，这也是为什么有些商贩会故意找一些托帮助自己制造商品热卖场面的原因了。

需要注意的是，并不是说到了现代这样的物资极大丰富的社会，人们有了更多的选择，商品也基本可以保证充足供应，紧缺社会中的盲目抢购现象就会一去而不复返，从此消失。在现代商业经济中，一种新颖的营销模式开始越来越多地被现代商家所利用，即饥饿营销。

在饥饿营销模式下，商家会人为地控制产品的投放进度，制造出商品供不应求的假象，吊足消费者的胃口，建立起与消费者心理的共鸣，最终达到推高产品价格、提升消费者从购买自己产品中所获得的满足感和成就感，鼓励更多的市场消费，维护自身品牌形象的目的。

正如我们所看到的那样，当苹果公司的各款最新电子产品推出时，总会限制首发的市场数量，甚至会控制每一个市场所投放新产品的数量，最终引得众多果粉们提前几天就跑到苹果商店门口安营扎寨、排起长龙，坐等新产品的发售。似乎在每一款苹果新产品出售时，苹果商店门口排队的情形，甚至一些低素质消费者为插队而引发纠纷的新闻都会屡屡见报，这甚至成为街头一景，实在是令很多对苹果产品不感冒的消费者叹为观止。

更令人奇怪的是，明明苹果公司知道全世界对其产品最疯狂的市场就是中国市场，而且在全世界苹果商店门口排队的果粉们大概也有超过半数都是黄皮肤的中国消费者，可是在多次新产品推出时，苹果公司总是把中国市场排除在首发的几个市场之外。难道苹果公司 CEO 对中国消费者有成见吗？就算他对中国消费者有意见，也不应该对中国消费者手中准备拿来买苹果产品的真金白银有意见啊？

事实上，我们可以想象，既然中国人是苹果产品最大的消费市场，如果苹果公司每次推出新产品时，都选择保证中国市场有足够的新产品供应，还会有中国消费者跑到世界各地的苹果商品门口，提前几天就拿着行李开始排队的紧张气氛吗？苹果产品的紧俏产品形象还能保持吗？

从某种程度上说，中国市场在为中国果粉们对苹果产品的疯狂而埋单，中国果粉们也成为苹果公司在世界各地制造供应紧张的市场形象的工具。如前所述，得不到的才是最珍贵的。中国果粉们对苹果产品的追捧反而增加了苹果新产品的神秘感，提升了购买苹果产品的成就感和满足感，并且把更多消费者吸引过来购买苹果产品，这才是饥饿营销的真谛。

案例 3—3

小米公司的饥饿营销

在很多年轻朋友眼中，小米手机是一款非常受欢迎的产品，它所代表的年轻人所特有的创新精神和青春活力更是得到了很多年轻朋友的认同。然而，在很长的一段时间内，得到一款时尚的小米手机是一件非常值得在朋友面前炫耀的事，因为小米手机与苹果、三星等其他主流手机不一样，它长期处于缺货状态，购买它需要通过网上预订、定时抢购，而非在商店就可以轻松购买。

2011 年 8 月，小米公司正式发布小米手机。很快，这个国内首款双核 3G 手机就引起了市场众多消费者的兴趣。大家只能通过网络或者一些媒体了解小米手机的功能，却无法在市场上直接购买到它，也就很难有机会认识其庐山真面目。这款神秘的小米手机到底是什么样的手机？它为什么这么紧俏？如何才能买到小米手机？一系列问题反而吊起了越来越多消费者的好奇心。

2011 年 9 月 5 日，小米手机正式开放网络预订，短短的一天时间就接受预订超过 30 万台。随后，小米公司立即宣布停止接受预订，并关闭了购买通道，这样更是吊足了众多没有购买到小米手机的消费者的胃口。

2011 年 12 月 18 日，小米公司宣布面向普通消费者开放直接销售，但每名消费者限购 2 台。短短 3 个小时，其准备的 10 万台小米手机全部售罄。2012 年 1 月 4 日，再次上市的 10 万台小米手机又在短短两个小时内全部售完。难道小米手机真的有如此大的魔力，引得全国消费者为之疯狂？或者小米手机的生产能力真的如此低下，都没有办法满足全国消费者的消费需求吗？显然，问题并不是那么简单。

实际上，小米手机的销售策略是一种典型的饥饿营销策略，也就是小米公司的 CEO 雷军人为制造出了小米手机供不应求的紧张市场形势。也正是这种人为制造出来的供应紧张，使得越来越多的年轻人对小米手机产生了浓重的好奇与兴趣。当别人还在猜测新出的小米手机有多么神奇之时，自己已可以拿着新购置的小米手机向朋友们炫耀，显然可以满足很多年轻朋友的虚荣心。因此，购买小米手机也成为很多年轻朋友最热衷的消费行为，而在其背后，则是偷着乐的小米公司 CEO 雷军。

可以想象，如果小米手机保证供应充足，则它的神秘面纱被完全揭去时，也许小米就与其他的国产手机并没有本质的区别，而消费者疯狂抢购小米手机的非理性行为也就自然消失了。

其实，除了饥饿营销，在现实的很多真实营销案例中，很多广告企业就是活学活用了大众非理性行为的规律，通过一种榜样引导的示范作用，培育一种社会风气，形成一种社会潮流，最终推动自己的产品与服务的热销。例如，我们熟悉的网络游戏中的明星代言与《秘密花园》的爆红，都为我们提供了鲜活的研究标本。

案例 3—4

网游中的明星代言

曾几何时，网络游戏成为众多互联网企业角逐的新战场，而担任网游的代言则成为众多明星掘金的新渠道。在网民进行日常的上网冲浪时，经常会在自己点击的网页上弹出各种各样网游的弹窗广告。在广告中，只见各式古朴造型的明星一遍遍地向自己述说着他所代言网络游戏情节的精彩、造型的精美以及设计的精巧。然而，为什么众多网游公司都会不约而同地选择明星代言这一共同的推广策略呢?

其实，明星的广告代言早已有之，无论是姚明、刘翔、李娜等体育明星，或者成龙、周杰伦、范冰冰等影视明星，甚至王石、王健林、董明珠等富豪大腕，纷纷在电视屏幕、平面媒体或者网络媒介中向公众介绍自己享用某种产品或服务的满意，建议公众模仿自己，也选购该产品与服务，从而帮助这些产品或服务树立更佳的社会声誉，形成更强大的品牌影响力，占据更大的市场。

广告中的明星代言其实是一种先行的榜样力量，它通过为更广大的公众树立一个学习与模仿的样本，以打消消费者在消费选择时的顾虑，从而为这些产品的推广提供更大的市场机会。显然，网络游戏沿用了这种代言模式，它通过高薪聘请游戏玩家所熟悉的明星人物现身说法，述说其游戏的精彩，以吸引这些游戏的潜在玩家尝试这款游戏，扩大游戏的客户规模，实现市场致胜，最终赢得投资人的关注。

然而，大家可能并没有注意，与传统媒介中的明星代言相比，网游中的明星代言表现出更明显的活学活用大众非理性行为规律的特征。例如，传统媒介中的明星代言往往更讲究明星的影响力，越是天王、天后级的人物，越能获得更多的广告代言机会，从而表现出明显的马太效应。然而，身处运营初期的一些网游企业，并非每一家都有能力花费重金去聘请拥有巨大社会影响力的明星大腕。因此，除了少数财大气粗、资金雄厚的网游企业有能力邀请天王、天后级的明星代言，更多的网游企业会根据自身实力聘请代言费用不高，却更符合游戏的市场定位，也就是在网游的主要客户群体——年轻人中拥有更高吸引力的俊男美女，或者是具有亲和力的影视小明星。

从某种程度上说，网游是游戏者逃离现实生活巨大压力的一种精神寄托，它承载着游戏者对于美好的追求与想象，因此哪怕并不为公众所熟知，但面貌俊秀、富有朝气的新生影视演员，或者虽不知名、却极具亲和力的熟悉面孔，也能赢得游戏者的喜爱，同样能在游戏者心中建立起与游戏内容的共鸣，进而形成强烈的鼓动力，达到吸引广告受众尝试参与游戏的目的。从某种意义上说，身着游戏服装、手持游戏道具的代言明星，实际上是在扮演广告受众心目中完美的游戏形象，从而通过榜样的作用，带动更多的人参与游戏。

如果问起朋友们记忆中最深的常见传统广告，或者最恶俗的广告创意，脑白金肯定名列前茅。“今年过节不收礼，收礼只收脑白金”，听起来的确恶俗，但它鲜明地点出了脑白金适于送礼这一特殊的场景，特别是一遍遍循环表达的广告词，更会让广告受众产生深刻的记忆。也许这个广告没有特殊的创意，也没有明星大腕的代言，但它仍然取得了非常好的效果。与之类似的恒源祥的“羊羊羊”系列广告，一度被称为最无聊的广告词，然而单就吸引眼球而言，它的确达到了目的。

与上述脑白金或者恒源祥的广告类似，明星代言网络游戏的常见形式是以一种煽动性的表达重复循环，以求达到一种灌输，甚至洗脑的作用。当我们打开一些网页时，弹窗广告会循环播放某些明星具有煽动性的广告语，尽管它会给受众带来一定的厌烦感受，但同样可以起到非常好的心理暗示和影响作用，它是以一种潜移默化的心理暗示手段，实现针对广告受众的强大影响力，并引导他们尝试网游。

其实，网游的明星代言就是活学活用大众非理性行为规律的经典案例，它通过灌输式的手法，为广告受众确立游戏的形象标识，引导他们在模仿与心理暗示的作用下选择参与游戏，最终实现网络游戏影响力的持续增强。

案例 3—5

《秘密花园》的爆红

如果告诉你，一本只有 264 个字的书会赢得全球亿万读者的心，在短短几个月内就可以卖掉数百万册，也许很多人并不相信。如果告诉你，这本书的名字叫做《秘密花园》，想必很多朋友都会恍然大悟，原来自己也曾买过这本书，自己也是这本书的忠实读者。

在很多人看来，绘画、涂色是小朋友的专利，想必很多小朋友，特别是小女孩都曾在课本或者练习本上画出自己心目中的公主形象，或者用画笔描绘父母、老师、同学的形象。可是，随着人的成熟，在工作和家庭的压力下，很多朋友再也没有闲情雅致把时间浪费在绘画上了。

谁也想不到，一位英国插画家居然面向众多繁忙的成年人，推出了一本供读者绘画、涂色的《秘密花园》，更不会有人想到，就这么简单的一本书，一经出版，立刻在全球出版业引起轰动。该书出版短短几个月后，其英文原版就售出了超过140万册；在巴西，它卖了100万册；进入中国市场后，不到一个月，首版书就全部售罄，并在各大图书网站雄居新书热卖榜榜首。在京东“6·18”店庆促销当天，《秘密花园》卖出了25 000本。一时间，全世界都在谈论《秘密花园》的玄妙，它也引起了填色类图书的畅销。在2015年初英国亚马逊图书销售榜的前十名中，一度拥有4本填色类图书，当然也包括《秘密花园》。

《秘密花园》的成功不仅引发了图书出版与销售业的巨大变局，甚至引发了涂色彩色铅笔的销售断货，其魅力可谓大矣。可是，不知道各位读者有没有思考过《秘密花园》为什么能够取得如此巨大的成功。

其实，很多朋友会发现，《秘密花园》并不是什么新奇的伟大创举，在笔者小的时候也玩过类似的绘图游戏，只不过以往的绘图书大多面向孩子们，因此所涂色的背景大多是一些简单的几何图形，其作用主要是帮助孩子们认识颜色与几何图形，而不是画出多么美观的图画。与它相对，《秘密花园》中却包含着96张图，尽管都是黑白线条的绘本，但其图形底板大多是更为繁杂的树叶、昆虫、动物，这种繁杂的绘图任务是普通小孩子们无法完成的，也根本不可能有耐心进行的，它需要更具想象力、更有耐心的成年人花费非常多的时间完成。这样，它就逆转了我们对于涂色书的理解，原来涂色书并不是孩子们的专利，成人也可以将涂色玩得很High。

如果《秘密花园》只是针对孩子们，很可惜，对于绝大多数孩子而言，糖果的吸引力肯定是远大于涂色书的，更何况对于很多没有绘画兴趣的孩子而言，让他安坐一地，花费数小时为一张图涂色，简直是残忍的酷刑，它自然难以吸引足够的购书者，而以往类似的涂色书火不起来，也就不足为怪了。

可是，对于很多成年人而言，绘图也不是自己的兴趣所在，如果强迫自己为一张图涂色，似乎也是无聊到了极致。固然有人说，当成人将身心沉浸于涂色之中时，可以暂时忘记生活、工作的烦恼。然而，实际上，当人可以全身心做任何一件事的时候，都可以达到同样的目的，比如沉迷网游、专注阅读、专情山水都可以达到传说中《秘密花园》减压、放松的特殊功能。

事实上，《秘密花园》的流行是互联网媒介制造出来的一种大众非理性行为。《秘密花园》的神秘之处在于其精妙的线条创意，在同一张绘图原版上，通过不同的色彩搭配或者补充上一些附加符号，人们其实可以设计出无数张完全不一样的图画。它并不需要绘图者的绘画基础，只需要一点点耐心和无穷的想象力。当一个并不具有绘画才能的绘画者在《秘密花园》的底图基础上描绘出一张精妙绝伦的图画时，自然会产生无穷的成就感和自豪感，而这恰恰是推动《秘密花园》流行的基础。

设想一下，如果《秘密花园》诞生于30年前，在没有互联网媒介的社会中，它是绝对不可能火爆流行的。在相对封闭、传统的社会，信息只能口口相传，这自然就极大地制约了信息的传播速度。哪怕一个人再喜欢《秘密花园》，如果他把一切都藏在心中，不告知他人，也不会带动身边的人购买《秘密花园》。

可是，在互联网社会，一切就完全不同了。当绘图者自豪地完成了一幅精彩的《秘密花园》图画时，他会通过Facebook、Instagram、微信等流行的社交媒体向朋友们炫耀自己的创意、自己的成就，它不仅会引起朋友们的效仿，带动更多的人选择购买《秘密花园》，还会激起朋友的攀比心理，希望绘出更为精妙的图画，以胜过对方。

通过当前发达的互联网，《秘密花园》的设想可以在短时间内就传遍全球。韩国影星金基范只是在Instagram上发了一张自己涂色的《秘密花园》图画，几天时间内就被点了差不多14万次赞，这样的传播广度和速度是传统社会无法想象的。

正如其他大众非理性行为一样，当一些具有社会影响的人尝试《秘密花园》之后，有心也好，无意也罢，他在展示自己的绘画作品时，自然会引发大量粉丝的追捧、模仿、比较和竞争。这些人的感情被注入群体性行为之后，就会产生巨大的群体性潮流，也许有些人对此并不感冒，可是为了不被自己所属的群体所摒弃，他们也会选择跟随，最终形成了一场影响浩大的社会运动或潮流。

第四章

榜样的力量：模仿与学习的经济学

第一节 榜样的价值

一、先行者的榜样

无数读者朋友都是从小唱着“学习雷锋，好榜样”的歌曲长大的。直到今天，很多学校在每年的三月都会组织学生参加学雷锋活动，鼓励学生去做一些力所能及的好人好事，为社会贡献自己的力量。可能在很多人的心目中，雷锋就是一个崇高无比的榜样。

正是有了雷锋这一光辉的榜样树立在我们面前，我们才拥有了日常行动的基本指引，才会沿着榜样为我们确立的行为准则和行动目标做出行为决策。

需要注意的是，榜样之所以存在，是因为可用他与我们每一名普通大众进行比较，如果人人都是活雷锋，那么宣传学雷锋显然就没有任何意义了。从某种意义上说，榜样就好像我们的指路明灯，正是通过与榜样的比较和向榜样学习，更多的后来者、学习者才能清楚自己到底应该选择什么样的决策路径和行为选择。

其实，除了做好人好事，在社会上的很多领域都有先行者的榜样和后来者的模仿与学习。先行者会通过自己的探索和试错，寻找一条对自己以及对更大规模的群体更有利的决策选择，而后来者则通过学习、分享、无偿占有或者无条件地获得前人所确立的行为方向，实现搭便车。正是通过这样的探索与学习，社会运行才能顺畅地进行。后来者会对比先行者与自己的决策选择，通过比较明确自己的前进方向，并致力于缩小其与先行者的差距，最终实现整个社会的趋同。

在上述过程中，先行者的最初选择对于后来者，乃至整个经济社会的运行都会起到至关重要的作用。也许先行者只是偶然选择了这一道路，但它却为所有旁观者或者后来者开辟出一条阳关大道，最终决定了整个社会的运行方向。

案例 4—1

为什么瑞士人会制造手表?

提起欧洲小国瑞士，很多人第一印象自然是风景秀丽的自然风光，一年一度召开世界经济论坛的达沃斯小镇，或者以替客户保密和优秀服务闻名天下的瑞士银行业。提起瑞士的特产，自然不能忘记著名的瑞士手表和瑞士军刀，其技术的精湛、工艺的严谨、性能的优越是任何国家的同类产品都无法与之比较的。

得益于优美的自然风景和较低的所得税税率，瑞士已成为世界各国富人最乐于移民迁居的目的地。瑞士人的人均收入水平远高于欧洲一般国家。曾经有个笑话，一个外国人跑到瑞士的一家著名银行存款，为了防止自己的存款被坏人盯上，于是小声地对银行的大堂经理说："请为我办理存款业务，我要存100万美元。"大堂经理奇怪地看着这名客户，说道："先生，在瑞士，贫穷并不羞耻。"100万美元，相信在世界上绝大多数国家都是一笔惊人的巨款，可是在瑞士人眼中，这只是一笔小钱，他们认为客户是因为自己只存100万美元而感到羞耻，却不知道在客户眼中，这可是一笔不得了的巨款。

因此，一个令很多人觉得奇怪的现象出现了，既然瑞士的收入水平如此之高，想必工人的工资水平也低不了，而我们所熟悉的瑞士手表可是标榜着纯手工制作，想必每生产一块手表花费的人工成本自然不少，像制表工人这样的纯技术工，工资肯定也不低啊，那么生产手表的成本一定很高。

其实，大家应该都知道，像手表业这种已发展了数百年的传统产业，它们的生产工艺应该非常成熟了，也不存在太多的纯技术壁垒，对于这种技术，无论中国、越南或者柬埔寨，应该都不难取得，而且在这些发展中国家，每名工人的工资肯定要比瑞士低得多。如果按经济学竞争理论的分析思维来考虑，那么在生产手表方面，至少从成本的角度来看，瑞士是完全没有办法与工资水平更低的中国相比的，因此，在激烈的市场竞争中，瑞士手表就应该被来自中国的低价手表打得溃不成军、一败涂地才对啊！

可是，事实上，在现代的高收入群体中，劳力士、百达翡丽、江诗丹顿等瑞士手表都是财富与身份的象征。也许我国所生产的罗西尼、海鸥表，在质量上不会比它们差太多，但在价格上差得可不是一星半点。各位朋友，你们是否思考过在手表市场的国际竞争中，为什么生产成本更低的中国手表却不敌成本更高的瑞士手表呢？

当然，即使不懂经济学的朋友们应该也能回答出上述问题。瑞士手表的市场声誉是通过数百年的发展而形成的，正由于瑞士人最早生产手表，而且生产的手表质量好，所以全世界的消费者都信赖它，都愿意为它付出更多的金钱。可是，为什么瑞士人会选择生产手表呢?

其实，瑞士人本来并不生产手表，或者至少他们并不是最早生产手表的国家。他们选择生产手表，只是历史机缘的一个偶尔巧合。16世纪，在法国爆发了一场宗教斗争，加尔文教派的胡格诺派教徒为了逃避宗教迫害和宗教屠杀，选择迁居相邻的瑞士，这也给瑞士带来了钟表制造技术。当这些源于法国的精湛手表制作工艺与瑞士当地的珠宝首饰结合起来后，生产出的精美手表开始赢得越来越多的消费者欢迎，我们所熟知的瑞士手表自此兴盛起来。

如前所述，也许只是历史的偶然，导致了瑞士人开始生产手表。然而，当有人生产手表并因此赚钱、获得巨大利益后，自然引发越来越多的人开始学习与模仿。也许后来者并不具备生产手表的技术，但他们只需要向先行者学习，就可以相对简单地进入这个领域，并慢慢发展成熟。在这个过程中，最重要的转折就在于第一个生产手表的工匠迁居瑞士后生产手表，并为其他瑞士人树立了一个学习的榜样，而伴随着学习与模仿，后面的发展就是水到渠成的事情了。

二、榜样源于比较

正如前面所说的，榜样的作用是在行为选择中，他比其他人觉悟得更早、行动得更早，最终引发更多后来者的学习，为后来者确立了学习的榜样和目标。先行者为后来者树立了示范效应，而后来者对先行者的学习过程，就是一个与先行者的比较过程，并期望通过学习与模仿，消除先行者与后来者之间的差距，实现整体的趋同化和一体化。

“坐地日行三千里”，我们都知道，哪怕我们待着不动，但是若从宇宙中的航天飞机上测量我们的实际位置，由于地球始终处于自转与公转之中，即使行为人并没有大的运动，但从地球之外的某一个观测点看，每个地球人的相对位置在一天之内也会发生非常巨大的变动。

然而，如果从地球上的某一个位置来看我们的位置变动，由于我们同处一个地球，共同经历着地球的转动，因此彼此的相对距离就不会发生较大的变化，不同行为人的相对距离主要表现为他们之间真实行动轨迹的变化。

因此，如何确定不同比较对象的相对位置，确定充当标准的比较对象或者说榜样就极为重要了。此外，当榜样的位置确定后，其他比较对象需要通过持续的相互比较，以求缩小它们与比较对象的差距，这反而限制了每一个后继跟进的行为主体的行为轨迹。

在当前的社会系统中，每一名后来者在进行行为决策的过程中，始终处在与先行者或者其他市场主体的比较之中，他们通过行为的趋同，拉近了彼此的距离，最终影响了这个社会系统的运行特征。然而，选择不同的比较目标，却会对行为人的决策行为产生完全不同的影响。

案例 4—2

汤臣一品的房子为什么卖这么贵?

即使是在寸土寸金的上海滩，汤臣一品的价格仍然令很多千万，乃至亿万级别的富人们望而却步，它是以上海天价楼盘的形象为亿万人民所铭记的。可是，到底是什么样的楼盘居然要价数十万元一平方米，中国人真的富裕到了挥手之间买下一套汤臣一品的豪宅而面不改色心不跳吗?

作为一家香港上市的房地产公司，汤臣集团早在20世纪90年代初就开始进军上海房地产市场，并于1994年抢先拿下了现在赫赫有名的汤臣一品天价豪宅的开发地块。如果按其开发的汤臣一品142 000平方米的总建筑面积计算，其每平方米的拿地成本仅4 000元出头，在当前地王频出、拿地成本日增的房地产市场中，绝对是便宜实惠之极了。

由于坐拥陆家嘴繁华地段，汤臣一品的住宅可以俯视黄浦江，感受到一览全市小的豪情壮志，再加上其考究的建筑、奢华的装潢，自其建设之初就吸引了众多富人的关注。然而，当2005年10月汤臣一品正式上市时，其喊出的11万元/平方米的开盘价，还是令无数国人大跌眼镜，由于其豪宅的建筑面积大多都在400平方米，甚至近千平方米，这就意味着一套汤臣一品的豪宅就近亿元，这可是令无数顶级富翁也咋舌的天价啊。

在汤臣一品开盘之前，2005年市场对汤臣一品项目的估值仅为13亿港币，如果按其开盘价格完全售出所有房源，汤臣集团可以套现 100 亿元以上，这一价格几乎超过市场合理估值的 10 倍以上，该定价策略不可谓不疯狂。

即使在富人如过江之鲫的上海滩，也没有太多的富人能够接受汤臣一品所叫的高价。因此，尽管在很长的一段时间内，它都以高价的噱头成为无数上海人茶余饭后的谈资，也的确有不少身价亿万的富翁亲身实地参观了其豪华的建筑装修，然而在上海市房管局官方的房地产项目成交数据中，它的成交量在很长一段时间内都保持为零。

直到 2006 年 8 月，也就是汤臣一品开盘 200 多天之后，才正式打破了零成交的尴尬纪录。媒体曝光一位东南亚富翁以 1.3 亿元的超级天价购下了一套 900 多平方米的汤臣一品豪宅。三个月后，第二套汤臣一品豪宅以 6 900 万元成交，其总价同样令人震惊。

2007—2008 年这段上海楼市低迷的日子里，汤臣一品却惊人地售出了 5 套豪宅，其成交均价在 135 063 元 / 平方米至 166 174 元 / 平方米之间，其单位价格似乎完全没有受楼市寒冬的影响，始终占据上海成交均价的最高位。

2009 年，重新包装上市的中粮海景一号终于打破了汤臣一品对于上海房价最高纪录的垄断，以 110 198 元 / 平方米的价格，险胜汤臣一品的 103 812 元 / 平方米。值得一提的是，当年上海成交均价最高的前四位，单价全部超过 10 万元 / 平方米，汤臣一品所开创的上海天价房时代终于后继有人，“长江后浪推前浪，把前浪拍在沙滩上了”。

值得注意的是，尽管汤臣一品的销售并不尽如人意，但它的推出却一下子拉高了上海人心中的房价标准。也许在此之前，任何一个上海人都无法想象房价超过10万元/平方米会是什么概念。如果比较周边省市，甚至内地的房价，也许很多人还会把上海五六万元/平方米的正常房价视为一个绝对的天价。可是，当汤臣一品推出后，大家一下子发现：原来与汤臣一品相比，上海其他的房价还不算贵啊！汤臣一品都卖十五六万元/平方米了，那么我房子的地段与它相仿或者建筑风格相近，我也不能卖得太便宜，要不就太吃亏了。于是乎，就在汤臣一品的周边，乃至整个上海都出现了一轮剧烈的房价上涨。

也许很多朋友还记得多年以前葛优主演的一部喜剧《大腕》中的经典台词：

——你说这样的公寓，1平方米你得卖多少钱？

——我觉得怎么着也得2 000美金吧！

——2 000美金那是成本，4 000美金起。你别嫌贵，还不打折。你得研究业主的购物心理，愿意掏2 000美金买房的业主，根本不在乎再多掏2 000。

什么叫成功人士你知道吗？成功人士就是买什么东西都买最贵的，不买最好的！所以，我们做房地产的口号就是：不求最好，但求最贵！

在2001年《大腕》上映时，4 000美元或者两三万元人民币/平方米的房价似乎还是一个遥不可及的顶级高价，然而仅仅四年时间，当汤臣一品横空出世后，中国的房价早已突破了世人几年前的想象了。

从某种意义上说，推出汤臣一品的社会影响大于其经济效益。毕竟，在现代中国社会，愿意拿出上亿元资金买一套房子的顶级富豪并不多。按汤臣一品的定位，估计它的房子全部卖光，70年产权期也就差不多到期了。想靠卖房子赚取经济利润，似乎并不现实。

然而，当汤臣一品重新定义了上海房价的新标准后，所有上海住房的价格都显得那么便宜，自然也就推高了每一名上海购房者愿意承受的房价极限，成为上海房地产市场发展过程中一个值得铭记的事件。

其实，每个人都曾有过类似的经历，当我们还是学生时，花上百元买一件衣服感觉是那么的奢侈，上千元的服装绝对是天价了。毕竟，对于绝大多数学生而言，自己可以支配的消费资金是极为有限的，因此便宜与节约自然成为学生们购物时最关注的因素。

可是，当很多大学生工作几年之后，哪怕大学时花几十元买的衣服还很合身，无论大学时自己多么喜欢这些衣服，很多人都不会再把这些衣服穿上身了。数百元，乃至上千元、上万元的购衣消费，是很多人早已习惯的消费水平了。

服装还是那件服装，价格还是一样的价格，改变的只是每个人心中的标准。工作后，随着收入的增加，个人能承受的消费能力自然就有了明显的提升，在这种情况下，原有的消费标准早已不能满足消费者的需求变化了。当消费者的消费标准或者消费的标杆改变后，个人的消费行为自然也就随之改变了。

即使一个人在心中仍然坚持节约的美德，但如果自己身边的人，甚至包括自己的下级穿的衣服都是数百元、数千元的品牌服装，而自己仍然选择数十元的地摊货，那么在人本能的攀比心理下，这样的消费能力落差不仅会影响自己的心理感受，甚至会对自己的社会形象和个人发展产生极大的负面影响。因此，即使再节俭的人可能也只是坚持购买一件昂贵的服装多穿几年，而不是选择穿着一件廉价的服装。

三、令人痛恨的别人家的孩子

如果问起中国的孩子最恨谁？想必很多孩子都会咬牙切齿地回答："别人家的孩子。"的确，当我们小时候，如果不老老实实地吃饭或者挑食，甚至哭着、闹着不吃饭的时候，爸爸妈妈就会教育我们："你看别人家的谁谁谁多乖，妈妈喂的饭都乖乖地吃了，多听妈妈的话啊！"当我们不爱去兴趣班、学钢琴、学跳舞时，妈妈又教育我们："你看别人家的谁谁谁，多喜欢弹钢琴啊，跳舞真好看！"上学以后，当我们成绩不好时，别人家的孩子又成为我们的榜样了："你看别人家的谁谁谁，学习多认真，每次都考第一。"哪怕我们长大了、工作了，也始终无法摆脱别人家孩子的阴影："你看别人家的谁谁谁，找了一份工资高、福利好的好工作！""你怎么还不结婚，你看别人家的谁谁谁找了一个多好的对象啊！""赶快要孩子吧，你看别人家的谁谁谁，与你年龄一样大，孩子都上小学了！"似乎我们的一生都很悲催地处在与一名非常优秀的别人家的谁谁谁进行比较的境地。

正是由于这种无处不在的比较，致使我们每一个人从小开始，无论我们是顽劣还是聪慧，在父母的眼中，都会输给那位神一样的存在——别人家的孩子。似乎父母总会习惯性地放大别人家孩子的优点，再与自己孩子的缺点进行比较。这也使得父母对于孩子的爱，总是伴随着对孩子完全理想化的期待，从而使得每一个孩子都不得不背负起向自己父母心目中的理想榜样学习和靠拢的义务，不得不承担起实现父母期望的重任。

对于每一个孩子而言，他最大的麻烦在于被父母拿来与自己比较的榜样并不总是同一个人。当父母需要你学钢琴时，钢琴神童郎朗就会自然地被用作你的榜样，而这位钢琴神童平时也许并不会过多地参与运动。可是，当父母觉得你具有运动天赋时，也许姚明和刘翔又被拿来作为你的榜样了，但父母绝不会提到姚明和刘翔平时可是不用学钢琴的，也没听说他们擅长弹钢琴，可是悲催的你还得同时兼顾钢琴和运动两个完全不搭界的项目。

所有人都知道，世界上本来就不存在十全十美、十项全能的超级天才，可是每一名父母都恨不得自己的孩子成绩优异、运动突出、文艺出众、谈吐不凡，希望自己的孩子能够成长为一个全能的通才，所以会拿各个领域取得了不凡成绩的榜样来套自己的孩子，让自己的孩子能够复制前人的成功经验。于是乎，市面上介绍哈佛女孩、耶鲁小哥、剑桥男神之类优秀人物成功经验的书籍层出不穷，成为众多望子成龙、望女成凤的中国父母所追捧的新“红宝书”。

实际上，我们往往喜欢主观地从自身的角度去总结自己和他人的成功经验。往往是由于我们的成功，才能提炼出宝贵的经验，但并不是由于我们有了这些宝贵的经验才成功。我们并不能保证个人的成功只是单纯地来自于我们所提炼出的经验。事实上，每个人的成功都是独一无二的，它是个人能力、意愿、环境和机遇的结合，而不是空洞的好习惯或好经验就必然保证我们的成功，这也就导致对榜样的学习往往流于形式，但难以保证实效。

在成长的过程中，每个人都拥有完全与众不同的个性、特殊的成长环境和成长经历，每个人都是一个独立的“我”，而不是与他人比较时的负面教材或者陪衬。的确，比较可以帮助我们发现自己的不足，进而有针对性地提升自己的能力与素质。然而，如果迷信学习榜样就一定能够成为榜样的复制品，或者复制榜样的成功经验，那只能是一场黄粱美梦。

在无边无际的攀比中，中国孩子并不是唯一的牺牲品。为了追求向榜样学习的梦想，很多中国孩子失去了自己欢乐的童年，被如山一样沉重的功课压得喘不过气来。在这一过程中，中国父母似乎是摧残自己孩子的罪魁祸首，然而他们同样是这种攀比的牺牲品，很多中国父母把自己没有实现的梦想全部寄托到孩子身上。于是乎，为了所谓的成功经验，他们开始为孩子的成长铺平道路，什么早教班、学区房、奥数，所有传说中能够帮助孩子成长的工具都试了一遍。在平时的生活中，也许很多家长为自己买件新衣服都得斟酌半天，可是为了一套学区房，一掷数百万元却面不改色心不跳。

可怜天下父母心，新一代中国的年轻父母们几乎可以牺牲自己的一切，只为梦想中子女的成才。似乎绝大多数的中国家庭都在子女教育的攀比和效仿中，失去了本应拥有的宁静和欢乐，这不得不说是一种深入社会、深入骨髓的大众非理性行为。

第二节　决策中的路径依赖

一、潜移默化中的路径依赖

很多人都听过鲁迅先生的一句名言：“世上本没有路，走的人多了，也就成了路。”想必很多朋友在日常生活中，也会自然感受到这句话的形象。在一片碧绿的芳草地上，小草依依，惹人喜爱，大家都会自觉地绕过草地，选择在草地外围的小路上悠然漫步。可是，一旦有人追求两点之间直线最短而选择横穿草地的话，那么他的行为就好像开启了潘多拉的魔盒，引起众人效仿。

如果一个人横穿草地，那么单凭自然赋予小草的自我修复能力，在短期内就可以化解单个人的踩压对小草的伤害，也不会给草地留下明显的破坏痕迹。然而，第一个不文明的人选择踩踏小草后，就好像前面所说的“破窗效应”里打破了第一块窗玻璃一样，它会破坏自然的和谐与美好，也让更多的人觉得，既然别人能横穿草地，为什么我就不能走？别人横穿草地会比我少走好多冤枉路，如果我还是老老实实地绕过草地，显然我就吃亏了。“杀头的生意有人干，赔本的生意没人做”，在怕吃亏、求平衡的心理驱使下，越来越多的人会选择破坏秩序、横穿草地。此外，比较有意思的是，每一个人往往都喜欢跟随着他人的足迹，久而久之，几乎所有人都会沿着相同的路线横穿草地。这条路由于经过了太多人的踩踏，致使小草逐渐被压弯、踩死，露出黄色的泥土本色，本来疏松的土壤也会在太多人的踩踏下变得结实，逐渐形成一条道路。

的确，碧绿的草地上本来是没有路的，然而，如果有太多的人沿着相同的路线长期行走，也就有了路。但是，很多人可能根本不会思考其背后的一个奇怪现象，为什么大家总喜欢沿着前人走过的足迹走呢？如果是一种完全随机、完全随意地行走，那么这块草地上的每一寸土地都会有着近乎相同的踩踏强度，也就是人们本应均衡地对这块草地进行踩踏，本应随机地从道路的每一个外围位置选择起点，也本应随意地选择在草地上行走，那么整个草地将保持大致相同的破坏强度。整片草地上的小草或者是被踩弯了腰，或者全部踩秃，草地变为土地，这样就不会形成我们所说的路了。

可是我们都知道，在齐膝的嫩绿草丛中可能会有我们看不见，却能对我们造成伤害的潜在危险，比如看不见的地洞、凹凸不平的地表、深深的水坑，甚至致命的毒蛇，所有的危险都隐藏在茂密的草丛深处，以我们的眼睛是不可能洞察的。如果你选择践踏草地，自然就必须承担你的行为所带来的风险。为了减少可能遇到的不确定性，那么走已被他人的行走行为证明是安全的道路，就成了后人的自然选择。如果没有路，但从草上可以判断出前人的行进痕迹，并沿着相应的痕迹走，让前人为自己承担起开辟道路或者验证道路安全性的工作，显然是一个更理性的选择。

在破坏草地、形成道路的过程中，第一个选择踩踏草地的人不仅由于自己的公德心缺失，给后人开了一个非常不好的头，而且他的行为还给其他行为人提供了一个重要的参考，甚至是限定了其他跟随者行为决策的选择内容。一旦确定了行动方向，人的本性就会在现有决策内容的基础上对其不断进行强化、巩固，以维护已有的决策体系，最终使得看上去是偶然的随意选择，反而成为一种长期的、稳定的客观规律，这就是经济学中所说的路径依赖。

从某种意义上说，路径依赖有些像我们在物理学中学过的惯性。当你把一个物体扔出后，你对于物体的作用力其实在把它扔出的一瞬间就已施加完毕，但并不是说人不再给物体施加作用，它就会自然而然地停止运动，该物体通常还会沿着外力施加的方向继续保持运动，直至空气阻力、重力或者地面的摩擦力把它抵消。著名的牛顿第一运动定律其实就是揭示了惯性对于物体的运动所造成的影响，也由此成为经典力学的理论基础。

正如惯性所表现的那样，人在出手的一瞬间所施加的力的方向，将决定物体此后的运动轨迹。如果没有其他外力的作用，它将沿着力的方向保持匀速直线运动或者静止状态。物体在受到外力的作用后，自然而然地产生一种路径依赖；物体在不受其他外力作用的环境中，必然会保持沿原运动方向的运动态势。这一神奇的规律不仅在大自然中有效，在社会发展与人的行为选择中，我们同样可以清楚地察觉到。

二、被忽视的默认选项

日常生活中，我们在办理银行卡、申请公共行政服务、签订商务合同时，似乎觉得是自己在做决策。的确，在整个决策过程中，不会有人干预你的行为选择，不会有人强迫你做出自己不愿意做出的事情，但可能很多人并没有发觉，在不知不觉中，有时别人已替你挖了一个很大的坑，坐等你跳下去，而麻痹大意的自己其实正沿着别人给你设定的行动方向，做出别人期望你做的选择结果。

案例 4—3

谁更愿意遗体捐赠?

有两个国家，在长期的历史发展长河中，它们在很长一段时间内甚至是一个国家，尽管从 21 世纪以来，这两个拥有相同或者至少是相近历史传统、说着同一种语言的国家，已演变成两个独立的国家。然而，即使到了今天，从地理位置来看，这两个国家仍然相互接壤，无论是官方还是民间的经济往来都非常密切。从经济发展水平来看，两国的人均 GDP 都超过 45 000 美元，同列全世界最富裕的国家之林。从宗教信仰来看，尽管两者略有差异，但天主教仍为两个国家最重要的宗教。从一切方面来看，具有如此众多相似性的两个国家，似乎会在很多方面表现出共同点，而不至于出现巨大的分歧。

然而，有意思的是，如果考察这两个国家的国民进行遗体捐赠意愿的话，一个国家大约有 12% 的居民愿意死后捐赠人体器官，而另一个国家愿意捐赠遗体的公民比例居然达到了 99.9%。

一个有意思的问题出来了，拥有相同的文化背景、相近经济发展水平的两个国家的国民，为何他们的思想境界差距如此之大呢?

如果让读者朋友自己猜的话，可能很多人会怀疑是不是这两个国家在鼓励遗体捐赠的政策方面存在巨大的差异呢? 或者两个国家的政治制度存在差异? 的确，乍看上去，除了从政治制度的角度进行分析，从经济、文化乃至宗教方面，似乎都不足以解释两国在遗体遗赠方面所产生的巨大差异。

现在揭晓一下谜底。这两个国家中思想境界不高、只有12%的公民愿意捐赠遗体的国家是德国，而那个几乎全民愿意捐赠遗体的高境界国家是奥地利。尽管两国的政治制度的确不太一样，奥地利是联邦制，而德国是议会共和制，但造成上述巨大差异的根本原因却不是政治因素。

可能不会有人想到，造成德国和奥地利这两个欧洲经济强国在遗体捐赠方面巨大差异的只是一个听起来很荒谬的原因，因为两国的国民登记表中德国的默认选项是不捐赠遗体，而奥地利的默认选项却是捐赠遗体。

正如前文案例中德国和奥地利在遗体捐赠中的巨大差异所揭示的那样，我们在日常的行为选择中，常常会选择被默认的策略。例如，若大家都遵守交通规则，那么它就成为默认的正常选择，即使路口并没有车辆通过，在出现红灯时，所有的行人仍会选择停在禁止线后等待绿灯。然而，如果有人随意闯红灯而没有被制止，或者没有受到相应的惩罚，甚至因为闯红灯而被正常通过的车辆撞伤后，交通规则还要求本来没有责任的车辆对其进行赔偿，这就形成了一个新的路径依赖。它其实就是在暗示大家，随意闯红灯可以提高个人的通行效率，却没有风险，也根本不用承担任何责任，那么它自然成为部分人心目中的最佳策略。

更常见的是，我们会发现在一些法律文书中，通常会根据其拟定人的利益来确定默认选项，这也是利用了人在策略选择中的这种路径依赖。在日常生活中，当我们填写一些法律文书时，特别是一些特别烦琐、特别复杂的合同文件时，有时我们会不耐烦地直接签字，也就是认可其默认选项。其中，那些被我们所忽视，甚至懒得看一眼的合同条文，在一些特殊的条件下就有可能对我们的利益产生巨大的伤害。

三、难以对抗的“霸王条款”

在每年的“3·15”晚会中都会揭露一些侵犯消费者权益的典型案例，其中，除了我们所关注的质量不合格产品对消费者人身或财产利益的伤害之外，近年来，一些不良商家利用自己的市场影响力或者消费者无法了解其内部情况的优势，在消费行为达成时，通过格式合同、店堂声明，甚至行为潜规则，在合同条款或者交易条件等方面单方面设定维护自身利益、减免自身责任、逃避正常商业义务、限制甚至侵犯消费者权益的“霸王条款”。这已成为消费者投诉的重灾区，也逐渐成为政府部门保障消费者权益、维护正常市场行为的工作重点。

显然，我们都知道，法律文书中的每一个条款都可能在未来会对自己的利益产生重大的影响，不排除有一些“马大哈”懒得了解，甚至根本不在乎这些法律条文可能造成的影响，但肯定会有人小心谨慎地研究所有法律条文或商业合同中的每一条，希望规避自己的法律风险。

然而，令我们大失所望的是，我们在生活中经常接触的法律条文和商业合同往往都是格式条款；也就是说，商家在向我们提供这些法律条文或商业合同时，就已拟订完成了，你只有接受或者不接受的选择，而没有修改相关条款的权利。

例如，想必很多朋友都经历过这样的事情：当我们寄快递时，每一家快递公司都会让我们在长长的一页相关条款下进行签字认可，可能绝大多数朋友（包括笔者在内）根本不会仔细通读所有文字，而是随手签名了事。当然，这就是前文所说的路径依赖。在这一过程中，合同上提供的法律条文内容，其实就限定了每一名消费者未来的权益保障。如果快递公司修改了它们所提供的相应合同条款，相信绝大多数消费者根本不会察觉，而这就造成了快递丢失或者损毁之后，客户对自身利益的保障不足。

比如说，通常快递公司快递单后的法律条文都会规定：如果丢失快递，快递公司最多只赔偿快递费用的 3 倍。如果顾客觉得自己的快递件价值高，那么就必须保价，并额外支付向快递公司所申请报价金额的 5%~10% 作为保价的成本。显然，保价是一项非常不符合逻辑的霸王条款，快递公司既然已接受了客户发送快递的请求，那么自然就应该承担起安全、完整、高效地把相应物品送达收件人的责任，该责任对应的经济价值就是快递费用。然而，事实上，每一名发送快递的消费者为了保证自己邮件的安全，却需要额外支付费用。显然，快递公司针对同一项服务收取两遍费用，自然就是一种损害消费者利益的“霸王条款”。

那么，我们能不能向快递公司提出修改相应合同条款的请求呢？对不起，你只能选择找或不找这家快递公司，或者改找具有几乎相同“霸王条款”的其他快递公司，却没有修改合同条款的权利。从某种程度上说，快递保价就是一种完全不合理的行业潜规则，然而它却在我国的快递行业中存在了很多年。

由于市场势力的不平衡，消费者在很多商业场合中根本没有权利变更那些明显不合理的行业潜规则，那么阅读条款与否还有任何意义吗？即使你放弃了与这个商家的合作，你还得再找一个具有完全类似“霸王条款”的其他商家为自己提供商品或服务，那么不再浪费时间阅读那些我们根本修改不了，甚至会影响我们心情的“霸王条款”，也就成为消费者的自然选择。

案例 4—4

“7·21”北京暴雨之后

排水系统被视为一个城市的良心工程，尽管平时根本不会引起大家的注意，然而暴雨过后，雨水能否顺利经过下水道排出，道路能否很快清洁、干净、不再积水，完全取决于一个城市下水道建设的完善程度。然而，正是由于排水系统往往都建于人们看不到的地下，它永远不会像高楼大厦那样闪耀夺目，不会成为主政者取悦上级的面子工程，因此在国内的很多大城市，尽管看上去高楼林立、灯红酒绿，一派繁华景象，然而每当大雨降临，整个城市都将被积水所淹没，到街头看海景、汽车变成两栖战船已成为一种常态。

更令人惊讶的是，在国人看来，城市建设搞得最完善、城市系统最发达的首都北京，居然也悲催地沦为看海城市。2012 年 7 月 21

日的那场暴雨彻底打破了人们对于北京基础设施建设的乐观评判。在短短的数小时内，北京全市平均降雨170毫米，城区平均降雨215毫米，在降雨量最大的房山区，总降雨量居然达到了460毫米，大致接近半米深，这对于干旱少雨的北方城市来说，简直不可想象。

在这场多年不见的特大暴雨侵袭下，北京的排水系统简直不堪一击，几乎全城都淹没在浩瀚的雨水之中，随处可见行人在齐腰深的积水中艰难前行，超过10 000间房屋由于暴雨而倒塌，160多万人口受灾，直接经济损失116.4亿元。

正是由于积水，北京城中的成百上千辆汽车倒霉地淹在了积水深处，并受损严重，甚至彻底报废。然而，当众多受灾的车主满怀希望地找到保险公司之后，得到的答复却是："你没有购买涉水险，因此很遗憾，保险公司将不会负责赔偿由于雨水淹没导致的发动机受损的损失。"

消息传出后，一时舆论哗然，绝大多数车主都会为自己的爱车购买各类保险，特别是有些车主为了追求保障最大化，甚至为爱车购买了全险。在他们看来，我都买了全险了，无论我的爱车受到什么伤害，保险公司都会保障我的利益不受损失。

的确，在各大保险公司的保险合同中，基本都明确了车损险的赔偿是包括暴雨损失的。然而，很多车主没有注意到的是，在同一份合同中，保险公司还规定了免责范围；也就是说，如果发生了一些特殊情况，保险公司可以免除对客户的赔偿责任，其中又赫然写明："保险车辆因遭水淹或涉水行驶，造成发动机损害的，属于免责范围。"

只有客户购买了专门的涉水险之后，客户的车辆遭受这样的暴雨袭击而发生的损失，才会得到保险公司的赔偿，而通常客户理解的对汽车所有方面都进行保险的全险，却不包括涉水险。由于涉水险是一个冷门险种，通常很少有客户购买，这也意味着在北京"7·21"暴雨灾害中受损的绝大多数汽车，哪怕是购买了全险的汽车，也无法获得保险公司哪怕一分钱的赔偿。

显然，保险公司的这条免责条款就是一条明显的"霸王条款"。但是，即使有细心的消费者在此前通读了保险合同，并且发现了这一合同的漏洞，进而向保险公司提出修改或者废除这一免责条款，想必大家也是能够想到最终结果的。由于个人在与保险公司的谈判中处于势单力薄的地位，因此保险公司根本不会给客户修改合同条款的权利。最终，客户的选择只能是接受任意一家保险公司明显不公平的"霸王条款"，或者放弃保险，而由自己来承担爱车可能遭受的一切风险。显而易见，最终的结果只能是客户向保险公司妥协、让步。

正如北京"7·21"暴雨后逐渐被人们所关注的涉水险一样，在日常生活中，其实我们会遭遇到很多也许我们自己都不注意的"霸王条款"。正是由于买卖双方市场势力的不对等，所有的合同条款往往只能由卖方提供，买方对合同的关注完全没有意义，这也导致了所有人都知道商业合同的条款会对自己的利益产生重大的影响，却无人愿意花费更多的时间研读商业合同，最终让卖方主导市场，决定了整个市场的发展走势。这样的大众非理性行为，显然有着内在的经济原因和社会原因。

第三节　先发有利，还是后来居上？

一、先发优势

在日常的行为决策中，第一个完成某种行为选择的人，往往容易形成后来者对他的路径依赖，他可能会严格限定后来者的行为选择；也就是说，他可以根据自身的特点和需要为追随者立规矩，并把追随者朝着有利于自身利益的方向引导，这就是通常所说的先发优势。

比如在前面所举的践踏草坪的例子中，第一个人践踏草坪后往往会带来一系列的影响，后面的人会模仿他的行为，从最初的遵守社会公德、爱护花草树木，转而开启“破窗效应”，诱发群体性的、公众性的践踏草坪。当然，从行为来看，这符合本书分析的大众非理性行为。然而，这种普遍性的大众非理性行为，其实只来自偶然的某一位不遵守社会公德的低素质人员。

从某种意义上说，第一个践踏草坪者就是这种群体性道德沦丧的罪魁祸首。更重要的是，他的选择还会决定追随者的路径选择，最终导致明显的路径依赖。第一个践踏草坪的人到底会选择什么样的路线，其实具有很大的偶然性。正如我们所看到的草坪上被游人所踩出的路，并不总是我们想象的那种两点之间直线最短的路线，也许会从一个随机的边缘位置开始，走出一条带有曲线或者中途有着转弯的随机道路。所有这些看上去不规则、没有规律可言的路径选择，也许只是源于第一个践踏草坪者一时的心血来潮。

单从践踏草坪来说，第一个踏上草坪的人的收益其实是非常明显的，与在他之前完全遵守爱护花草树木规则的其他人相比，他可以以更短的距离完成两点之间的路程，从而大大节约自己的行进时间和体力消耗。看上去，后面跟随先行者踏上草坪的人，也会依照几乎相同的行进路线横穿草坪，他们所节约的时间和精力应该与先行者大致相当。然而，这条前行路线是由先行者根据自己的习惯与喜好选择而来，显然更符合自己的行走特点，并对自己具有特别的意义。从这方面来说，其他人只能根据先行者的喜好选择路径，反而无法保证自己的习惯，因而他们从践踏草坪中获得的收益，也就会低于先行者了。

在现实生活中，这种先发优势往往表现得更为突出，当一个企业借助技术创新、产品创新、组织创新，而以一种崭新的面貌呈现在消费者面前时，自然会给消费者一种面貌一新的感觉，以致完全打动消费者的内心，从而开创一个全新的市场。

在开创这个全新的市场之初，领导者将是这个市场中新产品或者服务的唯一供应者，也就是通常所说的市场垄断者。如果这个企业的运营模式能够赢得消费者的心，受到广泛的好评，那么领导者显然可以利用其市场垄断地位，制定一个最有利于自己的市场定价，从而获得最大限度的市场利益。

与此相对，在其他竞争激烈的市场中，如果任何一个企业胆敢调高产品与服务的价格，那么同行业的其他企业所提供的类似产品与服务就会形成对它的替代，以致自己的市场份额被竞争对手迅速蚕食。因此，在所有的竞争性市场中，激烈的市场竞争使任何厂商都只能获得正常利润，却不可能获得远高于行业水平的垄断利润。

商业领域的模仿是无处不在的，当领导者在某个领域取得成功之后，往往会有众多的效仿者模仿其成功的经验，通过仿制其产品，模仿其运营方式和管理制度，直接把领导者的成功经验复制到一大批竞争对手身上。随着竞争对手的加入，市场竞争开始激烈，领导者对于市场的垄断也由此被打破，其经营利润将不断下滑，直至降到竞争市场的平均利润。

关键的问题在于，从追随者的模仿到形成市场竞争，往往需要一些时间，如果领导者可以通过商业机密阻碍追随者的学习与模仿，比如通过技术专利、品牌优势、行业许可等手段巩固自身的市场份额，仍然有可能延缓，甚至阻止追随者的进入，延长自己的市场垄断时期，以求最大限度地保障自身的利益。

在竞争对手对领导者形成威胁之前，领导者完全可以利用先发优势，确立自己在消费者心目中的品牌形象，进而形成对于后来者的比较与评判，通过形成一种路径依赖，巩固自身的市场地位，获得更高的市场利润，最终赢得市场竞争。

案例 4—5

为什么我们选择可口可乐?

现在，我们通常直接用可乐来表示碳酸饮料。实际上，大家都知道，这个名字是源于可口可乐。从某种意义上说，对于很多消费者而言，可口可乐已成为碳酸饮料的代名词，它的品牌就是一种专业、地道、传统的象征，自然也能赢得更多消费者的青睐。

通过互联网的帮助，我们完全可以在网上找到可口可乐的调配秘方，尽管可口可乐公司宣称自己的产品中拥有一种只有少数几个可口可乐公司高层才知道的顶级秘方，只有加入了这种顶级秘方的碳酸饮料才是真正意义上的可口可乐。但是，实际上，根据网上盛传的秘方，我们调配出的饮料味道与超市中买到的可口可乐几乎没有差异。也就是说，其实可口可乐的行业进入门槛低得难以想象，任何一个人只花几毛钱，就可以在家中调配出一大桶品味纯正的可口可乐，其成本不到超市购买价格的十分之一。然而，奇怪的是，为什么如此节约、简单的饮料制作工艺，却没有流传开来，大家仍愿意花十倍的价格去购买与自己在家中随意调配出来的几乎没有差异的可口可乐呢?

显然，这就是可口可乐的品牌带来的先发优势，它已经确立了最为巩固的品牌形象。消费者饮用可口可乐，已不再单纯地为了获得它的品味、它的甘甜，而是其品牌背后自由、奔放、洒脱的美国文化形象。也正是如此，哪怕你能调配出品味更佳的饮料，但由于可口可乐的先入为主，它的品味已形成了一种路径依赖，消费者只会简单地通过比较其他碳酸饮料与可口可乐口味的差异，得出地道，抑或不地道的区别，而不再关注其口味与品质。因此，可口可乐公司自然可以依据这一先发优势，把产品价格定在一个远高于其生产成本的高水平上，自然也就可以获得更高的市场利润了。

从某种程度上说，可口可乐的高利润完全来自于其最早进入市场所确立的市场领导地位赋予自己的品牌价值，这就是市场竞争中最简单的先发优势。

很多朋友都知道，可口可乐最大的竞争对手就是百事可乐，尽管同样是碳酸饮料市场的双雄之一，百事可口依据强大的市场营销推广，对可口可乐展开了强有力的阻击，比如就个人而言，笔者更喜欢百事可乐富有想象力和明星云集的广告创意，然而单从市场销售量来看，百事可乐从来没有撼动过可口可乐在碳酸饮料领域的霸主地位。

1975年，百事可乐做了一次极为著名的实验，他们把百事可乐与可口可乐隐于品牌之后，让消费者根据口味进行购买选择，结果更多的消费者选择了百事可乐。哪怕很多可口可乐最忠实的客户，在不知道品牌的实验条件下，也大多选择了百事可乐，因而百事可乐据此大做广告，宣传自己是味道最好的碳酸饮料。

然而，也有好事的学者做过一次类似的实验，只不过这次没有隐藏两者的品牌，结果更多的消费者承认可口可乐的口味更佳，哪怕是在隐去品牌时选择百事可乐的消费者也会改选可口可乐。在这个时候，决定他们选择的并不是纯粹的口味，而是两个品牌的市场影响力所带来的消费者心目中的口味判断。因为可口可乐拥有更久远的传统，因此在消费者的心目中，自然就具有更佳的口味，它的胜出源于消费者的心理评价，而不是真正的口味之争。

二、后发优势

天下武功，唯快不破，是否只有求快、求先，追求先发制人，实现先发优势，才能在社会竞争中立于不败之地呢？如果在起跑线上已落后于人，是否就根本没有机会反败为胜了呢?

实际上，我们不仅要看到领先者在很多时候的确能够抢占先机、赢得先发优势，在起步阶段就领先于其他人，但在现实生活中，笑到最后，才笑得最美，只有赢得最后的胜利，才是最终的胜利者。我们见证的反败为胜的事例并不在少数，那么为什么领先者明明已赢得起跑线之争、获得先发优势，还会失掉整场竞争呢? 显然，我们忘记了“世界上并没有免费的午餐”，领先者在抢占先机时，其实付出了更大的代价。从这一方面来说，抢占先机并非赢得胜利的最佳选择。

下面仍以前面所说的践踏草坪为例，我们只看到第一名践踏草坪者的确比此前的其他人节约了行进的路程和时间，而且也通过路径依赖，限定了后面横穿草坪者的路线选择，似乎他在很多方面都占据优势。然而，大家可不要忘记，他必须承担起探索路线的重任。由于草坪上本没有路，一切都掩盖在厚厚的绿草之下，谁也不知道在深深的绿草之下是否有狗屎，抑或水坑，或者松软土地形成的陷阱。作为第一个吃螃蟹者，勇敢地踏上根本不知道深浅的绿草地，必然有可能遭遇上述情况，从而承担起踩上狗屎、踏入水坑、落入陷阱或崴了脚的风险。当后人沿着前人的足迹继续行进时，显然已经知道前人为自己探明了道路，自己只需要沿着前人的足迹就可以最大限度地减少意外危险的降临。这也是为什么在热带雨林中，所有的探险者都会选择有人走过的路，而不会胡乱前行，把自己的命运交给上天来评判。

在雪后，当马路被厚厚的积雪所掩盖时，我们总会不自觉地选择跟着别人的足迹走，而不会随意踏入根本不知道深浅、更不知积雪下到底掩盖着什么的白雪深处。显然，大家都知道，踏着他人的足迹前行才是最安全的选择，尽管这也陷入了对前人的路径依赖，被前人随意的路径选择决定了自己的前行方向，但它是值得的。

很显然，与前途充满艰难险阻的先行者相比，后来者可以大大减少决策过程中可能遇到的不确定性或者说风险，这自然就成了后来者所拥有的优势，也就是通常所说的后发优势。

第二次世界大战结束后，日本经济几乎完全被战争摧毁。为了重振经济，日本花费数百亿美元，从美国购买各种专利技术与机器设备，用于重建日本工业体系。听上去，作为后来者，日本要缩小与先行者美国的差距所付出的代价不可谓不大。然而，美国在研发日本购买的这些技术专利时所花费的费用，可能是日本购买这些技术专利的费用的近百倍。很显然，既然美国已通过技术研发取得了一些创新成果，那么作为后来者的日本，自然也就没有必要重新研发同样的产品了，他们只需要花费更少的费用，就可以取得同样的成果。这样的选择，自然是后来者特有的后发优势。

三、抢占先机？还是后发制人？

事实上，先发优势与后发优势是发展经济学中两个非常重要的概念。的确，作为最早进入某些领域的先行者，他们自然需要承受后来者所不必承担的摸索成本。由于对未来的创新方向、创新内容，乃至创新体系都没有清晰的思路，先行者的探索之旅自然会密布荆棘，也许需要付出远高于后来者的创新成本。然而，一旦创新者取得创新成果，那么他们就将锁定后来者行为选择的路径，把后来者约束在一定的框架体系之内，极大地限制他们的模仿与学习能力。更重要的是，由于先入为主的心理规律，创新者也能在市场中获得远高于其他竞争对手的创新收益，以弥补其风险溢价。这也成为诱导创新者积极从事创新行为的原因所在。

在现实中，为了保证创新者的创新积极性，几乎所有的国家都会采用专利保护或者品牌保护这样的制度，以保护创新者的创新行为所能取得的创新成果，使得他们可以在一个相对较长的时期内独占创新成果，以弥补自己对创新行为所付出的巨大代价。

案例 4—6

爱迪生的先发优势

人们皆知爱迪生发明了电灯，给千家万户带来了光明，然而大家不知道的是，爱迪生并非单纯地为人类谋福利的美国活雷锋，其发明行为的一个重要目的就是追求创新利润。作为 19 世纪最重要发明之一的电灯，更是给他带来了享用不尽的巨大财富。

很多朋友知道爱迪生为了发明电灯，尝试了数千种不同的灯丝材料，投入了巨大的时间和金钱，这显然是先行者的不利之处，也许第一个电灯花费了爱迪生数百万美元的研发成本，而当他发明电灯之后，其他人也许只要几美元甚至几十美分就可以购买一个给自己生活带来光明的电灯产品，相比较而言，后来者获得电灯的代价似乎更小，他们享受着巨大的后发优势。

当爱迪生发明电灯并取得发明专利后，尽管其他人清楚地知道，制作现代白炽灯灯丝的最佳材料是钨，再也不用像爱迪生那样尝试数千种不同的灯丝材料，也许只需要解剖几个电灯产品，就可以清楚电灯的制作工艺，进而仿制出类似的电灯产品。

然而，作为发明人，爱迪生拥有电灯的发明专利，是根本不允许其他人仿制或者侵犯爱迪生所拥有的电灯技术专利的。如果得不到爱迪生的授权，任何人不得生产电灯，只能在市场上从爱迪生的公司购买电灯产品。正是凭借自己的技术专利，爱迪生可以垄断电灯产品的市场供应，任何想得到电灯的人都必须向他购买，独此一家，别无分店。因此，爱迪生自然可以根据利益最大化的原则，把电灯价格确定在对自己最有利的水平上。

1879年，凭借自己在电灯产品中的技术专利，爱迪生创立了“爱迪生电力照明公司”。1890年，通过把自己的其他发明专利整合进公司，组建了“爱迪生通用电气公司”。正如大家所知道的那样，即使到了今天，通用电气公司仍是全球电器行业的领导者，其公司规模在全球所有跨国公司中仍然名列前茅。从某种程度上说，通用电气公司仍然享受着爱迪生在电灯等关键电器产品中技术专利的先发优势，而这种先发优势在很大程度上限制了后来者对它发起的挑战。通用电气公司通过一种明显的路径依赖，确立了自己的行业地位。

的确，像技术专利、商标等无形资产往往成为维护创新企业先发优势的关键武器。然而，有些领域的先发优势却很难维持，往往难敌后来者的后发优势，它固然极大地制约了创新者的创新积极性，但它对社会经济的发展起到了更明显的推动作用。

然而，并不是所有领域的先行者都可以通过技术专利或者品牌商标，对自己抢先进入市场所花费的额外费用实现补偿。在很多领域，后来者的模仿与学习完全可以抵消先行者的某些优势，从而实现弯道超车。这也是本书再三强调的大众非理性行为之所以会表现出非常强烈的模仿与学习特征的基本原因。学习先行者的经验，避免自己成为“出头鸟”，再通过跟随战略，自然可以最大限度地减少自己失败的几率，提高决策成功率，这就成为大多数人乐于选择的策略。

我们可以想象，在原始社会，当一名聪明的原始人发现在砍倒的大树上放一块较大面积的树枝或木板，然后把自己的猎物或者其他物品放置其上，只需要推动圆滚滚的树干，就可以轻松运走自己根本没有能力搬运的物品，这也成为最原始状态下的独轮车。相信第一个发现这种独轮车原理的原始人，绝对是一个绝顶聪明的人，即使称他为天才也不为过。为了发明这个独轮车，他也许需要通过多次失败的尝试，甚至会让自己搬运的物品砸了脚，从而不得不承担巨大的成本。然而，当他兴高采烈地推动自己的独轮车时，其他原始人就可以轻松模仿他的经验，获得巧妙搬运重物的秘诀，而这种秘诀的获得几乎是毫无成本的。

那么，在类似上述情况的模仿机制下，当然后来者就拥有更大的优势，而付出巨大代价的先行者却无法从自己的伟大发明创造中获得特别的利益。正是因为存在这样的机制，才使得越来越多的人选择搭便车，通过跟随战略来维护自己的利益。在这样的机制下，无论先行者的行为是对还是错，对他的模仿不是一件坏事，至少不会让自己的情况变得更坏。群体性的模仿自然诱发了本书所说的乌合之众的产生。如果先行者的策略选择不是最优策略，或者对于跟随者而言，先行者的策略并不是最优策略，那么普遍的大众非理性行为就产生了。

作为一名新生儿的家长，一个重要的任务就是：每隔一个月左右就得带自己的宝贝孩子去社区医院打防疫针。当然，新生儿需要打的防疫针有国家规定必须打的免费针，也有需要家长付费、自愿选择的自费针。当然，每一种疫苗都有必须打的理由，可是网络上时不时曝出新生儿因为打不合格疫苗致死或致残的新闻，让我们这些并不具有专业医学知识的家长们觉得心惊肉跳。

对于众多家长而言，给自己的宝贝孩子打疫苗或者不打疫苗，完全不是经济问题，而是关系到孩子健康成长的重要问题。不打，家长担心孩子由于缺少某种重要的疫苗而患上疾病，进而影响孩子的健康成长；可是打的话，真不知道这些不知名的药物会对新生儿产生什么样的影响。因此，一个最简单的办法就是看别人是否打这样的疫苗，通过咨询同事、朋友、邻居，或者只是简单地观察一起去打疫苗的其他家长的选择，然后自己选择同样的策略。

在社区医院中，第一个决定是否打某种疫苗的家长，似乎把自己的孩子变成了供其他家长参考的“小白鼠”。如果疫苗出现问题，显然他的孩子将是最大的受害者；如果疫苗的确有效，其他家长完全可以参考他的经验，再去注射这种已被先行者证明是有效的疫苗。在这样的决策过程中，后来者的跟随策略自然是一个最优的策略选择。

从另一个角度思考，在社区医院中，第一个家长的决策选择会对其他家长产生非常大的影响。如果他选择注射，可能后面一连串的家长都会选择给孩子注射疫苗；如果他拒绝注射，无论是由于何种理由，相信后面的大多数家长也会选择对这种无法确定安全性的疫苗说“NO”。在这一过程中，打疫苗的家长自然就是盲目跟随他人策略的乌合之众，他们的行为自然就是大众非理性行为。

正是由于存在一种明显的模仿机制，一些看似随机的行为却可以产生极为普遍的模仿。对于很多社会成员而言，前人的选择已经为自己探明了道路，明确了行为选择的方向，因此在规避风险和融入群体的思维引导下，自然形成了一种更为大众化的共同选择，产生了一种社会潮流和风气。这样的社会选择看上去杂乱无序，是一种典型的非理性选择，然而其背后存在的深刻经济思维却是绝对不容忽视的。

Crowd?

Economic Logic of Popular Irrational Behavior

第五章

盲从的理性：金融投资中的大众非理性行为

第一节　金融投资中的大众非理性行为的产生

一、我们应该相信金融投资中的技术分析吗?

随着大家收入水平的提升，“你不理财，财不理你”的投资理念开始被越来越多的人所信仰，中国人开始选择把资金投入股票、期货、外汇等金融投资市场，希望借此确保自己资金的保值增值。

与以往大家所习惯的银行存款这种单一、传统的理财方式不同，金融投资不会保证投资者的投资收益，投资者收益的多少取决于他们对于市场走势的准确判断。如果投资者可以大致猜准市场的走势，那么无论是股票投资，还是专业性更强的期货、外汇投资，都能在短时期内给投资者带来极为丰厚的投资收益。与此相比，通常难以抵消通货膨胀的银行存款收益，自然显得极为可怜。

然而，投资者的收益率高低主要取决于他们对于市场判断的准确程度：猜对了，自然皆大欢喜；可是，如果投资者猜错了所投资金融资产的市场走势，那么他不但无法获得可怜的存款投资水平的低投资收益，甚至可能因为自己所投资金融资产的价值缩水，造成投资本金的损失。

与稳定且低收益的银行存款投资相比，证券、期货类的金融投资表现出明显的高风险、高收益特征。因此，与银行存款类只需在家坐等银行利息的懒汉式理财不同，证券类的金融投资需要投资者具有更专业的经济分析能力和独到的金融分析方法。因此，投资者学习并掌握一门金融分析技术就显得尤为重要了。

为了追求更高的投资收益，彼得·林奇、沃伦·巴菲特、索罗斯等世界知名的投资大师的著作，早已成为众多投资者所追捧的“红宝书”。技术分析、财务分析、实地的调查研究、价值投资等各式各样的被诸位投资大师证明是有效的投资方法和投资理念，也被众多中国投资者视为赚取更多投资收益的看家本领。

如果我们有时间到证券公司走访一下，就会看到：无论是白发苍苍的退休大妈、大爷，还是满脸稚气的小股民，无论是手握重金、谈笑间完成百万元投资交易的土豪大户，还是仅仅拿出自己的零花钱抢滩股市，希望为自己掘下第一桶金的在校学生，都会头头是道地谈论着 K 线、趋势、BIAS 乖离率、KDJ、MACD，一连串的投资术语令任何初入股市的新投资者感觉高大上，不禁顿生敬意，感觉自己似乎无意中闯入了一个无数绝顶高手大隐于市的神秘场所。

学会技术分析的技巧，投资者就可以在金融投资市场中所向无敌、战无不胜了吗？显然，如果这么简单的话，那么金融投资市场自然就成为众多金融高手采之不尽的金矿、取之不完的无限额银行账户。无论这种精准的分析技术有多么高深，投资者都会有足够的积极性去深入学习、研究。事实上，即使被无数中小投资者奉为学习楷模和人生偶像的投资大师，投资失败与破产也是他们必然经历的人生挫折。

第五章

盲从的理性：金融投资中的大众非理性行为

在华尔街上，几乎所有的投资商都经历过多次破产的命运折磨。而投资大师的真正伟大之处，是可以凭借超越常人的投资稳定性和成功率，在一次次破产的命运面前，不向命运低头，不屈服于失败的打击，一次次地从破产中走出来，利用准确的投资再一次创下亿万身家。在金融投资市场中，永远没有不败的将军，有的只有不屈服的斗士。

事实上，自经济学诞生以来，在经济学家中，固然有大卫·李嘉图、约翰·梅纳德·凯恩斯这样名满天下、投资收益颇丰的著名经济学家，也有不少经济学家在理财、投资中的表现并不比那些在中国股市中听风就是雨的大妈们更出色。

在很多人看来，能够获得诺贝尔经济学奖就应是经济学学到极致了，似乎这些诺贝尔经济学奖获得者应该比普通人更能清楚地看透经济运行的规律。然而，即使是一些以金融投资见长的诺贝尔经济学奖获得者有时也会在投资中遭遇滑铁卢。

也许很多人没有听过默顿和斯科尔斯的名字，但对于很多金融投资业内人士而言，他们绝对是金融投资领域里的顶级大佬了。他们所建立的期权定价模型是现代金融学的基础，并据此获得了 1997 年的诺贝尔经济学奖。同时，他们也是美国著名的长期资本管理公司的创始人。

想必很多人都会认为，既然他们对金融市场有如此深入的研究，那么他们的投资效益必然不错，投资风险当然也就更低了。的确，在创立初期，这家公司的年投资回报率长期在 20% 以上，甚至连续两年超过 40%，因此得到了众多普通投资者的追捧。

默顿和斯科尔斯根据复杂的金融投资模型，认为新兴市场经济体将成为待发掘的投资金矿，于是大量卖出美国国债、购入天价的新兴市场经济体的金融资产。然而，就在默顿和斯科尔斯获得诺贝尔经济学奖的第二年，历史给这两位伟大的经济学家开了一个玩笑。

由于亚洲金融风暴和俄罗斯金融危机的不期而遇。1998 年 8 月俄罗斯宣布卢布贬值，同时将延期三个月偿还外债。此举揭开了新兴市场经济体衰退的潘多拉魔盒，新兴市场经济体的金融资产迅速贬值，在短短的 150 天内，长期资本管理公司的资产现值就下降了 90% 以上，并造成了 43 亿美元的巨额亏损，甚至一度到了破产的边缘。最后，在美联储的干预之下，它们被摩根和美林两家华尔街知名投资银行收购。即使是这样，默顿和斯科尔斯多年以来的专业名誉全部化为笑柄。

哪怕拥有专业的金融分析能力，甚至是现代金融学中一个宗派的开山宗师，为金融学创造出最受欢迎的分析模型的经济学家，也不能保证他的理论就能在金融市场的振荡中只赢不输。此外，即使遭受了巨大的投资损失，甚至差点走向破产，也丝毫无损两位投资大师在业内的赫赫美名，更不会因此就否定了他们推导出的期权定价模型的科学价值，这也许就是现代金融的魅力所在吧！

案例 5—1

赢过投资专家的大猩猩

在我们看来，证券市场中的众多基金经理、投资专家都是在金融市场的血雨腥风中一步步成长起来的高手中的高手，能够在一次次的市场振荡中幸存，自然在投资理财方面会有自己的心得，他们的投资成绩应该会比丝毫不懂证券投资原理的普通投资者好得多。然而，事实真的如我们想象的这么美好吗？

20世纪初，美国《旧金山纪事报》曾经组织了一场实验，他们从动物园中找到一只大猩猩，让它与众多华尔街的投资大师同场竞技，比赛投资收益。在实验中，报社从华尔街找了一大批最负盛名的投资大师，让他们根据自己的专业知识选择5只股票并进行证券投资。与此同时，他们在大猩猩面前摆满证券交易所中所有交易股票的代码，然后给大猩猩喂香蕉，再让大猩猩把香蕉皮随意扔在写满股票代码的字板上，观察香蕉皮压在哪个股票代码上，就购买哪一只股票。同样，他们也选择了五只股票作为投资标的。该实验约定了一段时间作为投资周期，到期后，由报社统计所有投资专家与大猩猩所选股票的市值。

大家猜一下上述实验最终的结果是什么？可能绝大多数朋友听到这个实验的内容之后，都会觉得是乱弹琴，简直是侮辱各位投资大师的专业能力，因为大猩猩扔香蕉皮的行为根本没有任何理性可言，完全是一种随机的行为，而各位大师的选择都是他们多年专业素质和科学分析的结果，两者之间简直就是天壤之别。

可是，最终的结果完全出乎所有人的意料，大猩猩的投资选择超过了绝大多数投资大师的投资收益，大猩猩居然赢了众多的投资大师。事实上，类似大猩猩那样的随机选择，在金融投资领域中，并不一定就会输给专业技术分析。在金融投资中，专业技术分析、复杂的经济数学分析、全面的财务分析并不具有绝对的准确性，有时像大猩猩扔香蕉这样的非理性行为，反而可以胜过真正意义上的理性选择。这也许反映了金融投资过程中的复杂性。

二、后知后觉的经济分析

如前所述，在很多时候，经济学的价值主要表现为解释与分析，而不是预测。因为我们生活在一个庞大的经济体系中，无数因素都会对现实的经济产生强弱不一的影响，哪怕是具有顶级运算能力的银河系列巨型计算机，也不足以完成如此复杂、繁多的运算，因此都不足以准确预测现实经济的运行，上至世界经济的国际竞争，中至区域产业的发展，下至企业的业绩变化，乃至个人投资收益的预测，完全超出了现有经济分析和运算分析的能力限制，根本无法准确判断。

在现实的经济分析过程中，经济学家往往只能从现有的经济指标或者经济现象出发，分析考虑不同经济因素的影响作用，从中抽象出对于研究目标的影响最明显的经济因素，从而确定研究方法，提炼出具有一定现实意义和应用价值的经济理论，进而对未来的经济演进做出预测。

然而，问题的关键在于，现有的经济分析方法往往源于对经济现实的分析与解释，在已知最终经济结果的基础上，人为地提炼出对现实经济分析可能产生作用的经济指标，并通过数学分析或者经济模型分析的方法，把这些从现实分析和历史分析中归纳出的有效经济分析方法应用到经济预测中，这种指标提取的主观性自然就会影响最终经济分析的科学性和准确性了。

例如被誉为“中国长城”的姚明，在很长一段时间内都是中国人民的骄傲，在明星云集的NBA，姚明展示了超人的天赋和耀眼的场上表现，赢得了世界篮球迷的支持。2.26米的身高绝对是帮助姚明在长人林立的NBA站稳脚跟的关键所在，那么姚明为什么长得如此之高，而我们亿万普通人却达不到他的身高呢？

按照现有的科学研究方法，我们会从姚明的遗传基因、从小生长的环境、饮食习惯等多种因素，探索可能导致他长高的因素。例如，如果我们认为良好的饮食习惯是导致姚明长高的因素，那么我们可能更乐于接受姚明每天吃的东西或者是饮食上的某些个人习惯才是他长高的秘诀所在。作为一名最具盛名的上海人，想必姚明的饮食习惯与众多上海人很相近，偏淡、偏甜或者喜爱一些上海的经典小吃。因为姚明拥有这样的饮食习惯，我们能否得出结论，只要吃得清淡或者每天吃些姚明爱吃的小吃，那么我们也能长得如姚明一般高大呢？

显然，上述分析的谬误非常明显。我们只知道姚明具有上述饮食习惯，却不知道这些饮食习惯对于姚明长高到底有多大的作用，甚至是否存在作用。

也许姚明的身高是内在的父母遗传和外在的生长环境、生活习惯综合作用的因素，也有可能姚明的身高完全是一个偶然因素作用的结果。即使姚明的父母有机会再生一个小孩，哪怕他的遗传基因和生长环境都极为相似，也基本不可能再复制一个姚明，姚明只可能是独一无二的姚明。那么，你从现在的姚明身上去提炼导致他长高的因素，其实是一项不可能完成的任务。

当然，我们的确可以从姚明身上提炼出哪些因素对他长高产生了积极的作用，但这并不代表只需要复制相同的因素，就能再复制出一个小姚明。

其实，经济分析也是如此。现有的研究方法往往是源于现实或者历史，通过专业的经济分析，我们的确可以细致地解读经济社会发展的一般规律，可以推导出促成当前经济表现的各种经济因素。但是，如果要我们利用这些从现实分析和历史分析中归纳出来的经济方法预测还没有发生的经济事件或者经济结果，现有的经济分析自然就显得力不从心了。

在金融投资市场中，所有的技术分析、财务分析都是基于现实分析和历史分析归纳出来的，利用它们，我们的确可以更科学和准确地解释、说明促成当前市场表现和历史价格走势的影响因素及作用机制。然而，如果反过来，让我们利用这些源于历史分析的经济分析方法预测还没有发生的经济事件或者金融市场未来的走势，那么必然会由于影响因素的繁杂和经济作用机制的复杂，而产生极为明显的预测误差，导致最终的现实表现与经济预测差之毫厘、谬以千里。

在金融投资领域中，股民们所深信的技术分析方法，都是从金融市场的现实或历史分析中提炼出来的。利用它们的确可以更加科学地把握市场的走势，判断金融市场的基本面，甚至可以大致预测特定金融资产的涨跌变化。但是，如果想准确地提前预测金融资产的涨跌幅度及未来的市场走势，基本是不可能完成的任务。

从某种意义上说，针对金融资产的技术分析方法永远是后知后觉的，市场中永远不可能存在能够准确预测市场趋势的科学方法。通常所说的利用技术分析和专业研究进行金融投资的理性行为，实际上也不具有真正意义上的理性，主导金融市场投资的永远是非理性因素，而影响市场走势的是无数非理性个人投资者投资行为的集合，一群乌合之众却是金融市场的主导者。

三、金融投资中的大众非理性行为

在现实的金融投资中，经常会有人叫卖一些昂贵的金融分析软件，号称拥有最科学的金融分析方法和强大的分析能力，可以准确把握金融市场的动向，预判金融资产的价格变化趋势，察觉市场的细微变化，帮助投资者找到最具投资价值的金融资产，实现自身盈利的最大化。可是，如此功能强大的金融分析软件果然存在吗？

我们可以想象，如果真的存在这样的分析软件，那就意味着任何拥有这一分析软件的投资者都可以在同一时间提前预判市场走势，大家都会同时发现同一只大牛股或者极具投资价值的其他金融资产，所有人一起疯狂抢购该金融资产的结果必然会把它的价格瞬间炒高。如果该分析软件可以准确地把握某金融资产大致的价格区间，那就意味着只要现在的金融资产市场价格低于其目标价位，它就具有投资价值，就能给投资者带来投资收益。因此，拥有这一软件的投资者就会付出高价来抢购该金融资产，大家一起抢购该金融资产的结果是把它的价格炒作到软件所判断的预期目标价位附近，因此购买者也就无法从中获取投资收益。对金融资产的未来价格走势分析最科学、最准确的投资软件的唯一结果，就是使用该投资软件的投资者的投资收益无限趋近于零，这也成为金融领域中大众非理性的重要标志。

事实上，如果真的存在这样功能强大的投资分析软件，那么发明者的唯一选择就是独自保守秘密，使自己成为该软件的唯一拥有者，以便独享软件所发现的宝贵投资机会。拥有这一软件的人越多，就意味着对于金融资产拥有相同市场预期的投资者数量越多，并持续压缩利用这一金融分析软件进行金融投资所获得的投资收益。叫卖该软件，增加软件拥有人的市场竞争，显然从另一个角度揭示出该软件的发明人或者拥有者对软件的分析能力并不拥有绝对的信心，他们对于独享该投资分析软件来提升自己的投资收益信心不足，因此他们宁愿获得出售软件换来的小钱，而不是提前预判市场所带来的巨大财富。

即使该投资者拥有一套预测准确的分析软件，每次都可以提前预判市场，从而获得巨大的投资机会，保证自己的投资收益不断增加。然而，随着投资者投资收益的积累，他的投资资本规模自然也会不断增长，那么当该投资者的资产达到一定规模后，每当软件发现了投资机会，必然会提醒该投资者立刻进入市场，可是随着投资者大笔资金的进入，同样又会把该金融资产的价格瞬间炒到软件所预测的目标价格，从而使投资者的投资收益同样趋近于零。

市场上琳琅满目、种类繁多的金融分析软件，其实如前文所说，都是基于金融资产的历史或者当前的价格变动趋势进行分析，它们的价值主要在于解释市场价格为什么会这么变动，其变动的规律在哪里，却无法准确地预测未来的市场走势。当然，掌握了基于历史价格变动的客观规律，就可以用于对未来价格走势的预判，当理性的投资者掌握这些规律之后，在投资决策的过程中，自然会根据该规律进行投资决策。这就会在金融市场中，对于相应的金融资产出现非常集中的买卖订单，自然就改变了已有金融规律发挥作用的市场平衡，破坏了软件已取得的金融方法和金融规律在预测中的准确性，反而导致了金融预测的失真。

从某种程度上说，金融市场为大众的非理性行为提供了一个非常好的试验田。对于个体投资者而言是理性选择的投资决策，如果被更大的市场主体所学习和模仿，形成一种单向的市场交易力量之后，反而会破坏原有理性行为发挥作用的环境；也就是说，当个人的理性行为成为一种大众的共同选择后，反而成为了一种集体的非理性行为。

第二节　投资者为什么会选择大众非理性行为

一、信息不完全条件下的策略选择

在金融投资中，经济学一直畅想的理性思维是很难的，甚至是无法实现的。那么，究竟是什么因素导致了金融投资中的非理性选择呢?显然,信息不完全与信息不对称是导致这种非理性行为普遍存在的根本原因。

尽管在前面介绍的投资竞赛中,大猩猩的扔香蕉大法大获全胜,令众多赫赫有名的投资大师一败涂地、颜面尽失,但不会有任何投资者敢于效仿大猩猩的扔香蕉投资大法。毕竟在金融投资中,大家投出去的可都是真金白银!如此儿戏的投资,不管是如何心大的人,也会觉得似乎是在白扔钱。毕竟很多费尽心机、绞尽脑汁、认真细致地分析市场的走势、谨慎做好每一笔投资交易的投资者,仍不能保证自己的投资不受损失,那么自己的率性投资显然会承受更大的风险,这完全对不起自己赚取金钱的辛苦。

可是,在传统的金融投资过程中,常见的投资决策手段(如上述技术分析、实地调查、财务分析,甚至内幕交易、小道消息)往往都依赖于大量信息的获取。能否准确、充足地获得尽量多的与投资标的相关的经济信息,将直接决定投资者投资决策的成败。然而,除了金融资产的历史价格、公司财务报表等公开信息之外,很多信息往往源于一些非公开渠道,只有参与相关企业的决策行为,或者政府监管决策的相关参与者才能获知一定的信息,而其他局外人根本无从获取内部信息,这就导致了在投资决策的过程中,内部人与外部人在信息层面是存在较大差异的,也就构成了一种明显的不正当竞争。

尽管从欧美发达资本市场到仍有待完善的中国资本市场，都把打击公司内幕交易作为维护公平正义的市场竞争格局的重点工作，但事实上的信息不对称是普遍存在的。例如，全球最高薪的投资组合经理人，也是最成功的投资家彼得·林奇的成功经验就在于每次投资之前，他都会亲身探访目标企业，见证目标企业的经营管理，感受市场对于目标企业的真实评判，这听起来似乎平淡无奇，但大家反思一下，那些在股市中摸爬滚打多年的老股民中，有几位股民朋友真的接触过自己曾买过股票的上市公司？几乎所有的股民朋友都只会纸上谈兵，从媒体或者公开的证券信息中去了解相关上市公司的经营业绩与运营情况，然而这些公开的信息并不足以反映这些企业运营的全部情况，有时甚至会扭曲真实的经济信息，从而误导投资者的投资行为。

也许你有朋友在自己意欲购买股票的上市公司工作，若能与他们谈一下该企业的经营管理，那么你们所聊的关于企业运营中家长里短的信息，反而可以最真实、最直观地反映这家公司的运营情况。有时，当某家上市公司的员工都在拼命地抛售自己公司的股票时，那么无论该公司的基本面有多好，未来的盈利能力有多么乐观，如果最了解公司运营的内部人都对其未来不持乐观态度，那么该公司的股票在未来一路走高、给投资人带来丰厚利润的机会就将微乎其微。

正因为如此，当林奇亲身探访自己意欲投资的企业并调查研究时，他所获得的信息往往超出了公开媒体的信息报道，也是最能真切地反映公司未来投资价值的信息。比如在海湾战争后，美国房地产业陷入困境，顺带着也把建筑、建材、装饰等与房地产业关系紧密的产业拉入危机。当时，美国证券市场中有一只建筑装饰品销售公司 Pier1 的业绩也陷入了持续下滑，公司的存货不断增长。在一般的投资者看来，这家公司显然是遇到大麻烦了，甚至有可能走向破产，自然无力给投资者带来丰厚的回报，因而这样的公司自然不具有投资价值。然而，当林奇多次深入这家公司进行实地调研时发现，尽管公司的业绩下滑，但这家公司在外部环境非常恶劣的情况下仍能保持盈利，这在整个行业中都是难能可贵的。虽然存货有了明显的增长，但由于这家公司每年都会新设立 25~40 家新的门店，增加的存货大多用于新开门店的铺货，而不是源于产品的滞销、积压。除此之外，在深受危机打击的地区，虽然该公司门店的单店业绩的确表现出明显的下滑，但从整个公司来看，该公司的业绩仍能保持盈余。显然，从财务指标上表现出的不健康、业绩下滑都无法掩盖公司的高成长性，因此林奇选择举重资购入该公司的股票，而事实也证明了林奇的判断：在他购入该公司股票后，该公司的股价一飞冲天，给林奇带来了丰厚的投资收益。

正如林奇的经验所展现的那样，同样是在进行投资决策，外部人完全根据公开的财务信息进行决策辅助，与内部人从企业或者行业的整体发展着眼，亲身感受投资对象的经营发展所得出的结论可能是截然相反的。从某种程度上说，信息不对称有时的确是投资者做出不同投资选择的原因所在。

然而，作为普通的投资人，我们很难模仿林奇，在做每一次投资决策时，都去亲身调查目标企业的运营情况。也许我们的投资本金都不支持两三次调研的费用，或者即使调研帮我们做出了相对正确的决策选择，但由于本金不足，我们的盈余可能都不足以弥补调查的费用支出。显然，林奇这样的亲身实地调研方法并不适用于众多中小股民。

既然无法通过亲身实地调研获得充足的信息，那么有没有办法让中小投资者能以最小的成本获得最多的信息支持呢？显然是有的，那就是紧跟大势，关注机构投资者，或者关注市场的整体决策选择，因势而谋，与主力资金保持一致，实现合理的借力。套用最简单的解释就是追涨杀跌，自然就可以缩小与机构大投资者之间的信息不对称，实现自身利润的最大化。

二、追涨杀跌背后的理性

在中国的证券市场中，几乎每次大盘或者个股出现急速异动时，都会被事实证明，有特别的重大消息即将公布，总会有一些消息灵通人士，在这些重大消息公布之前就提前获得相关信息，并借此在证券市场中大举进行证券的买卖交易，以牟取巨大利润。而导致大盘或者个股异动的真实原因通常会在短短的一两个交易日后公布，然而那时如果再想根据这些信息进行相关交易，实际上已经太迟了。正是在这样的潜规则下，几乎所有的中小股民在见到大盘与个股的异动时，都会选择与主力保持一致，要不跟风买入，要不跟风抛空，这就是通常所说的追涨杀跌。然而，这样的追涨杀跌背后是否隐藏着某些重要的经济规律呢？

在很多新股民看来，追涨杀跌似乎是一种恶习：当股票开始一路高歌之时，你才猛然醒悟，勇敢地杀进去；在很多时候，很容易沦为悲催的“抬轿子”者。因此，常见的结果是，自己刚买了股票，该股票就马上掉头向下，而且连续下跌，把自己生生套在了高高的山岗上。可是，在股票连续下跌后，当自己忍受不了每天阴跌带来的损失并选择“割肉”离场时，也许就割在了“地板”上，自己刚刚“割肉”离场，这只股票又马上杀了个“回马枪”，股价又开始连续上涨；如果不“割肉”，自己也许可以减少很多损失，甚至还能获得盈利，因此经常性的低价“割肉”，往往把股民朋友割得鲜血淋漓、损失惨重。

从某种意义上说，追涨杀跌的确潜藏着很大的风险，有时股票很像一根弹簧，它有很强的力量恢复到原有的长短。当你用力拉伸时，你拉得越用力，弹簧向回收缩的力道就会越大，你把它拉得越长，弹簧回缩的速度与力量就会越大；同样，如果你用力向里挤压弹簧，具有良好弹性的弹簧的确也能被缩短，然而你用的力越大，把弹簧压得越紧，它恢复原来长度的力量就会越大。同理，每种金融资产都有自身的合理价位，当它连续上涨并偏离了合理价位时，它就像拉长了的弹簧，自然也会有强大的内在力量驱使它下跌，并再次回到原来的合理价位。当该金融资产连续下跌后，也会有内在的力量推动它再次上涨，并回到合理价位。从某种意义上说，如果短时间内涨得越凶或者跌得越惨，它再次回到原来价格的势头就越猛，因此追涨杀跌很容易给投资者带来巨大的市场风险。

然而，既然是一种非理性的投资策略，在现实的投资经营中，为什么会有如此多的投资者对追涨杀跌情有独钟呢？显然，在很多投资者看来，追涨杀跌之中蕴藏着很深的理性思维成分，它也是一种非常实用、很见成效的投资策略。

可是，不是刚刚还说追涨杀跌的风险很大，是一种非理性选择吗？的确，如果单纯从经济理性的角度来看，在不掌握明确经济信息的情况下盲目地追涨杀跌，很容易让大机构交易者人为掌控市场走势，大机构投资者只需要运用大批量的资金，人为地炒高金融资产的价格，或者通过故意抛售制造金融资产价格急跌的假象，就可以吸引大量中小投资者的跟风，从而达到高价出货或者低位吸筹的真实目标，而中小投资者只能沦为刀俎上的鱼肉、案板上待宰的羔羊。

从上述方面来看，追涨杀跌自然不会是对中小投资者有利的理性投资策略。然而，事实上，在金融投资市场中，中小投资者与大机构投资者之间本来就不存在绝对公平的竞争，大机构投资者可以花费更多的资金用于投资目标的实地调查、金融资产的经济分析、内部信息的搜集与处理，他们在投资的分析方面会比中小投资者拥有更多的信息支持，自然就能做出更为理性的投资选择。

案例 5—2

内森·罗斯柴尔德的花招

1815 年的滑铁卢大战，不仅决定了整个欧洲的政治格局，也成为众多金融寡头重新划分世界财富的重要契机。很显然，这一战役的胜败对于交战双方——英国与法国的经济，特别是金融市场的资产价格走势都将产生极为深远的影响。

在滑铁卢大战进行的同时，伦敦金融城中伦敦证券交易所的气氛已紧张得快要凝固了，所有交易者都在期待从欧洲大陆传来的战争消息。如果英国能够取得胜利，那么他们将在欧洲赢得更大的话语权，市场会觉得英国为了参加这场战争所投入的一切都是值得的，那么英国政府为了参加战争所借下的所有政府公债的偿还和未来的收益也将拥有更大的保证，公债价格也将暴涨无疑；相反，如果拿破仑赢得胜利，那么政府将成为拿破仑铁骑之下的又一个悲惨国家，英国政府的垮台也许根本无法避免，而政府参战所借下的政府公债自然再也找不到偿还者，其价格必将跌入深渊。

作为当时欧洲最具权势、最具金融市场影响力的罗斯柴尔德家族的代表人物——内森·罗斯柴尔德自然也派出了大量的间谍紧张地观测着战争的进程，并随时把最新消息传回伦敦。

1815年6月18日滑铁卢大战进行时，谁也没有注意，就在烽火连天的战地一角，一名叫罗斯伍兹的罗斯柴尔德家族谍报人员一直在默默观察着战争的进程。傍晚，当拿破仑败局已定时，罗斯伍兹迅速跳上快马，直奔罗斯柴尔德家族在欧洲的一个信息中枢——布鲁塞尔，然后转道奥斯坦德港，花重金雇用一名不怕死的水手驾船冒着夜黑风高浪急的危险，横渡英吉利海峡，抵达英国福克斯顿。此时，内森·罗斯柴尔德早已等在港口，在第一时间掌握了战争的最新动态。

当内森·罗斯柴尔德返回伦敦证券交易所时，正在焦急等待最新战报的投资者们一下子就安静下来，大家都盯着内森的脸，希望从他毫无表情的脸上看出战争的最终结果。

内森回到自己的交易席，简单说了一句：“卖出所有的英国公债。”因此，大量的英国公债被罗斯柴尔德家族抛向市场，并立即引发市场中英国公债的价格暴跌。“罗斯柴尔德已经知道战争结果了”、“英国战败了”、“威灵顿输了”等市场传言立即传遍市场，并立即引起对英国公债的恐慌性抛售。所有人都在不惜一切代价，以一切能够出手的价格把自己手上所有的英国公债抛出去，只求最大限度地挽回自己的损失。在短短几个小时之内，英国公债的价格已跌到内森抛售之时的5%了。

此时，根本没有人注意到，在大家公认英国战败的情况下，为什么还有不怕死的人愿意收购英国公债？人们更不可能注意到，在悄悄地低价收购英国公债的正是最早抛售它的内森·罗斯柴尔德。

当几个小时后威灵顿公爵的信使回到伦敦，并带回战争胜利的捷报时，内森·罗斯柴尔德几乎以微不足道的成本收购了市场中所有的英国公债。由于提前数小时就获得了关于战争结果的准确信息，内森·罗斯柴尔德的收益甚至超过了奋战在前线的拿破仑和威灵顿几十年的战争生涯所获得财富的总和。

正是凭借这场巧妙的价格控制游戏，罗斯柴尔德家族几乎掌握了所有英格兰银行发行的公债，甚至直接掌握了英国的央行——英格兰银行。自此，他成为英国政府最大的债主，所有英国人向政府交纳的税收最终都流入到掌握着英国公债的罗斯柴尔德家族手中。可以毫不夸张地说，是由罗斯柴尔德家族向全体英国人征税。

征服了英国金融市场的内森·罗斯柴尔德毫不隐讳自己的骄傲：“我不在乎什么样的英格兰傀儡被放在王位上来统治这个庞大的日

不落帝国。谁控制着大英帝国的货币供应，谁就控制了大英帝国，而我控制着大英帝国的货币供应！”

很显然，内森·罗斯柴尔德正是利用了自己与其他投资者之间的信息不对称以及投资者习惯于追涨杀跌跟随策略的漏洞，故意制造市场假象，迷惑市场，引导市场价格走向，并从中赚取了巨大的财富。这恰恰是活学活用金融市场中大众非理性行为的鲜活案例。

三、金融投资中的贪婪与恐惧

正是由于中小投资者与大机构投资者之间的信息不对称，在投资决策过程中，中小投资者本就处于相对不利的弱势地位，由于缺乏必要的信息支持，因而模仿大机构投资者的交易策略、采取必要的跟随策略，就成为搭便车、借力大机构投资者专业分析能力的自然选择。

中小投资者自然没有办法防范类似于内森·罗斯柴尔德在滑铁卢战役之后人为制造出来的市场假象。然而，由于每一个成熟的资本市场都会严厉打击机构投资者的内幕交易和违规炒作，这将不断地压缩机构投资者通过欺诈，利用中小投资者的跟随策略，违规进行金融资产交易的空间，从而极大地降低了中小投资者追涨杀跌策略中的市场风险。

当然，由于中小投资者在信息获取方面的先天不足，他们在跟随大机构投资者的过程中，漫天飞的小道消息和路边社新闻往往成为很多中小投资者最乐于谈论的投资信息，有时一些虚假的谣言仅通过无数个中小投资者之间的人际交易网络，就可以以极快的速度实现人际传播和扩散，最终成为影响乃至主导市场的重要因素。

事实上，正如我们想象的那样，绝大多数中小投资者的追涨杀跌都被事实证明是理性的选择，或者帮投资者带来了丰厚的投资收益，或者规避了巨大的投资风险，而尝到了甜头的中小投资者才会把追涨杀跌视为投资决策的不二法宝，才会在真实的投资决策中时时关注主力资金的动向，寻求与主力机构投资者保持一致，追求最大的投资收益与最小的投资风险。

从某种意义上说，想得到和怕失去就是金融市场中所有投资者的内心独白。简单地说，由于贪婪，哪怕已获得了巨大的收益，投资者还想得到更多的财富和更大的收益；由于恐惧，怕失去自己的财富，怕失去自己的收益，恐惧未预期的市场下跌，投资者又在担心自己的投资失败。

正是在想得到和怕失去这两种矛盾心理的冲击下，投资者很难保持一个平稳的投资心态，他们总是希望以最低的成本买入能给自己带来最高收益的黑马投资品，而这种过高的期待却把更多的投资者引入了亏损的深渊。

中小投资者知道，如果能够预先发掘某一只大牛股，在它的市场价格尚未启动前就悄悄购入并完成建仓大业，而在该牛股到达顶点且未下跌之际就抢先抛出，自然可以给自己带来丰厚的投资收益。然而，如此理想的投资决策，对于任何一个中小投资者而言，都是可遇而不可求的理想状态。在缺乏专业分析能力与强大数据收集能力的情况下，要实现如此完美的投资策略，只能寄希望于上天的厚爱了。

事实上，对于在几轮市场波动中亏损严重的众多中国股票市场的投资者来说，他们中的绝大多数都曾有过赚钱的短暂经历，甚至在很多给他们造成巨大损失的投资中，也有那么一段时间是赚钱的。然而，就是在矛盾的想得到和怕失去的心理影响下，本来盈利的投资却给自己造成了巨大的亏损。

例如，一名投资者以 10 元 / 股买入一只股票，曾涨到 15 元 / 股，投资者觉得自己抓住了一只大牛股，于是在心中告诉自己："只要涨到 20 元，我就出货。"结果股票真涨到 20 元 / 股了，他又会觉得自己低估了这只股票的上涨空间，再次告诉自己："只要涨到 25 元 / 股，我就把它卖掉。"也许股票略微上涨后，又回调到了 18 元 / 股，投资者又会告诉自己："只要回到 20 元 / 股，我就卖股票。"结果股票却一路 15 元 / 股、12 元 / 股、10 元 / 股、8 元 / 股，甚至跌到 5 元 / 股，不仅跌去了自己曾经的巨额盈利，还给自己造成了巨大的亏损。

真正有经验的投资人，并不是最擅长选择投资目标的投资人，毕竟绝大多数投资人都曾有过赚钱的经历，真正的高手是能够选择相对合理的出售时机，能够勇敢地止盈或者割肉止损的理智投资者，而不是盲目贪高求多的投资者。

作为中小投资者，既然无力实现完美的投资选择，那么跟风机构投资者，相信机构投资者的专业素养，固然机构投资者能够以更低的价格建仓、更高的价格出货，可以赚得盆满钵盈，与它们保持一致的中小投资者吃不到肉，至少也可以喝到肉汤，比起完全没有专业分析的盲目投资的成功率至少会高出很多。因此，跟风式的追涨杀跌，听起来似乎非常不理性，实际上是中小投资者唯一的理性选择，这才真的是盲目背后的理性呢！

第三节　顺势而为中的经济哲学

一、顺势而为的哲学

“逆水行舟，不进则退”，我们都知道，在急流中划船，如果前进方向与水流的方向保持一致，那么我们只需要掌好舵，基本不需要怎么用力，就可以顺流而下了。可是，如果你的前行方向与水流方向不一致，那你的麻烦就大了，无论是掌舵控制方向，还是划桨前行，都需要付出比顺流更多的辛苦。

在我们工作、生活的很多方面，都与急流划船有很多相似的地方，如果能够洞晓时事的趋势或者事物发展的一般规律，并因地制宜、顺势而为，将能取得事半功倍的效果；相反，如果违反客观规律、违背事物发展的趋势，哪怕你付出再多的努力，也很难见到实际的成效。

其实，道理很简单，想必所有的读者朋友也都明白如此粗浅的基本道理，但明白是一回事，能否做到又是另一回事。很多朋友往往高呼“我命由我不由天”，而根本不考虑客观条件与市场需要，完全根据自己的喜好来选择工作，结果要不就是因违反客观规律而永远无法取得结果，要不即使能取得一定的工作成果，却发现它根本没有实际价值，除了你自己，没有任何一个人愿意接受它。这样的创新成果，对你而言，也许是付之心血而得的宝贝，但对他人来说，只是一堆毫无实际价值的废品罢了。

中国功夫名震天下，它不仅强调通过刻苦练习练就“一力破十会”的硬功，更推崇借力卸力，“四两拨千斤”的巧劲，其中就包含着极为精深的中华传统哲学。武者必须看破对手的力道方向，通过拨动对手的运力方向，达到改变对手的攻击目标，甚至将其攻击巧拨于己身，实现以敌之力攻彼之身的乾坤大挪移。其实，这就是顺势而为的行为策略在中华武术中的体现。

在金融投资中，前面特别强调的追涨杀跌，其实就是顺势而为思想的集中体现。无论是追涨还是杀跌，一个重要的关键就在于把握金融市场的整体走势，投资者需要认真观测市场买卖盘面，判定市场的整体走势——到底是涨还是跌将成为未来市场的主要趋势，也就是判断当前市场中到底是更多投资者看涨、会有更多的人选择大胆买入，还是跌将成为未来的市场主流。只有准确地把握市场趋势，并依照这种趋势采取交易策略，才能最大限度地保证自身投资收益的最大化和投资风险的最小化。

当然，如果问题真的如此简单，也就不会有那么多的投资人折戟市场了。与行船时水流的方向明确不同，金融市场的势，也就是后市到底是涨还是跌，对于绝大多数投资者而言，绝对是一个难以回答的大问题。即使是很多著名的投资大师，也会因为一时看错大势而出现致命的投资失误，最终落得损失惨重，甚至破产的悲惨命运。

既然连最普通的中小投资者都明白顺势而为，没有理由那么多久经沙场、经历过最残酷金融市场洗礼的投资大鳄会不知晓如此浅显的道理。然而，涨或者跌，看上去是一个二选一的简单选择题，但对众多亲身参与金融市场交易的投资者而言，这无异于生存或者死亡的致命游戏。哪怕是最先进的经济分析软件，它对于市场涨跌大势的分析，也只有高或者较高的区别，而绝不可能研究出百发百中、绝对准确的神奇机器。

二、金融投资中的顺势而为

对于金融市场中的众多投资者而言，看上去简单的顺势而为，其实就是一个危险的俄罗斯轮盘赌游戏，手持一支只有两个弹仓并上了一枚子弹的手枪对准自己脑袋扣动扳机，如果运气足够好，上膛的恰是没有子弹的那个弹仓，那么恭喜你，你赌对了与命运的决战，你将赢得无数财富；可是，如果你扣动扳机时，那枚子弹正好在弹膛中静静地等待着你，那么你的生命将就此终结。

当然，与俄罗斯轮盘赌完全靠运气不同，投资大师的专业知识与丰富的投资经验，能够帮助他们最大限度地准确预测市场走势，他并不需要百分之百的准确，只要他对于市场走势的准确率能够略高于市场中的其他投资者，他就将成为残酷金融大战中的幸运儿，也够格被称为“投资大师”。从这个方面来讲，像巴菲特、索罗斯这些投资大师并不是百战百胜的常胜将军，他们只是能够更准确地把握市场命脉的投资人而已。这听起来似乎很简单，但在金融投资中，真要做到这一点却不容易。

可能很多读者朋友会觉得奇怪，不就是一个二选一的简单选择吗？你们经济学家都说股市是国民经济的晴雨表，那就意味着金融市场按道理应该与宏观经济形势保持相对一致。作为拥有精深经济学知识和专业经济分析工具的经济学家应该很容易根据国民经济的发展状况，判断深受其影响的金融市场大势啊！如果宏观经济平稳运行、经济增长速度较快，那么股市就有更大的概率保持上涨。此时，我们只需要顺势而为，随便买入几只股票长期持有，自然就可以获得不错的收益。如果我发现宏观经济开始走向衰退了，显然股市也应该从牛转熊，那么提前出售所持的股票等金融资产、持币等待经济的寒冬过去，岂不就可以了。

相信很多亲身经历过证券投资的读者朋友，自然能够感受到上述想法的确是太傻、太天真。我们熟悉的股票市场、期货市场或者外汇市场等金融市场中各种金融资产的价格走势除了会受到宏观经济形势的影响，还会受到很多复杂因素的影响。正如我们看到的那样，尽管同处共同的宏观经济之中，不同个股、不同金融资产的涨跌差异非常大，如果只是简单地根据宏观经济形势来判断涨跌，显然是一种极端错误的偏见。

如果我们认为，除了宏观经济因素，股票的价格还应该受上市公司自身的业绩影响，那么在相同的宏观经济形势下，自然就应该是业绩好的企业股票走势更好，投资者应该看涨业绩好的上市公司的股票了。可是，真正炒过股的朋友应该知道，当前全世界最赚钱的公司之一名叫中国石油，它的股价从上市第一天的 48 元 / 股，一度跌至 8 元 / 股左右，即使在证券市场最火爆的 2015 年，很多股票都已实现了翻番，但它的股价仍在 10 元 / 股以下长期徘徊。如果单从业绩分析，根本无法解释这一现象。此外，中国石油并不是唯一的反例，工商银行、农业银行、建设银行、中国银行这四家最大规模的国有银行，同时也都在全世界最赚钱的银行排行榜中名列前茅，可是很遗憾，它们在中国证券市场中的表现远远对不起它们所赚取的巨额利润。

在金融市场中，无论是整体的国家宏观经济形势，还是各家企业的具体业绩，抑或是众多投资者心目中的形象，都会对市场形势产生非常微妙的影响。这也使得预测金融市场的走势成为一个系统性工程，想要构建一个完美的方程，把所有有可能影响市场变化的因素都纳入方程，至少在当前的经济学发展阶段是不可能实现的目标。

三、金融市场中的“黑天鹅”事件

在金融市场的投资过程中，最微妙的是屡屡出现的“黑天鹅”事件，时不时扰乱资本市场的平静，引起资本市场的连锁反应，最终对金融市场中的每一个投资者都产生了极明显的影响。这种难以预测、无法想象、看似偶然却又隐藏着必然的“黑天鹅”事件，自然增加了金融分析的难度。

在很长的一段时间内，我们往往认为天鹅就应该是白色的，洁白的羽毛浮动在碧绿的湖水上，构成一幅美轮美奂的人间天堂似的美景。然而，当18世纪人类第一次在大自然中看到黑天鹅之后，人们心目中“天鹅就应该是白色的”这一根深蒂固的信念轰然倒塌。自此，黑天鹅就被视为一种人们意料之外的重大事件，它足以颠覆人类以前的固有经验、思想，同时足以对我们所生存的世界产生连锁的、巨大的影响，甚至彻底颠覆已有的世界。对于这样的事件，我们称之为“黑天鹅”事件。

在日常生活中，同样存在着许多我们此前无法想象，却能给世界带来天翻地覆变化的事物或者事件。当我们回顾它的产生时，也许会觉得一切都是如此的理所当然，貌似它们的存在是一件最正常不过的事情了。可是，在这些事件发生之前，几乎没有人能够想象到它们的存在。

例如，现代人可能已经很难想象没有电脑、没有手机的日子了。可是，大家仔细回忆一下，电脑在中国的普及只有20年左右，而手机在中国的出现连20年都不到。当电脑已深入我们的工作、生活，当计算机控制已成为工业生产的主流，当我们随时可以拿起手机上网聊天、获取信息资讯时，我们还能回忆起20年前没有手机和电脑的日子吗？也许在20世纪80年代的很多科幻小说中，无数人还在幻想，机器人会使未来的人类生活变得多么便利。短短二三十年过去了，似乎我们已慢慢习惯了计算机和移动通信带给我们的互联社会。然而，这些给我们的生活带来天翻地覆变化的事物在被正式引入之前，几乎没有人能够想象，而它们却真实地到来了，并且带来了极为深远的影响。

从某种程度上说，“黑天鹅”事件给我们带来的影响远大于我们能够预知的、看上去更重要的因素，这恰恰证明了“黑天鹅”事件的重要性。

在金融市场中，同样存在着投资者无法预知的“黑天鹅”事件。无论是中国的改革开放、非典的肆虐，还是汶川地震，以及美国次贷危机的爆发，这些曾对我国金融市场产生巨大影响的事件，在它们出现之前，都是无人能够想象、无人能够预料的。事实上，这些没人能够预测的事件，对于中国金融市场的影响却是极为深远的。

如果你只是根据通常的经济分析，将宏观经济形势、微观的企业业绩、财务指标或者金融资产的历史走势作为预测未来的核心指标，那么你往往遗漏了很多想象不到的“黑天鹅”事件，而它们的出现就像给你的预测打了狠狠的一记耳光。

因此，看上去简单的顺势而为，如果突破思维的限制，尽可能全面地分析金融市场的基本面变动，那么判定市场的走势，的确不是一件简单的任务。正因为如此，仅仅根据盘面买卖力量的对比追涨杀跌，这种看上去非理性的投资策略却帮助你简化了对于市场局势的判断，使你能在金融投资中全身而退。因此，这自然是金融市场中非理性行为普遍出现的最大理由了。

案例 5—3

“327”国债事件中的多空之争

在中国金融市场中，“327”国债事件是很多金融管理人员与从业人员心头永远的痛。作为一场事故，它的出现使得中国金融衍生品市场的发展滞后了十多年，但这一事件也使中国的金融市场走上了规范化与法制化的道路。

20世纪90年代中期，伴随着我国国债期货市场的开放，我国的国债期货市场日益活跃。而证券市场的低迷以及钢材、煤炭、糖等大宗商品的叫停，使得大量资金集中到国债期货市场，它们在刺激国债期货交易红火的同时，也加大了市场的投机风潮。

1995年，在多空分歧严重的国债期货市场，终于爆发了一场让很多人想象不到的突发事件。事件的主角是“327”国债，也就是1992年发行的三年期国债92（3）。1992年，由于国内通货膨胀持续高涨，银行储蓄利率不断调高。在这样的背景下，为了保证国债产品的顺利发行，国家通常会根据通货膨胀指数，对已发行的国债实行保值补贴，而保值补贴率都是由财政部确定的。在这样的机制下，市场各方对于通货膨胀率与保值补贴率的不同预期，产生了对于国债期货产品的多空分歧。

当时，国内证券行业老大万国证券是空方领导者，其总经理管金生认为，在当时财政紧张的形势下，财政部很难拿出过多的资金用于“327”国债产品的保值补贴。另外，1995年国内的通货膨胀形势已初步得到控制，从而加强了管金生对于“327”国债期货的看空判断。

然而，当时拥有财政部背景的中国经济开发信托投资公司（以下简称“中经开”）在创立之初就替财政部从事周转资金的委托管理，与财政部拥有着千丝万缕的联系。在很多人看来，作为财政部的内部人，中经开有可能获得第一手的内幕信息。事实上，作为多方代表，它们对于市场的判断与财政部的补贴率的确极为一致，这在很大程度上构成了对万国证券的不公平竞争。在“327”国债事件后，这甚至成为很多人诟病的因素。

在财政部最终的保值补贴率出台之前，万国证券联合辽国发等很多小机构在“327”国债期货上大量做空。然而，1995年2月23日令管金生意料不到的事情发生了——财政部宣布对“327”国债贴息。这也意味着以万国证券为代表的空方面临巨大的打击。

更令管金生想象不到的是，当天下午，其盟友辽国发突然倒戈并加入了多方。此后，在短短的一分钟内，“327”国债品种就上涨了2元，在10分钟内上涨了3.77元。这也意味着根据当时的空方代表万国证券所持的“327”国债的仓位，一旦期货到期并履行交割义务，他们将亏损60亿元以上。当时，即使是国内证券行业领导者的万国证券也无力承担如此巨大的亏损。因此，在最后8分钟，管金生选择了大量透支卖空，特别是最后一手，他以730万口、价值1 460亿元的巨量卖单把“327”国债价格打下了3.8元。此举使万国证券转亏为盈，并使当日开仓的所有多头全部爆仓。

据称，仅最后8分钟，万国证券出售的“327”国债共1 056万口、价值2 112亿元。要知道，当时“327”国债的总发行量仅有240亿元。这意味着万国证券的炒作早已超过了市场本身的容量，其大量卖空是根本不可能履约的，该公司实际上根本不拥有炒作如此巨量国债期货的保证金能力。但是，这恰恰反映了在缺乏金融管理经验的当时，我国金融市场的怪象。

在“327”事件发生当日，上交所经紧急磋商后宣布当日最后8

分钟所有的“327”国债期货交易无效，各会员之间实行协议平仓。第二日，财政部对“327”国债的保值贴息正式公布，“327”国债开盘就暴涨 5.4 元，万国证券与管金生败局已定。

此后，该事件的主角、万国证券总裁管金生被判入狱 17 年。值得一提的是，在金融管理法规不完善的当时，其入狱的罪名是贪污和挪用公款而非违反期货交易规则。此时，遭受了巨额损失的万国证券也只能接受被小弟弟申银证券兼并及组建申银万国的命运。

“327”国债事件充分暴露了当时我国金融市场上的一些乱象和管理层的管理不力，这也决定了国债期货在此后不久就被勒令停止的命运。值得玩味的是，胆大妄为的万国证券的失败，完全是赌错了国债期货市场的多空选择。而阵前倒戈的辽国发，只是在交易过程中看清了市场的真实走势，选择顺势而为，才能转亏为盈。这揭示了在金融投资的过程中，把握局势、顺势而为的重要性。

当然，需要指出的是，站在万国证券对面的中经开之所以猜对了市场的走势，并不是它们的分析技术有多么高超，完全得益于其独到的内幕消息。利用金融市场中的这种信息不对称所获取的超高投资收益，在我国资本市场发展的初期是公开的秘密。随着国家对于资本市场运行的进一步开放和科学化、法制化、市场化的管理，这种违背公平竞争原则的金融交易将受到越来越严格的管制和打击，并逐渐从中国的资本市场中消失。

Crowd?

Economic Logic of Popular Irrational Behavior

第六章

疯狂的历史：经济泡沫中的乌合之众

第六章

疯狂的历史：经济泡沫中的乌合之众

第一节　郁金香狂热

一、金融泡沫中的非理性行为

从实质上说，日常证券交易中追涨杀跌式的大众非理性行为只是追求与市场趋势或者主力资金保持一致而采取的从众性、模仿性的交易策略。从决策思维上看，它似乎是非理性的，但从整体思维来看，对于缺乏专业分析能力和资金掌控能力的中小投资者而言，这种从众性策略恰恰是最有利于他们利益的投资策略，而无数资本市场中的乌合之众，通过彼此之间的相互影响和相互作用，才形成了当今丝丝相扣、环环相连的全球资本市场。

实际上，在全球资本市场的发展历史中，在无数经济泡沫产生与破灭的过程中，我们见证了许多大众非理性行为，而群众性的疯狂参与点燃了整个社会的激情，促成了全社会的投机风潮，导致经济泡沫逐渐产生并越变越大。也许所有人都可以感受到其中隐藏的风险，但所有人都认为自己不会成为最后一个接棒人，总认为自己可以参与投机并获得巨额利润，然后在泡沫破灭之前全身而退。事实上，由全体民众疯狂投机所形成的经济泡沫或者金融资产的泡沫，来得快，去得也快。

在阳光的照耀下，五颜六色的肥皂泡固然美轮美奂、光彩夺目，可是当其破灭时，大家才会发现，它只是一小摊肥皂水而已。当经济泡沫真正破灭时，所有参与其中的投资者都会悲惨地成为牺牲品，哪怕是再伟大的政治家，再精通经济投资的经济学家，甚至是为科学进步做出伟大贡献的科学家，都难以独善其身。

现代意义上金融市场的发展历史并不像我们想象的那么悠久，只是到了 16 世纪资本主义在欧洲逐渐产生并扎根之后，由于资本主义创造了前所未有的巨大财富以及持续地对外扩张，再加上资本的扩张需要一个更加健全和完善的体制，以实现社会资本的再分配，这才促成了真正意义上的资本市场。

在资本市场形成并逐渐完善的过程中，由于管理制度的不健全、运行机制的不完善，自然很容易引起过度投机和盲目投机，这就为大众非理性行为创造了适应生存的土壤。由大众非理性行为所造成的一次次经济泡沫和金融泡沫，一次次地提醒各国金融管理部门去健全和完善金融管理的法律法规，最终形成了目前发达的全球资本市场。

二、美丽花儿背后的危险

如果反思现代资本市场形成过程中的一次次重大经济泡沫，从 1636 年荷兰的“郁金香狂热”，到 1720 年英国的“南海泡沫”和法国的“密西西比泡沫”，几乎所有的早期资本主义经济强国都出现了令人啼笑皆非的、不可思议的大众非理性风潮，上演了一幕幕的人间悲喜剧。通过反思这一场场曾经的疯狂，也许我们能够更清晰地认识大众非理性行为到底是如何在金融市场中兴风作浪、制造麻烦的。

在很多女性朋友看来，郁金香只是花店中随处可见的一种普通花卉，虽然它没有玫瑰的美丽芬芳，却如同少女般婀娜多姿、亭亭玉立，经过园艺师精心栽培的郁金香更是色彩多变，带着一种魔幻般的魅力。从古至今，有着无数人为郁金香而倾倒，不惜为之倾家荡产、家破人亡。17 世纪，在遥远的荷兰，郁金香掀起了一场前所未有的狂热。

可能很多朋友都想象不到，尽管荷兰被称为“郁金香之国”，而且郁金香也被视为荷兰的国花，就连我国国家主席习近平和夫人彭丽媛出访荷兰所获得的最高礼遇，也是以彭丽媛的名字命名了一个新品种的郁金香，而这是荷兰人心目中的最高礼遇。可是，郁金香最早并不是产自荷兰，直到 16 世纪中期，一位荷兰园艺师才从土耳其君士坦丁堡把这种美丽的花卉首次引入荷兰。在此之前，郁金香已在土耳其风靡已久。

谁也无法解释，为什么郁金香在引入荷兰后，很快就受到了极大的追捧，上至国君，下至平民百姓，都把拥有郁金香视为一件极有品位的事。几乎所有的荷兰人都在争相攀比谁拥有的品种更新奇，谁能出更高的价钱购买郁金香，谁拥有的郁金香市场价值更高。一时之间，郁金香的价格很快就被炒得很高。据记载，当时荷兰哈勒姆的一位富有商人花去了自己一半的财产，只购买了一株新奇的郁金香，一时被传为美谈，并赢得了无数荷兰人的羡慕。这位商人之所以愿意花费如此巨资购买郁金香，居然不是为了炒作和转手贩卖，而是为了享受这种全国人民羡慕的感觉，这与中国历史中的千金买马骨是何等的相像。

当时，最值钱的郁金香品种叫作奥古斯特，据说在 1636 年全荷兰只有两株，其中的一株被人以 4 600 弗洛林、一辆新马车、两匹马加全套的马具购得。当时，一大桶上好的啤酒只值 8 个弗洛林，因此说这株花价值连城也不夸张。

伴随郁金香的价格越炒越高，当时的荷兰也发生了很多有趣的故事。比如《布莱恩威尔游记》就曾记载过一个故事，一位富商为了运送一批货物，让一位水手来到自己家中，并支付了一笔报酬，还赏给这位水手一条红鲱鱼当作早餐。这位水手发现，在富商家大厅的显眼位置，在一大块丝绸和天鹅绒上，居然很不协调地放着一个大洋葱。于是，他乘富商不注意，把洋葱顺手塞入口袋偷走了。

可是，富商很快就发现自己家中一株价值 3 000 弗洛林的珍贵萨姆波·奥古斯特郁金香球茎不翼而飞了，焦急的富商找遍全城，总算在码头上找到了这位水手，而这位水手已把这个所谓的洋葱切片，就着红鲱鱼做成三明治并吃了个干净。事实上，这个可怜的水手并不知道，他的这个看似平常的红鲱鱼洋葱三明治的价值足以支付普通家庭数十年的生活费，其价值堪比满汉全席。因此，这位水手不得不为自己的小偷小摸付出惨痛的代价，他被以抢劫的罪名告上法庭，不得不在监狱中度过自己的后半生了。

1636 年，郁金香狂热已达到顶峰，在荷兰各地的证券交易所中，郁金香都是最受欢迎的交易品种。世界各地的富商们都像闻到蜜糖味道的蚂蚁一样，云集于荷兰各地的证券交易所，他们高价买入各种郁金香，再以更高的价格把它们销售出去，从而轻松获得丰厚的利润。

在荷兰各地，从富有的贵族、富商，到普通市民，甚至打扫烟囱的清洁工、洗衣妇都被吸引到郁金香交易之中，他们毫不犹豫地低价卖掉自己赖以生存的房屋，把全家的财产都换成现金，只为了换取一株郁金香，并梦想它给自己的家庭带来无尽的财富，帮助自己过上富足的生活。

案例 6—1

光大“乌龙指”事件背后的群体性疯狂

2013 年 8 月 16 日，看上去是一个非常平淡的日子。上午 9:30，上证指数小幅低开于 2 075 点，并始终在低位徘徊，整体盘面波澜不惊，众多无聊的股民也在三五成群的聊天、打牌，或者奋战于电脑游戏之中。

11:05，盘面风云忽变，多只权重股突然出现了巨额大单买入，其股价被瞬间拉高。看上去，似乎某些消息灵通人士获得了某个重大利好消息而突发选择大单买入、匆忙建仓。正处于浑浑噩噩中的众多中小股民立即兴奋起来，纷纷询问到底发生了什么事？到底会推出什么样的重磅利好消息？是不是新的大牛市又将到来？

在消息不明、盘面不清的情况下，几乎所有的中小股民都在一边嘀咕着究竟发生了什么事，一边毫不犹豫地选择重仓跟进，以免由于消息滞后而错过千载难逢的投资良机。因此，盘面买单迅速增加，在短短几分钟内，股民们疯狂抢筹的目标就从出现巨额买单的权重股转移到其他任何可以购买的股票。仅3分钟内，上证综指就上冲百点，涨幅超过5%。在沪深300成分股中，有71只蓝筹股在第一时间就已瞬间直拉涨停。在沪市的银行板块中，除了建设银行一家，全部封住涨停。

一时之间，股市中各种消息满天飞，有传言要降低印花税的，有传言蓝筹股要实施“T+0”的，也有传说要推行优先股政策的。这一天恰好是8月期货合约的交割日，很多投资者甚至联想到，是不是有一些大机构投资者希望人为拉高股指并干扰期指的交割日结算价格。无数关于大盘急速上涨的传言在很短的时间内就发酵产生，并传遍市场。

11:08，尽管在消息面不明的情况下，两市股指都有了明显的冲高回落，但伴随着谣言的迅速传播，11:15，抢购股票筹码的新一波交易狂潮再次出现。此时，错过了前次购买时机的中小股民更加确定了将有重大利好出台的信心，开始疯狂地抢购股票，并直接把上证综指拉高到2 198.85点，直逼2 200点大关。

就在上午收盘前的11:29，一些财经媒体已传出“当天上午的股指大涨源于光大证券自营盘70亿乌龙指”，该消息使被注入了“鸡血”而兴奋异常的众多投资者开始冷静，股指也开始迅速回落，中午收盘于2 149点。

上午收盘后，众多媒体开始陆续发布新闻，直指上午的股市大涨源光大证券的“乌龙指”。下午13:00两市重新开盘后，光大证券发布公告，宣称因有重大事项未公告而临时停牌。看上去，这也证实了众多媒体的报道。然而，13:16境外媒体再次报道：光大证券董秘梅键宣布，所谓的光大证券“乌龙指”事件纯属子虚乌有。这令盘面形势显得扑朔迷离，而众多中小投资者无所适从。此时，光大证券所有高管的电话都无法接通或者无人接听，从而增加了局势的神秘性。

直到下午14:23，光大证券终于发布公告，承认自身的套利系统出现问题，公司正在进行核查和处置工作。此时，事实终于水落石出，股市人气迅速涣散，股票的抛售明显增多，股指陆续回落。截至收盘，上证综指不仅收回了接近6%的涨幅，反而下跌了0.64%，成为中国证券市场发展史中必须铭记的一次重大事故。

现在回首这个事件，如果不谈光大证券所犯下的低级错误，或者光大证券为了弥补错误，而利用广大股民的信息不对称，通过沽空股指期货来挽回损失的违规交易，似乎并没有太大的意义。但是，我们发现，尽管只是光大证券一家犯下错误，并且其总金额也只有72亿元，但“乌龙指”后，在短短几分钟内，股指强势狂飙超过5%之际，两市市值却超过3 400亿元，远超光大证券的购买规模。显然，无数不明真相的股民在光大“乌龙指”事件后、市场忽然放量的刺激下，跟风抢购股票，反而成为放大事故、造成恶劣社会影响的帮凶。

从某种程度上说，对于金融市场中无数的中小投资者来说，从个人来看，他们对于市场的影响都是非常小的，然而，由于大众非理性行为的普遍存在，如果通过特定的行为选择改变了大众的预期，并形成了某种大众非理性行为，那么他们对于金融市场的影响将会超出任何人的想象。

三、陨落深谷的郁金香

的确，这场郁金香狂热持续了多年，并在1636年到达顶峰。然而，有一些谨慎的交易者开始质疑：为了这样的一小株花，付出自己的全部身家是否值得？自此，他们开始不愿意购买新的郁金香，而是把自己手上的郁金香出售变现。

如果只有少数人愿意出售郁金香，这并不是问题，毕竟在当时，几乎所有人都相信郁金香的价值会永远涨下去，居然有傻瓜愿意把价格仍在上涨途中的财富拱手相让，其他人高兴还来不及呢。可是，愿意出售郁金香的人持续增加，而愿意购买郁金香的人却逐渐减少，人们终于发现郁金香的价格涨不动了，甚至不涨也没人愿意购买了。此时，一场很多人早已想到，但不知其到来得如此之急、如此之快的郁金香价格崩盘发生了。

似乎一夜之间，郁金香就从无数人争抢的财富变成了无人接盘的烫手山芋。郁金香的价格瞬间一落千丈，无数个曾在郁金香交易高峰期大发其财的交易者被抛入了倾家荡产的泥潭。几乎无人愿意履行当初约定的郁金香交易合同，致使郁金香的交易违约成为一种普遍的社会现象，每天都有无数的违约者被告上法庭，但法庭也无法为这场危机的受害者讨回公道。因为当时荷兰的法律规定：赌博合同所涉及的债务在法律上是无效的。而法庭一致认为，那些约定高价购买郁金香的合同其实与赌博无区别。

时至今日，我们回首这场郁金香闹剧，很多人都会嘲笑当时荷兰人的愚蠢，一株小小的郁金香怎么可能会比金银珠宝还昂贵呢？这帮荷兰人到底在想什么，如此简单的经济学道理怎么会看不明白？

的确，整个郁金香狂热其实就是一场大众非理性行为的演习。当所有人都看好郁金香的价值时，哪怕它本无特殊之处，但无数疯狂民众的抢购也会把它的价格抬上云霄。当人们不再坚信它的价值时，郁金香仍是我们熟悉的普通花卉，自然不可能维持高价了，当无人愿意购买时，它的价格出现暴跌也就毫不意外了。

然而，如果我们认真回顾一下，类似于郁金香狂热的大众非理性事件在日常生活中并不罕见。且不说几乎完全类似于郁金香狂热的20世纪90年代曾红遍全球的君子兰热，不也是把一株普通花卉的价格炒到毫无理性可言，再回归现实吗？近年来，日常生活中的抢盐、抢蒜、抢姜，似乎无物不可抢，好像社会又回到了供应不足的计划经济时期。此外，前不久出现的盐荒、“蒜你狠”、“姜你军”等，左右这些看似平常商品价格波动的，仍然是非理性的人类行为。

值得关注的是，在很长一段时间，很多国人就像400年前荷兰人坚信郁金香的价格会永远上涨一样，坚信中国的房价也会永远涨下去。在很多城市，哪怕房价已远远超过了居民的承受极限，但每当有新房开盘时，抢购的盛况总是堪比抢白菜，难道大家真的相信房价永远不会下跌吗？从某种程度上说，所有人都相信房价的上涨是一个击鼓传花的游戏，它总会有下跌的那一天，只是所有人都认为不会在自己持有时出现房价下跌，就好像坚信鼓声不会在自己手上有花时停止一样，总觉得自己就是被市场所垂青的幸运儿。美国次贷危机的发生已经提醒我们，一旦房价停止上涨，当大家都不愿意再持有房屋时，房价的下跌可能会以一个我们无法想象的速度进行，而它同样是一种另类的大众非理性行为。

第二节　南海泡沫

一、神秘的南海公司

郁金香泡沫在荷兰破灭后不久，同样的事情在当时的全球金融中心伦敦发生了。作为荷兰之外全球最主要的郁金香交易市场，伦敦的郁金香价格同样出现了断崖式的下跌，只是与全民参与的荷兰不同，伦敦郁金香泡沫的规模要小得多，因而英国民众受到的影响也少得多。

然而，英国人绝对没有资格嘲笑在郁金香狂热中几乎全民都陷入破产危机的荷兰，因为就在几十年后，英国同样陷入了完全类似的危机，即南海泡沫。

1711 年，为了恢复因辉格党解散所造成的政府财政危机，英国政府发放了价值 1 000 万英镑的股票，用于清偿海军、陆军的债务和政府短期债务。为了帮助英国政府应对财政危机，当时著名的牛津伯爵哈利创立了一家公司，并承担了这 1 000 万英镑的政府债务。为了感激这家公司为英国政府做出的巨大贡献，政府同意在一定时期内给这家公司 6% 的安全利息，也就是每年 60 万英镑。60 万英镑听起来不多，可是在 300 年前，这绝对是一笔巨大的资金财富。因此，为了补偿这笔 60 万英镑的利息，英国政府宣布对这家新公司所经营的酒、醋、印度货物、缫丝、烟草等各种商品提供永久退税，并给予它在南海的贸易垄断权，因此这家公司得名“南海公司”。当然，这里所说的南海绝不是我们通常所说的南中国海，而是特指南美洲大西洋海域周边的广阔地域。

听起来，南海公司只是为了解决当时英国政府财政危机的一个临时产物，而且貌似垄断南海贸易非常有利可图，但当时南海地区的墨西哥、秘鲁、智利等绝大多数国家仍臣服于西班牙的统治之下。如果南海公司想利用西班牙控制下的港口进行贸易，必然受到西班牙苛刻的限制，还得上交相当比例的利润作为税收。因此，南海公司在创立之初，并没有为伯爵大人带来想象中的财富。

然而，大多数英国人并不了解大洋彼岸的南海到底是什么样的社会，更不知道其中到底具有多大的利润机会。而不甘失败的牛津伯爵则在公众面前大肆宣讲西班牙政府将放弃南海地区的几个港口，南海公司将会接手这几个连通新旧大陆的重要港口，从此南海公司就可以源源不断地把产自南海的金砖、银锭运回英国，获得无尽的利润。这使得南海公司的股票在当时的英国金融市场中，始终是万人争夺的抢手货，其股价一直居高不下。

二、疯狂终于来到

1720 年，南海公司向英国议会提出以 5% 的利率，承担政府国债的新提议，而这次所涉及的国债总规模非常巨大。这意味着在未来数年内，南海公司可以稳定地获得英国政府的国债利息收入。当然，南海公司并不需要拿出真金白银，只需要在股票市场出售相应金额的股票，就可以实现空手套白狼。

从当时的英国股票市场来看，这对南海公司来说可是天大的喜讯啊，至少未来几年的收入是可以保障的，而且政府肯定还会向南海公司进行政策倾斜，凭借它们在南海地区的贸易垄断权，南海公司简直是坐拥会下金蛋的母鸡。因此，全民都陷入了疯狂，他们亢奋地抢购南海公司的股票，其股价一天之内就从 130 英镑 / 股涨至 300 英镑 / 股，而且还在持续上涨。

为了进一步激起民众的情绪，南海公司还不时抛出爆炸性新闻。例如，西班牙已同意南海公司在其殖民地进行自由贸易；波斯拉各斯的银矿将被开发出来，然后运至英国，并使英国的白银像铁一样廉价；墨西哥人将用他们全部的金矿购买英国的棉花和羊毛；南海公司将赚得天量的利润，所有投资南海公司的股东都会因此获得数倍的财富等。

异乎寻常的发财梦，使得所有英国人都梦想坐拥南海公司的股票，而南海公司也毫不客气，它们用马车整车整车地运来股票，飞快地填写股单，然后以极高的价格把股票出售给所有英国人。

当上议院通过南海公司提出议案的第五天，南海公司宣布发售

100万认购单，而首次认购的总值居然超过了200万原始股。要知道，此时南海公司的每股价格已超过300英镑，这绝对是一个了不起的成就。几天后，南海公司董事会宣布发售第二个100万原始股，然而最后居然售出了150万股。全体英国人都像着了魔一样，疯狂地拿着真金白银的财富去换取南海公司印制的一张张纸片。当时英国政府中超过三分之二的政府雇员都成为南海公司的股东，而且英国国王也在暴利的吸引下，购买了10万英镑的南海公司股票，其魔力可想而知。

南海公司的疯狂刺激了全体英国人，无数人开始效仿南海公司，胡乱吹嘘一个看上去具有巨大盈利能力的项目，然后就开始在股票市场上发售股票。然而，在巨大的财富效应下，这些看上去拙劣无比的骗局，居然都大获全胜。

最疯狂的时候，一个骗子发布的公告为："一家经营和承揽巨大好处的公司，但没有人知道这是什么。"就是这样一个荒谬绝伦的招股书，居然引得数百人心甘情愿地付出金钱进行投资。

一个骗子在募股书中声称，他拥有一个项目，需要50万英镑的资本，共分为5 000股，每股面值100英镑，定金2英镑，认购者只需要支付2英镑的定金，每年就可以分得100英镑的利息。在募股书发布的第二天早上9:00，当他打开房门时，人群蜂拥着挤了进来，挥舞着大笔钞票，要求购买他们公司的股票。到下午3:00关门时，他发现至少售出了1 000股，而且都付了定金，这意味着如此简单的一个骗局在短短数小时内就骗得了超过2 000英镑的财富。毫无疑问，当天晚上这个骗子就带着骗来的金钱远走高飞，再也没人能找到他了。

三、希望的破灭

无数疯狂的英国人似乎听到了大量金币的响声，南海公司的股票持续上涨，在短短一个月的时间内又从议案通过时的 300 英镑 / 股涨至 890 英镑 / 股，几乎翻了两倍，这简直是无法想象的创富神话。

尽管看上去南海公司的股票开始下跌，但南海公司马上宣布回购公司股票，以维持公司的股价，从而稳定了民众对于南海公司股票的信心。一个月以后，投资者甚至把南海公司的股票炒到了超过 1 000 英镑 / 股的天价。此后，南海公司的股价就开始掉头向下，不到一个月就已跌破 400 英镑 / 股。此时，无论南海公司再怎么忽悠，哪怕政府连续推出救市方案，也无法挽救处于下跌通道之中的南海公司股票。在数月后，它的股价已跌回 100 英镑 / 股的起点，所有购买了南海公司股票的英国民众都不得不承受巨大的财富缩水的痛苦。

需要特别说明的是，我们所熟悉的大科学家牛顿也是这次南海泡沫的受害者，他最早出资 7 000 英镑购买南海公司的股票，并在数日后就获利 7 000 英镑，尝到甜头的牛顿选择再次大笔买入南海公司的股票，但他这次正好买在了最高点，最后牛顿的损失超过 20 000 英镑，差不多相当于今天的 300 万美元。受此打击，牛顿不得不哀叹：“虽然我可以计算出天体的运行轨迹，但我却估计不出人类的疯狂程度。”

南海泡沫为我们提供了一个非常好的研究金融市场泡沫化的样本。在当前中国的证券市场中，我们也见证了无数单纯依靠概念炒作、毫无业绩支撑的股票一飞冲天。这使得中国股民早已习惯了寻找概念，寻求主力资金的投向，而非通过单纯的财务分析，根据上市公司的业绩和长久的盈利能力选择投资方向。但是，在一轮轮的概念炒作之中，缺乏信息支持的中小股民只能沦为机构投资者的待宰羔羊。

案例 6—2

一飞冲天的超级大牛股——暴风科技

对于很多影视爱好者来说，暴风影音是他们享受各种视觉大餐的重要工具。作为中国三大播放软件公司之一，暴风影音凭借其优越的用户体验，在众多网民中树立了非常优秀的品牌形象。然而，与其他的互联网企业一样，尽管拥有数以亿计的用户，但暴风影音一直没有建立起卓有成效的盈利模式，自然也就无法获得与其市场地位相匹配的经营业绩。另外，该公司的规模也仅仅保持数百人，与传统意义上的大企业相去甚远，然而，就是这么一家企业在 2015 年 IPO 成功之后，却创造了中国证券市场上的一个新神话。

2015 年 3 月 24 日，暴风科技登陆中国创业板，其发行价 7.14 元 / 股，得益于暴风影音在视频播放器领域的良好声誉，暴风科技网上发行的初始认购倍数居然创造了 655.55 倍的惊人数字，这也创造了自创业板设立以来的最高纪录；但没人能想到，这只是暴风科技创下惊人纪录的开始。

上市发行后，暴风科技连拉29个一字涨停，以火箭般的速度跃升“百元俱乐部”。直到5月6日，暴风科技才第一次停止了一字涨停，它以平盘开盘后开始下跌，很快其跌幅超过5%，然而午后再次拉升至涨停，报收163.1元/股，振幅15.04%，换手率达到45.38%，成交20.6亿元。其市值已经达到195.72亿人民币，与市值仅为5.52亿美元的最大的竞争对手迅雷相比，大致相当于其5倍，与优酷土豆32亿美元的市值相当。

此后，伴随着中国证券市场的深度调整，暴风科技很快跌破百元，甚至创下连续6个跌停的惊人纪录，然而在股民哀鸿遍野的2015年，它始终保持在百元左右的股价，仍然吸引眼球。

可是，与其在股市中显眼的表现相比，暴风科技的业绩就惨淡得多了。4月24日，暴风科技公布的第一季度财报显示，该公司第一季度亏损320.85万元，而前一年同期的表现却为盈利686.81万元，显然有天壤之别。然而，暴风科技预亏的公告却丝毫不影响其继续一字涨停。

即使不考虑2015年的业绩下滑，仅参考IPO时公布的前四个财年的业绩，2011—2014年暴风科技的营业净利润分别为4 928万元、5 585万元、3 854万元和4 186万元，与其近200亿元的市值相比，市盈率也接近500倍，这意味着投资者对暴风科技的投资必须要500年才可以收回，这甚至比当前活期储蓄利率还要低。

当然，笔者并不否认暴风科技是一家优秀的互联网企业，然而其业绩表现不足以支撑29个涨停或者500倍的市盈率。从某种程度上说，对于暴风科技的追捧，类似于南海泡沫中民众对于拥有良好的概念、优秀的预期，却没有足够业绩支撑的南海公司股票的追捧，其泡沫不容忽视。

因此，推高暴风科技股价的，并不是其实实在在的成绩单，而是无数个投资者所组成的乌合之众的非理性选择。也许暴风科技的确为很多投资者带来了数十倍的投资收益，然而，对于高位接筹的投资者而言，其股价的持续高涨意味着其中蕴含的风险也在倍增。

如何在狂热的证券市场中保持一颗冷静的心，不被周围人的情绪所影响，也许是中国投资者为避免非理性投资而必须补上的一课。

第三节　密西西比泡沫

一、太阳王留下的烂摊子

就在英国陷入南海泡沫的这一年，与它隔海相望的老对手——法国也陷入了另一场危险的金融游戏。故事还得从 1715 年法国国王路易十四去世说起。提起路易十四，可能更多的朋友会想起法国产的优质葡萄酒，路易十四是法国历史上最具盛名的国王，通过持续的战争，他拓宽了法国的疆土，因而被法国人民所怀念；在经济上，他信任重臣柯尔贝尔推行的重商主义，并促进了法国经济的发展；在政治上，自号“太阳王”的路易十四过着专制、奢靡的生活，他留下的凡尔赛宫至今仍是法国的骄傲。作为法国历史上最长寿的国王，路易十四活了78岁，甚至比他的儿子和孙子活得长久，因此在他去世后，不得不由他的曾孙、年仅5岁的路易十五登上王位。

路易十五小朋友登上王位后，才发现自己的曾祖父给自己留下了一个什么样的烂摊子，多年的征战完全透支了法国的国力，政府财政亏空严重，长期的专制统治导致法国官员腐败滋生，全国的经济一团混乱，财政陷入崩溃的边缘。当时，法国的对外债务有30亿里弗赫，而每年的税收扣除财政支出后，只剩下300万里弗赫，连归还国债的利息都不够，更谈不上清偿国债了。

在这个危急关头，当时的摄政王奥尔良公爵开始病急乱投医，到处寻求帮助法国走出危机的办法。此时，一个流浪欧洲的冒险家约翰·劳出现在了他的面前。约翰·劳是苏格兰人，对他最恰当的描述应该是一个花花公子兼职业赌徒。他利用自己从小精于算术的天赋，在赌场中总能最准确地预测输赢，因此在各大赌场中赢了很多钱，这也使他在很多太太、小姐们面前挥金如土，赢得了很多贵族女士的爱慕。然而，很不幸，在一次因为争风吃醋的决斗中，约翰·劳打死了对手并被英国通缉，因此他逃亡欧洲大陆，开始了在法国的传奇人生。

当约翰·劳有机会出现在奥尔良公爵面前时，他巧舌如簧地高谈着自己的金融理念：法国的经济困难是因为货币不足，而货币不足又缘于法国还在使用金属货币，而像英国、荷兰这样的欧洲新兴经济强国早已采用了纸币。金属货币已不能满足法国经济发展的需要了，因此需要在法国成立一家银行，然后由这家银行统管法国的税收，并以税收和不动产为保证发行纸币。他的观点深深地打动了奥尔良公爵以及其他的法国大臣，在摄政王的支持下，约翰·劳的冒险计划得以一步步推行。

二、初战告捷

1716年5月5日，国王授权约翰·劳成立一家名为“劳氏公司”的银行，他发行的纸币可用来交税。劳氏公司的总资本为600万里弗赫，每500里弗赫为1股，共计发行股票1.2万股，其中四分之一可以金属货币购买，其他部分则可以国库券的形式购买。

因为在路易十四的专制统治下，即使价值稳定的金属货币也会因为政府的胡乱干预而出现经常性贬值，而精通金融的约翰·劳正是看到这一点，规定其发行的纸币不仅可以随意购买和兑换，而且发行后价值不变，这就意味着其纸币甚至比金属货币的价值更稳定，这一下子抓住了无数法国民众的心。在很短的时间内，劳氏公司发行的纸币甚至比金属货币的价值还高，他的声誉不断增长。更重要的是，得益于纸币的流通，出现了明显的劣币驱逐良币，越来越多的价值下跌的金属货币被用于市场交易和偿还国债，因此商品经济变得活跃起来，整个国家的经济开始走向繁荣，而约翰·劳也逐渐赢得了摄政王的信任。

随后，约翰·劳向摄政王奥尔良公爵提出了一个更宏大的计划，由法国政府授权他建立一个垄断密西西比河和路易斯安那州贸易的私人公司。如果这个新公司可以从遍地黄金的北美贸易中获取巨大的利润，自然就可以成为法国唯一的税负承包者和钱币的唯一铸造者，甚至可以完全利用纸币取代金属货币，这样自然就可以从根本上解决法国的经济问题。

1717年，新的公司获得贸易特许证后正式得以成立，整个公司的资本被分为20万股，每股500里弗赫。得益于劳氏公司创下的良好声誉，劳氏银行的运营也得到了摄政王的极大支持，不断得到新的政策倾斜，如垄断烟草的销售，独揽改铸金币、银币的权利，劳氏公司也被改造为法兰西皇家银行，这更加刺激了约翰·劳的冒险游戏。

当劳氏公司在约翰·劳的领导下时，它所发行的纸币从来没有超过6 000万里弗赫，可是当它从劳的私人企业转变为国营的法兰西皇家银行后，在摄政王的指挥下，它开始了冒险的第一步，摄政王指令银行发行10亿里弗赫的纸币。

可能当前经济社会中的每个人都能理解政府增加货币投放量的后果必然是严重的通货膨胀。例如，原来整个社会需要100亿货币来满足正常的居民消费需要，在经济没有出现增长的情况下，如果政府一下子投放了1 000亿货币，这就表示现在的1 000亿货币只能代表以前100亿货币的价值，也就是现在的10元钱才能与以前1元钱的购买力相当，或者说物价上涨了10倍。在现代经济学中，这是最基础、最简单的经济原理。可是在300年前，统治者已习惯了价值在数百年间都相对稳定的金银货币来代表财富，如果能以殖民掠夺或者贸易的方式从国外引入金银，导致国内流通的货币增多，那自然代表着国家经济实力的提升或国民财富的增长。因此，当纸币代替传统的金属货币成为社会流通货币之后，很多统治者仍然认为只需要发行更多的货币就可以增加社会的财富总量，自然就可以解决国家的财政危机。事实上，这样肆无忌惮的冒险只会把国民经济引向更危险的境地。

由于约翰·劳依照摄政王的命令推行了货币改革，因此取得了摄政王的大力支持。1719 年，政府再次发布公告，宣布授予约翰·劳的密西西比公司在东印度群岛、中国和南太平洋诸岛以及法属东印度公司所属各地开展贸易的特权，并将该公司命名为印度群岛公司。

在那个时期，开展宗主国与殖民地国家之间的贸易绝对是一件一本万利的暴利交易，因此新公告的发布一下子激起了法国民众对于印度群岛公司的投资热情，所有人都希望购买印度群岛公司的股票，并据此获得永久的、稳定的、丰厚的投资收益。

约翰·劳宣布新公司将增发 5 万股新股票，并保证每份 500 里弗赫的股票每年可以获得 200 里弗赫的分红。更诱人的是，因为股票是以市场价值远低于面值的国库券认购，每 500 里弗赫国库券的面值其实仅相当于 100 里弗赫的实际价值，这意味着投资者的投资收益率居然可以达到 200%。这简直是约翰·劳在发善心，给全国人民发福利啊。

新股发行公告发布后，整个法国都沸腾了，至少有 30 万人申请购买这次 5 万股新股的认购权。大家聚焦在约翰·劳居所的门口，希望得到约翰·劳的许可，能够买到更多的股票。为了避免拥挤和踩踏，一些聪明人想到租住约翰·劳的隔壁房屋，以求更接近大财主约翰·劳。一时之间，约翰·劳所居住的甘康普瓦大街上一房难求，房租一飞冲天，从以往每套房 1 年 1 000 里弗赫，上涨到最高 1.6 万里弗赫。

更有意思的是，一个在这条街上摆摊的补鞋匠把自己的摊位租出去，并向经纪人和顾客提供书写材料，一天就可以轻松赚到 200 里弗赫。而一个驼背每天待在这条街上，把自己的背租给投机商当作书桌，居然也能大发其财。一时之间，甘康普瓦大街成为整个法国最拥挤、最热闹、最混乱的地方，几乎整个巴黎的小偷和恶棍都集中于此，希望浑水摸鱼，乘机发一笔小财。

无数平日里趾高气昂的贵族、位高权重的官员、衣着时髦的贵妇都涌进了约翰·劳的官邸，不惜等上一天的时间，就为亲眼见到约翰·劳，乞求约翰·劳能够出售一些印度群岛公司的股票，而公务繁忙的约翰·劳大人只有时间接见不到 10% 的幸运儿，就连这些幸运儿也得等上两三个星期时间，才能如愿地被约翰·劳接见。

传说有一名聪明的贵妇，一直在约翰·劳的官邸等待了好久，也没有见到约翰·劳，于是她命令自己的马车夫天天带着她满巴黎转，只要看到约翰·劳过来，就必须驾车向灯柱撞去，务必把自己从马车上摔下来。实际上，在苦等了三天之后，她总算遇到大忙人约翰·劳了。她激动地冲自己的马车夫喊道："看在上帝的面上，赶快让马车翻倒。"随后，她的马车夫完成了这个艰难的任务，于是她尖叫着摔倒在约翰·劳的面前。作为花花公子的约翰·劳当然不会错过这个向美女献殷勤的机会，他赶紧上前扶起这位不幸摔晕的贵妇，并把她带回自己的官邸。在那里，"清醒"过来的贵妇向约翰·劳道歉，并坦白了自己的小阴谋，而宽宏的约翰·劳不仅没有责怪这位贵妇，还给予了这位聪明的夫人一定数量的股票购买权。

得益于密西西比公司和印度群岛公司股票价格的不断上扬，拥有这些股票的巴黎市民都狠狠地发了一笔大财。一时之间，巴黎成为法国，乃至整个欧洲最繁荣、最具发财机会的大都市，无数人都涌入巴黎，期待实现自己的致富梦想。而富有起来的人们也增加了对于精美食物和华丽衣服的需求，再加上流通纸币数量的急增，物价和劳动报酬都在以非常快的速度增长，整个法国的手工业和商业都繁荣起来。约翰·劳就像一个魔术师一样，把法国带出了路易十四时期的经济泥潭，使法国迈进了前所未有的经济繁荣，约翰·劳更是树立了极高的社会地位。

三、悲惨的货币改革

然而，一些聪明人认识到股票的价格不可能一直涨下去，因此越来越多的人寻求把手上的纸币换成金币、银币，然后偷偷运送出国境。这使得金、银以极快的速度逃离法国，并流向英国、荷兰等周边国家。慢慢地，在法国的日常交易中已很难看到金属货币，只剩下劳氏银行印制的纸币在充当交易媒介的作用。

尽管在很长一段时间内，劳氏银行都允许纸币与金属货币的自由兑换，但在这个时候，劳氏银行印刷的纸币数量已远远超过了银行所拥有的金属货币规模。为了避免影响银行的声誉，约翰·劳不得不再次向摄政王求助。首先，宣布金属货币贬值，先贬值 5%；由于没有效果，进一步贬值了10%，希望打击民众用纸币兑换金属货币的积极性。然而，此举根本阻止不了潮涌般前来兑换金属货币的人们。随后，约翰·劳宣布限制每次兑换金属货币的数量，每人每次最多只能兑换100里弗赫的金币和10里弗赫的银币，但此举不仅没能阻止民众的兑换，反而进一步加剧了民众对于银行兑换能力的担忧。

最后，在约翰·劳的建议下，法国政府通过了一条法令，直接禁止金属货币的流通，规定禁止任何人拥有超过500里弗赫的金属货币；如有违反，不仅要没收违反者的全部金属货币，还要处以极高的罚款，甚至规定每一个告密者都可以得到违法金额的一半作为奖励。这就把所有法国人都变成了密探和奸细，他们小心地观察身边人是否拥有金属货币，甚至随便诬陷别人，而警察就可以随意搜查所有被举报者的家产。这激起了更大的民愤，几乎所有的法国人都生活在恐怖、绝望和愤怒之中。出于愤怒，大家不再愿意接受纸币，也不再愿意购买密西西比公司和印度群岛公司的股票。自此，这两家公司的股票价格开始迅速下跌，而法国的经济和社会秩序也开始走向混乱。

在如此混乱的局势下，摄政王大人想到的解决办法仍是增加纸币发行，在短短的3个月内，又连续发行了15亿里弗赫的纸币。此时，人们根本不愿意接受不能兑换为金属货币的纸币了，而被禁止流通的金属货币价格反而节节上升，进一步加剧了当时法国金融体系的混乱。实际上，根据约翰·劳的统计，此时劳氏银行已发行了26亿里弗赫，而整个法国所拥有的金属货币还不到这个数字的一半，劳氏银行不得不停止了纸币兑换金属货币的业务，这加剧了大众的恐慌。此时，扰乱法国金融秩序的约翰·劳已成为全体法国人最痛恨的对象，他所到之处，到处都是漫骂和向他丢掷的石块。

危急关头，法国政府不得不废除了禁止国民拥有500里弗赫以上金属货币的法令，同时以2.5%的比例发行新钞票，回购并销毁约翰·劳所发行的纸币。然而，当银行重新启动纸币与金属货币的兑换之后，意料之中的事件发生了，所有人都跑到银行，争相把自己的纸币换成金属货币。如果银行的银币兑完了，大家就接着兑换铜币，到处都可以看到市民汗流浃背地背着装满铜币的沉重包裹。然而，满满一大包铜币却只值50里弗赫。即使在这样的情况下，银行还是无法满足市民兑换金属货币的需要。在这段最为疯狂的时期，几乎每天都有十几名在银行门口兑换金属货币的市民被活活挤死，为这段疯狂的历史标注了最为悲情的色彩。

到了这个时候，可怜的约翰·劳大人已成为摄政王货币改革的牺牲品，成为整个法国人民最痛恨的对象了。人们利用文学作品、游行示威，甚至暴力运动的方式表达着对约翰·劳以及他所发行股票和纸币的痛恨。一些当时的歌谣甚至号召民众把劳氏银行所发行的纸币当作最贱的纸使用——放在厕所当卫生纸。此时，约翰·劳所拥有的印度群岛公司和密西西比公司已被剥夺了货币发行权和其他的贸易特权，约翰·劳也就此丧失了对法国政治和经济的话语权，他的公司自然变成一家最普通的私人公司，同时也代表着他曾经发放的股票和纸币再也没有国家的保证，而真的沦为一叠叠废纸。

眼见回天无力，约翰·劳只能在摄政王的帮助下仓皇出逃，在他的余生里，他再次沦为一名赌徒，在祖国英国和意大利的威尼斯漂泊。实际上，作为一名失败的金融改革家，在逃离法国时，他骄傲地拒绝了摄政王所赐予的路费，几乎什么都没有携带，一无所有地离开了他曾经寄予厚望、希望借此实现自己人生价值的第二故乡法国。在短短8年之后，他就悲惨地死于威尼斯，死时贫寒交迫、一无所有。

与几乎同时期的英国南海泡沫相比，法国的密西西比泡沫对于一个国家经济、政治，乃至社会的影响都要大得多。在货币理论尚未诞生的约翰·劳时代，统治者并不了解决定货币价值的是现实经济对于货币的需求，而政府的稳定和开明的统治者是保证这种货币价值稳定的关键。

从约翰·劳的改革来说，他选择以货币改革为社会经济提供充足的流通货币，刺激衰败中的法国经济发展，显然有着划时代的意义。然而，他却不得不听令于毫无现代金融意识的摄政王的命令，一次次地推行货币扩张，一次次地利用政治权势把自己的两家公司推向特权的巅峰；而他不切实际地对投资回报的许诺，也把整个法国玩弄于股掌之中，使得所有法国人都为之而疯狂，最终酿就了法国历史上最值得铭记的经济泡沫和社会疯狂。

在很多人看来，密西西比泡沫在很大程度上是对约翰·劳的一种误解，毕竟导致法国货币投入量迅猛增长的最大元凶并不是主推货币改革的约翰·劳，而是更有权势的摄政王，这也是为什么在密西西比泡沫破灭之后，摄政王不仅没有追查约翰·劳的法律责任，没有像我们想象的那样，把约翰·劳这个外乡人当作替罪羊，无情地送上断头台，而是派人护送他逃到国外。一些历史学家还发现，如果不是摄政王在这次泡沫之后的短短两年内就突然去世，摄政王一度还想把约翰·劳请回法国，继续他的货币改革。这在很大程度上说明了摄政王对约翰·劳货币改革的部分成效还是颇为推崇的。

当然，密西西比泡沫最后转化为一场巨大的经济泡沫，它的主要转折点就在于：摄政王强制要求劳氏银行发行了太多的货币。在社会生活没有明显增长的情况下，如果政府向经济中投放了过多的钞票，只会导致货币购买力的急速下降，也就是通货膨胀的产生。如果这种货币增长是以一种极为惊人的高速进行，那么就会导致物价在短短的一年之内出现数百倍，乃至上万倍的增长，此时就产生了通常所说的恶性通货膨胀。

从第一次世界大战后的德国，新中国成立之前的中国，乃至20世纪八九十年代的拉美，人类已经见证了多次恶性通货膨胀的产生，似乎负责这些国家经济管理的高层领导没有记取约翰·劳密西西比泡沫的教训，仍把增加货币发行视为促进经济发展的最简单、最有效策略，然而它却把整个国家推进了危机的泥潭。

案例6—3

津巴布韦的恶性通货膨胀

随着现代经济学理论的不断发展与丰富，哪怕是只了解最粗浅经济理论的外行人，也能理解政府出台的货币政策的经济影响，能够清楚大量发行货币无法实现加速经济增长的政策目标。因此，在现实生活中，由货币过度投放导致的通货膨胀在短期内迅速增长的经济现象已经很少出现了。我们也曾经认为，恶性通货膨胀不会重出江湖，进入我们的眼帘。

然而，理想很丰满，现实却很骨感。现在，我们居然再次见证了恶性通货膨胀的严重后果。当然，这一切并不是发生在我们的身边，而是在遥远的非洲大陆，那就是津巴布韦。

位于非洲东南部的津巴布韦曾是非洲工业最发达的国家，也拥有极为丰富的黄金、铜等矿物资源和美丽的自然景象，它一度被世界认为是仅次于南非的非洲第二大经济强国。作为英国的殖民地，津巴布韦在很长一段时间内都处在英国的实际控制之下。在第二次世界大战后，随着近代的民族解放运动，津巴布韦人民开始了追求民族自由独立的革命运动，并在1980年4月18日赢得了民族的独立，成为了现在的津巴布韦共和国。深受黑人拥护的穆加贝当选了总统，并六次连任，一直执政至今。

穆加贝总统执政后，为了追求黑人种族的支持，他选择通过暴力手段把欧洲后裔从长期生活的土地上驱逐出去，强制没收白人的土地，导致大量白人纷纷选择逃离津巴布韦。然而，这些白人大多是接受过更多的教育、具有更高的专业素质、曾对津巴布韦的经济发展起到至关重要作用的人群。当他们大量外逃后，津巴布韦的经济就开始逐渐陷入混乱，同时民生凋敝，政府也陷入严重的财政危机。

为了应对危机，津巴布韦政府与当年密西西比泡沫中的摄政王一样，选择了货币扩张，通过不断增发货币来弥补政府财政收入的不足并刺激经济增长，这也导致了国内严重通货膨胀的出现，并使货币持续贬值。仅2007年11月，它的通货膨胀就达到1 000%，意味着物价在一个月之内上涨了10倍，这简直令人无法想象。

津巴布韦政府选择了一种掩耳盗铃的方法来解决这种恶性通货膨胀，它们通过发行新钞票来替代旧钞票，并不断发行更大面值的钞票。2006年，津巴布韦政府发行新津币，用1新津币换1 000旧津币，把货币价值增大了1 000倍。然而，由于国内通货膨胀更加严重，2008年又重新发行了一版更新的津币，按1∶100亿的比例替换现有的津币。两次货币改革等于把津巴布韦的货币价值增大了10万亿倍，但还是不能抑制恶性通货膨胀的恶化。

因此，津巴布韦政府不得不再次发行更大面值的钞票。2008年，津巴布韦政府开始发行面值1 000万津元的钞票。短短一年半后，这个国家的货币已发行到100亿津元的面值，但即使一张最大面值100亿津元的钞票，也换不到小小的一块面包。如果考虑到两次新津币换旧津币的货币改革，并折算成2006年以前的旧津币，那么还得在如此巨大价格的基础上，再放大10万亿倍。在短短不到四年的时间内，津巴布韦的通货膨胀简直令人无法想象。

正是由于津巴布韦人完全失去了对本国货币的信心，因而2009年津巴布韦政府不得不宣布放弃本国货币，而改用美元和南非兰特充当本国的流通货币。自此，津巴布韦的通货膨胀才逐渐得到有效的控制。

Crowd?

Economic Logic of Popular Irrational Behavior

第七章

博弈的魅力：大众非理性行为中的博弈

第一节　决策中的集体与个人

一、集体行为是个人行为的累加吗?

东西方文化对待个人与集体似乎持有两种截然不同的态度。在中国，我们往往更愿意宣传并号召民众学习黄继光、邱少云这种为了集体的利益而不惜牺牲个人利益，甚至自己生命的英雄行为，认为个人利益应该服从集体利益，大河无水小河干。

而在西方欧美国家，我们在无数美国西部片中看到的往往是英雄单身匹马拯救民众的故事，就连现代风靡全世界的蜘蛛侠、蝙蝠侠、钢铁侠等诸多影片，也是用相同的套路宣扬具有出众能力的英雄人物在危难之际挺身而出、挽救世界的故事。它们所宣传的思想，套用影片《蜘蛛侠》中的一句经典台词就是："能力越大，责任越大。"似乎更多的是突出个人利益，把个人利益凌驾于集体利益之上，强调小河无水大河干。

似乎在集体与个人的关系方面，东西方文化确实产生了强烈的碰撞，这也体现了不同文化背景、不同历史传统对于民众潜移默化的影响。事实上，不仅在文化中，在经济学与社会学中，个人与集体也是一个非常重要的研究主题。

正如大众非理性行为的字面所表现的意思，它所关注的往往是拥有庞大研究对象的集体行为。正是由于集体行为决策过程中的一些相互影响、相互作用机制，这才导致在个人决策中被视为非理性的行为决策在集体决策中会成为一种普遍现象，并且促成了大众非理性行为的出现。

大众非理性行为的产生也给我们带来了一个新的研究问题，通常所说的集体自然是由多个个体所组成的，那么它的属性自然就应该是众多个体行为的结合。所谓的集体决策，自然是由众多组成集体的个体通过一定的民主与集中机制，最终制定的符合一定利益的决策机制。无论它代表的是整体大众的利益，还是承担决策责任的领导者的利益，或者是某一个特定利益集团的利益，都是由实实在在的个人所制定的，也是根据经济学常用的经济分析或者成本一收益分析法而最终形成的。那么，是不是集体的决策特征就能反映在每一个个体的决策过程中，或者说，个体的决策规律在集体决策中也同样成立呢?

事实上，尽管在每个人的决策过程中，个人都是独立地根据自身的利益关系进行决策，然而，当其他人的行为决策发生改变时，决策者所面临的决策环境就会发生变化，并直接影响到他的决策效果。因此，每个人在做出自己行为决策时，都会认真评估如果自己选择某一个决策，其他人可能采取的对策或者其他人会做出什么样的选择，从而力争消除他人的行为决策对自己所产生的影响。这就好像下棋，真正的高手在选择某一步时，往往能够预判对手的应对之策，从而提前做好策略上的准备，随时准备见招拆招、化解对手的反扑，并在对手意想不到的方位发出致命一击，以期一招致胜。

由于集体决策往往面临他人决策的影响，与下棋存在相似之处，因此在经济学中，它也存在与弈棋游戏相似的专业名词——博弈，甚至它的英语名词就是 game theory。就好像做游戏一样，我们必须关注对手的行为决策并采取有针对性的应对之策，以求克敌制胜，成为游戏的大赢家。

大众非理性行为正是建立在众多个体的单独决策基础之上，因此我们需要运用博弈的思想，关注每一个个体的行为决策对集体的影响，是如何从每一个个体的理性行为，演化成为大众的非理性行为。

案例 7—1

“空城计”中的博弈思想

想必很多朋友都很熟悉《三国演义》中的一个经典故事——空城计。话说三国时期，蜀国丞相诸葛亮因为错信只会纸上谈兵的大将马谡，结果遭遇重大失败，丢失了战略要地——街亭。更为严重的是，魏国大将司马懿借街亭一战大胜之势，乘胜追击，率兵 15 万，直取诸葛亮所在的西城。

此时，西城兵力空虚，只剩下 2 500 名士兵，根本无力与魏军对抗。即使想逃跑，可能都无法躲开魏军的大举追击。听闻司马懿大军将至，城内顿时一团慌乱。在万分危急之际，诸葛亮想出了一条十分惊险的计谋，挽救了全城军民的性命。

当魏军大军临城之际，诸葛亮宣布让士兵把西城的四个大门全部打开，城门上旌旗尽收，不允许士兵露面，然后自己一个人在城头上抚琴、饮酒坐待魏军。当司马懿率军到达西城之下时，见四门洞开、诸葛亮一人端坐城头弹琴，反而担心城中有伏兵，不敢冒险，于是率军撤退。

很多人读到这个故事时，往往佩服诸葛亮的胆大心细，嘲笑司马懿胆小如鼠。可是，大家考虑一下，如果在城下率兵的不是司马懿，而是你或我，诸葛亮的这招空城计还有用武之地吗？

显然，对于你我这样缺乏专业军事学习和战略眼光的人而言，我们看到的只是大门洞开，可以轻松带兵进城，根本不会想到城里是否会有伏兵，那么诸葛亮的空城计是根本吓不到我们这些外行人的。

司马懿之所以会中计，恰恰因为他是一代名将，具有军事战略眼光和军事指挥能力，他在做出战或和的决策时，主要是从全局考虑。西城本非军事要地，拿下或者放弃它，对魏军战略目标的实现并无大的影响；但如果中计，导致军队损失惨重，那么魏国就可能面临亡国之危。对于像诸葛亮这样的对手，显然谨慎一些是最合理的选择。

诸葛亮之所以敢于使用空城计，恰恰是因为他知道对手司马懿也是小心谨慎的一代名将，因而可以预先判断出对手的决策。如果对手是一介武夫，相信诸葛亮是肯定不敢如此冒险的，能够根据不同的对手选择不同的战略选择，这才是诸葛亮最高明的地方。而空城计也由此成为研究博弈论的经典案例。

在众人看来，当大军压城之际，敞开城门、诱敌深入实在是大胆至极的非理性选择。然而，对于神机妙算的诸葛亮而言，由于自己完全看透了对手司马懿的思维模式，并有针对性地选择看上去非理性的对敌策略，那么对他而言，这就是最科学、最有效的策略选择。

正如空城计这一故事所展示的，我们在选择对人的决策时，远比对物的决策要复杂得多。对于一般的消费理论来说，我们会考虑在面对几种商品时应该选择哪一种商品或者选择多少，那么我们只需要根据每一种商品给自己带来的满足感或者说效用进行评估，自然就可以轻松地得出结论了。当我们面临同样的选择条件时，通常会得出完全一样的选择结果。

然而，在对人的决策中，通过引入博弈，我们必须考虑决策者的决策行为到底会对对手产生什么样的影响，对手又会采取何种应对策略，并在此基础上，最终确定自己的决策选择。在复杂的博弈条件下，博弈对象、策略选择的结果以及到底是一次性博弈还是多次博弈，都可能对最终的结果产生非常明显的差异。因此，由于博弈的存在，集体的决策自然远超单线条的个人决策，所以它具有更大的研究价值。

二、博弈中的众合悖论

在集体博弈行为中，最复杂的现象在于集体并不是众多个体的简单加总。由于不同个体之间的相互影响和相互作用，对每一个个体是最优选择的选项，如果把它推广到更广泛的集体决策中，反而会由于不同个体之间的相互干扰，成为非最优选择，进而造成一种明显的众合悖论。

例如，当我们去剧场看演出时，如果我们的座位相对靠后，可能由于距离的因素，导致我们很难看清舞台上的表演。在这种情况下，如果我们选择站起来，自然就可以发挥身高的优势，更好地看清远处的节目了。

可以想象，如果您的座位不是剧场的最后一排，那么您的站立自然会影响到后面观众观看演出。与此同时，您的不文明举动也有可能像前述“破窗效应”中第一扇被打破的窗户一样，将引发更多的类似不文明现象。在您身后的观众为了看清舞台，同样只能选择站起来观看。因此，通过这样的连锁效应，可能整个剧场的观众都不得不站起来观看演出了。

如果大家都安静、有序地坐着观看演出，那么大家都可以获得最佳的观看效果，而且体会到更为休闲、舒服的观演体验。可是，如果整个剧场的观众都选择站起来观看，将会使会场秩序混乱、身影晃动、人声嘈杂。可以想象，在这种情况下，哪怕第一排的观众都无法保证最佳的观看体验，而后面的观众估计只能看前面观众的背影了，根本不能看到完整的舞台演出。

在上例中，对于一个行为主体而言，在观看演出期间站立观看，自然是一个理性的最佳选择；然而，这种最佳选择是以无视他人的存在、影响他人的观看体验为代价而取得的。如果整个剧场只有行为人一个观众，那么他自然可以随心所欲地选择自己最喜欢的观看方式；如果其他观众都是毫无反应能力的木头人，那么行为人的选择也不会对他人产生任何影响。可是，在我们决策分析的过程中，所有的行为人都是有血有肉、有思维、有想法、有行动力的活人，他们自然不允许其他人做出伤害自己利益的行为，并且会予以回击，或者通过模仿、学习，取得一种心理上的平衡。这恰恰是引起大众非理性行为的主要原因。

其实，这样的众合悖论在现代社会中是非常常见的。比如在道路行车时，是否应该遵守交通规则；在公共场合，我们到底应该选择按秩序排队，还是直接插队。其实，它们与在剧场中观看演出是否应该站起来观看是完全类似的道理。在个人看来，有些行为决策是占了大便宜，对自己是有利的；可是，如果这样的占便宜行为成为一种普遍现象，那么可能最终受到损失的仍是所有看上去占了便宜的行为主体。

近年来，随着中国人民收入水平的提高，越来越多的国人开始选择到国外购买一些生活用品，无论是通过网购的方式进行海淘，还是委托亲友在出国旅行、公务之余帮自己在国外购买奶粉或名牌箱包，似乎只有外国产品才是最让人放心的消费。而与之相比，曾被视为价廉物美象征的中国制造，已让国人不再放心。从三聚氰胺奶粉事件，到苏丹红、瘦肉精，一幕幕的食品安全事件让中国人对自己餐桌上的食品失去了信心。

更让人无语的是，哪怕是一贯以安全和放心为口号的沃尔玛、肯德基、麦当劳等世界知名的企业到了中国，似乎也出现了“橘生淮南则为橘，生于淮北则为枳”的奇怪现象。一次次食品安全的丑闻，让更多的中国人选择了价格更高，但心理感受更安全的外国食品。

可以想象，无论是往牛奶中掺入三聚氰胺，还是在食品中添加诸如苏丹红之类的违规添加剂，都是某些“聪明”中国人的创举。为了追求自己的利益最大化，他们认真地钻研任何可以在食品、生活之中投机取巧的办法。的确，无数弄虚作假事件的曝光，让我们从一个侧面不禁感叹国人的智慧真了不起，可惜这些智慧大多用于违规生产，甚至违法运营方面。他们通过一些降低产品品质的创意，确保自己在与其他竞争对手的竞争中，可以占据更有利的竞争地位，或者获得更多的经营利润。

即使上述这些投机取巧行为并没有暴露，但当所有的违法经营者在获得大量非法所得时，他们却无奈地发现，往牛奶中掺三聚氰胺的奶农所吃的辣椒酱中有苏丹红，往辣椒酱中添加苏丹红的企业主发现自己吃的猪肉是用瘦肉精饲料喂大的，而利用瘦肉精喂猪的农民所喝的牛奶中却掺有三聚氰胺。

也许这些违规经营的商户知道自己生产的商品中存在不安全成分，因此可以选择不食用自己生产的不安全食品。然而，在整个社会生产系统中，每个个体其实是无法真实知道自己所购买的商品到底是如何生产出来的，其中是否存在违规或者违法运营的现象，因此大家都有可能购买到这些质量存在问题的商品。当部分商户把投机取巧作为商业竞争的唯一策略，当偷工减料成为一种社会的较普遍现象之后，大家无奈地发现，当自己在给别人的食品中增加不安全的违规添加物时，自己也无法避免其他人在违规生产中所添加的不安全添加物，即自己的食品安全也无法得到保证。这看上去是一件极具讽刺意义的现象，但它的背后却包含着大众非理性行为的众合悖论。

如果一个社会不能以制度的方式控制市场中无数乌合之众非理性行为的肆意扩张，不能规避大众非理性行为对社会所造成的巨大潜在风险，那么无数个微观行为人非理性行为的汇总，将对整个社会的利益产生极大的伤害。

三、博弈中众合悖论的治理

其实，自从亚当·斯密创立现代西方经济学以来，众多古典经济学家一直倡导一种完美的市场机制，希望尽量减少政府对于经济的干预，而单纯依靠市场机制的自发作用，实现经济资源的最优配置。正如亚当·斯密在著名的《国富论》中所设想的那样，当每个人都追求自身利益最大化时，就会有一只看不见的手，引导资源的配置，实现了行为人本无意追求的社会目标，实现了社会利益的最大化，这也是市场机制被称为“看不见的手”的由来。

尽管在西方经济理论中，我们可以通过各种经济分析方法验证出，当个人追求自身利益时，在市场机制的作用下，的确可以实现社会利益的最大化。然而，正如本书始终关注的乌合之众问题所揭示的那样，由于存在大众非理性行为，当出现众合悖论时，人人都追求自身的利益，却会形成彼此之间的相互影响与相互干扰，反而导致了社会利益受损，并且无法像亚当·斯密所设想的那样，一定可以在市场机制的作用下实现社会经济运行的平衡和利益最大化。

只有运用多种机制，有效地消除大众非理性行为产生的土壤，克服博弈中的众合悖论，才能保证充分发挥市场机制的作用，真正实现社会经济的健康、稳定运行。一般来说，较为常见的消除大众非理性行为的手段主要包括道德、法律和协商。

最常见的克服大众非理性行为的手段是弘扬社会道德，使众多社会成员能够自觉抵制不道德的大众非理性行为，从而达到弘扬正气、释放正能量、维护社会公平正义的目的。比如前面所说的看演出时随意喧哗、起立等影响他人观看演出的行为或者排队加塞等行为就是典型的不道德行为。然而，这些行为并未严重到危害社会治安或者严重损害社会利益，也就谈不上违法，任何一个国家都无法通过制定法律的方式来应对这样的轻微损害社会公众利益的行为。因此，我们只能靠自觉来约束人们损人利己的欲望，以高尚的道德引导人，以完美的人格感染人，以崇高的精神塑造人，构建一个高尚、美满的理想社会。

正如我们看到的那样，无论是过马路时乱闯红绿灯还是公共场所喧哗、随意插队等不道德行为，其实大多出现在收入水平较低、文化素质较差的社会群体中，而在接受过更高教育的高素质人群中，这些行为相对少见。然而，即使在文化素质、道德水平较高的群体或者原来秩序井然的人群中，也可能由于偶然的个体不道德行为的出现而导致大量的模仿行为，最终出现大众非理性行为。这就需要从根本上树立崇高的道德观，使人们普遍建立起把上述破坏社会公德的行为视为一种羞耻，而从根本上杜绝不道德行为的出现。

道德约束是一种最高效的行为约束，但由于它缺乏必要的惩罚机制，因而主要依赖于行为人之间的相互信任、相互影响，它需要行为人与身边人群保持一种顺畅、友好的社会关系，而每个人为了保持自己在身边人群心目中的形象，自然愿意进行自我约束、自我限制，并维持更高的道德水平。然而，当一个行为人处在一群陌生人中时，由于他不再关注别人对自身形象的评价，反而更愿意放纵人性中恶的一面，表现出更差的道德水平。

要从根本上保证行为人在不同环境中都能实现自我约束，就必须依赖于有强制力的国家立法手段，通过具有惩罚机制的法律法规，对于违反法律的非理性行为实施一定力度的惩罚，让行为人为自己的非理性行为付出代价，这样才能保证行为人在做出每一次决策时，都能细致地评估自己行为的收益以及可能遭受的法律惩罚，打破原有的利益权衡机制，实现一种强制性的约束。

比如前文所说的食品造假，它已不仅是道德的沉沦，还会严重地损害社会公众的利益，自然就比随意插队、公共场所喧哗等不道德行为严重得多。如果只依靠人性的自我约束，由于这些行为可能带来巨大的经济利益，因而道德上的自我谴责、自我反省恐怕难以抵消巨大的利益诱惑，当然难以消除这种普遍的大众非理性行为了。

只有通过规范的立法，把所有危害公共安全、严重损害公共利益的大众非理性行为纳入法律约束的范围，使得每个行为人都能知晓自己的不道德行为不仅会带来道德上的无声谴责，自己还会因为违反国家的法律法规而接受法律的严惩，也就是说，自己不仅无法从这些大众非理性行为中获得利益，还可能丧失人身自由或者承担巨额的经济赔偿责任，自然就可以最大限度地克服大众非理性行为所带来的社会危害。

无论是道德还是法律，往往需要所有行为人都处在相同或者相近的社会环境中，他们必须接受共同的道德规范或者法律条文的约束。实际上，有时彼此影响、相互作用的不同行为人却不一定身处相同的环境，也许他们来自不同的国家、感受不同的文化传统与道德、面对不同的法律条文，很难以相同的道德标准去要求他们，也无法以共同的法律条文约束他们。那么，此时可以在不同的决策主体之间形成良好的信息反馈机制，确立一个沟通有效的协商机制，使不同行为人能够通过协商的方式，以成文的规则，甚至以潜规则的方式，诱导行为人的行为决策，最终实现人与人之间关系的协调化。

一个典型的例子就是现在很多朋友都在诟病的加班文化或者酒桌文化。在很多企业，特别是外企或者私企，加班似乎成为一种企业文化。有时，哪怕没有特别急的工作或者完全可以在正常的上班时间就把工作完成，但如果自己已准备收拾东西回家时，却看到其他同事仍在忙碌地工作，若自己仍执意要下班，自然就会显得非常没有上进心和责任心，因此很多人不得不装作忙碌的样子，直到其他人特别是领导下班，大伙才会陆续下班回家。可以想象，在这样的文化氛围下，也许所有人都希望能够按时上下班，能够早些回到自己温馨甜蜜的小家，可是，谁都不愿意充当第一个下班的出头鸟，担心因为枪打出头鸟而被领导穿小鞋，甚至影响自己的事业发展。在这种情况下，如果所有人都希望成为第二个下班的人，那么可能所有人都不得不工作到很晚。

事实上，任何一个单位都不可能以公司规章制度的方式强制员工加班。然而，在某种企业文化的影响下，这样的加班文化就会以一种潜规则的方式潜移默化地影响所有的员工，这也是一个典型的由于众合悖论所导致的大众非理性行为。然而，如果所有同事可以达成共识，大家都不加班，大家都力争当日事当日毕，不留待下班完成，那么自然就可以一起按时回家，也不用担心领导对自己有意见了。

另一个典型的事例是广受批评的酒桌文化。在国内，似乎所有的公事、私事、大事、小事要想处理和解决，就必须请一顿饭，大家在酒桌上推杯换盏、称兄道弟，直到感情融洽了，那么什么事都迎刃而解。一旦上了酒桌，无论你是能喝不能喝、爱喝不爱喝，都要“感情深一口闷”、喝到趴下才见真感情，于是喝坏了身体，喝坏了胃，喝坏了党风和党纪。可是，无论是政府公务人员或者众多商界精英，他们真的就那么喜欢大吃大喝、折腾自己的身体吗？事实上，相当多的人是被这种社会风气所绑架。当办同样的事时，别人都吃喝，只有自己不吃喝，自己就会显得那么的另类，反而会导致自己的工作难以进行下去。这样的大众非理性行为似乎是所有人都不情愿做的，但所有人都不愿意打破现有的平衡。

十八大以后“八项规定”的出台，从根本上制止了假公济私、大吃大喝不良风气的蔓延。实际上，这也使很多公务员从吃喝应酬中解脱出来，可以有更多的时间与家人相处，共享幸福家庭的美好。这种制度出台后，自然可以以规则的方式解决原有的大家不愿意参与、却不得不参与的吃喝类大众非理性行为。

第二节 “囚徒困境”与重复博弈

一、“囚徒困境”问题的提出

熟悉博弈论的朋友应该听说过“囚徒困境”的概念，这是前文所说的众合悖论的一个简单体现，也可以说是一个最小规模的大众非理性行为。对于“囚徒困境”的深入解读，也许能帮助我们从博弈的角度理解大众非理性行为产生的根本原因。

警察在巡逻时看到两个小偷正在进行盗窃作案，于是这两个小偷就被抓了一个现行。由于这两个小偷的作案手法纯熟，看上去很像惯犯，而且城里最近也发生了多起类似的盗窃重案，警察们立即猜想：所有的案件可能都是由这两个小偷所为。

然而，这两个小偷似乎也有充足的对付警察审讯的经验，他们只承认被抓的这一起案件，声称自己只是第一次盗窃就被警察抓住了，希望警察只以这起小的盗窃案件结案，而且由于作案未遂，他们自然不会承担过重的法律责任。只要警察问及其他的相关案件，他们不是一口否认就是装糊涂，顾左右而言其他，让警察根本抓不住他们的把柄。

此时，具有更丰富审讯经验的刑警队长想出一个办法。他把两个小偷分开审讯并告诉他们，现在有理由怀疑他们与其他盗窃案件相关，因此他们必须接受进一步的调查。现在，两名盗窃犯罪嫌疑人将以盗窃罪名被提起上诉，可能处以 3 年有期徒刑。如果其中一名犯罪嫌疑人坦白交代他们所犯下的所有罪行，而另一名犯罪嫌疑人坚决不交代的话，坦白交代者就可以得到从轻处置，只需要接受1年的刑期，而另一名犯罪嫌疑人将因抗拒交代更多的犯罪事实而被加重处罚，不得不接受10年刑期。可是，如果两人全部交代的话，尽管按法律两人都将接受从宽处理，但由于他们犯下了更多的罪行，因此两人的刑期将改为5年。那么，这两名小偷到底会做出什么样的选择呢？

可以想象，这两名小偷都会仔细权衡自己的选择和同案犯的选择，最终做出对自己最有利的选择。他们会发现，如果同伙不坦白而自己坦白了，那么自己的刑期可以从3年减为1年，显然自己坦白更有利。如果同伙坦白了而自己不坦白，那么自己不得不承受10年的铁窗生活；可是，如果自己也坦白了，则自己的刑期就可以从10年减为5年。显然，坦白是他的最优选择。

也就是说，对于这两名犯罪嫌疑人而言，无论同案犯是否坦白，自己坦白都是最优的策略。可是，如果两人都选择自己的最优策略，自己就会从原来只需要坐3年牢变成坐5年牢了。显然，对于每一个决策行为人而言是最优策略的选择，对于整个群体却成了一个很差的选择。

从某种意义上说，大众非理性行为的行为人正面临着上述“囚徒困境”。看上去自己选择了一项最优策略，但如果其他人也纷纷采取相同的策略，自己不但无法从中获取收益，反而会导致自己的境况变得更糟，也就是个人的理性策略却成为普遍意义上的非理性策略。

在前面分析过的加班案例中，如果其他人都不加班，只有你一个人加班，你的选择能给领导更好的印象，因而你能更多地获得加薪晋级的机会。然而，如果所有人都选择经常性的加班，这往往会形成一种企业文化或者说一种潜规则，加班成为一种理所当然，而不加班则成了不负责任、不认真工作的象征。在这种情况下，所有选择加班的人都将骑虎难下，不得不接受每天加班的命运，也就形成了一种普遍的大众非理性选择。

案例 7—2

香烟公司的解脱

如果提起香烟广告，可能很多朋友都会自然而然地想起万宝路中帅气的牛仔形象，或者是旧上海香烟广告中各色传统美女的形象。的确，在香烟的发展历史中，广告的普及不仅给我们留下了很多经典的广告创意，也使得香烟从一种少数人喜欢的个人爱好转变为一种普遍的商品形象，甚至在很长一段时期内，吸烟成为男人的标志，以致很多影视作品中都习惯性地以吸烟的镜头刻画主人公的人物形象和复杂的心理变化。

对于很多体育迷而言，在赛车运动中，轰鸣的马达、奔驰的跑车、刺激的极速仿佛散发着迷人的男性荷尔蒙，宣泄着男性的魅力。《速度与激情》系列作品的成功，更使得保罗·沃克所代表的赛车手形象深入人心，成为万千女性的梦中情人。而在很长一段时间内，代表着赛车运动极限的F1 运动，基本上已成为众多香烟厂商打造自身品牌形象的最佳窗口。

然而，随着大众对于健康的关注，香烟对于人体的危害早已得到医学的证明，香烟公司出售的已不仅是指间的香烟、嘴角的一缕青烟，而是对于吸烟者健康与生命的无情掠夺。因此，利用广告来推广香烟已成为一项极不符合大众利益的选择，因而自 20 世纪 80 年代开始，世界各国陆续通过法律禁止香烟产品做广告。

早在 20 世纪 90 年代，欧洲各国就已通过《无疆界电视法令》禁止香烟公司在欧洲播放电视广告。2009 年 7 月，欧盟委员会更是全面禁止在广播、互联网和平面媒体等各种新闻媒体上做香烟广告。2014 年 11 月，中国国务院法制办也通过《公共场所控制吸烟条例（送审稿）》全面禁止香烟广告促销和赞助。

在各国禁止香烟广告之初，经常看到各大香烟公司老板在媒体上报怨：政府管得太多，都不给他们活路了。可是，不久以后，这样的话语声越来越少，甚至很多香烟公司的从业人员欣然接受了全面禁止香烟广告的禁令，并把它视为促进香烟行业利润增长的重要因素。自禁止香烟广告后，香烟公司的经营业绩的确有了明显的增长。

为什么政府为了限制民众吸烟而制定的全面禁止香烟广告的禁令，却成为全面提升香烟行业业绩的积极因素呢？原因很简单，在没有禁止香烟广告的时代，几乎所有的香烟公司都把广告宣传视为促进本公司业绩增长的关键手段。的确，当所有香烟公司都在大打广告时，如果某一家香烟公司不打广告，可能要不了多久，该公司就会淹没在其他香烟公司的广告促销中，进而淡出烟民的眼帘，不得不承担业绩下滑的恶果。因此，几乎所有的香烟公司都会拿出销售收入中相当大的一部分资金大打广告战，或者赞助各式体育运动，用以维持自己产品在市场中的曝光度。因此，激烈的广告战已使所有的香烟公司都骑虎难下，背上了沉重的包袱。

当各国政府都禁止香烟广告后，各家香烟公司顿觉一阵轻松，自己终于不再被其他香烟公司的广告大战所绑架了，大家一起不做广告，自然就减少了香烟公司的经营成本。而对于众多烟民而言，香烟公司都不打广告和都打广告在实际上是没有太大差异的。也就是说，当政府利用立法强制禁止香烟公司的广告大战时，反而帮助香烟公司摆脱了以往的大众非理性行为，香烟公司得以走出“囚徒困境”，反而极大地提升了经营业绩。

二、博弈中的逆向选择

假如您打算购买一台最新款的苹果 iPhone 6 手机，市场价格大约为 5 000 元。此时，您的一个同事或者一个邻居告诉您，他有一个朋友刚花了 5 000 元买了一台 iPhone 6 手机，只用了三天，现在因为一些特殊的理由需要用钱，所以想把它卖掉，问您是否有意购买。此时，您还愿意出 5 000 元或者略低于这个数字的价格购买这台几乎是全新的手机吗?

对于绝大多数朋友而言，除非这款手机来自一个自己知根知底、非常熟悉的朋友，否则自己愿意出的钱绝对远低于这个商品原本的市场价格。原因很简单，由于自己并不了解这位愿意出让手机者的人品，也无从了解他到底因为什么选择放弃一款刚刚入手的手机，甘愿折价出售，也许这款手机原本就是山寨产品，也有可能这款手机本身存在质量问题，或者因为原本购买者的某些疏忽，比如把手机放在衣服里让洗衣机洗了或者不小心摔到了地上，导致新手机产生了某些瑕疵。这些小瑕疵也许在粗略的观察中并不会明显表露出来，但如果长期使用，总会影响自己手机的正常使用。在这种情况下，为了防止上当受骗，只愿折价收购崭新的二手手机或一口拒绝交易二手手机，而宁可到市场上以更高的价格购买一台自己放心的全新手机，才是绝大多数朋友的自然选择。

其实，上述问题就反映了博弈论中的一个重要问题。由于交易双方对交易标的所掌握的信息量是不对等的，购买者所获得的信息量往往少于出售者，也就是通常所说的“从南京到北京，买的没有卖的精”，因此拥有更少信息的买者对于交易标的的价格评判自然就会更加保守，愿意出的价格也就更低。

当然，有可能出现出售者可能真的是由于某一特殊原因而选择把刚刚入手、质量完全没有问题的手机拿出来出售，但当他发现交易对手只愿意出远低于自己购买价格的价格（比如 3 500 元或者 4 000 元）来收购时，反而会打消他的出售意愿。相反，如果这台手机果真存在质量问题，出售者只求尽快把它卖出去，自然对价格完全不在意，哪怕对手只报出了 2 500 元的价格，他也愿意出售。这就形成了经济学中的逆向选择，由于交易双方的信息不对称，反而会导致市场中劣质产品驱逐优质产品的现象普遍出现，最终市场将充斥质量低劣的产品，而这又会导致购买者对产品的价格评判更趋保守，市场上的价格进一步下降。通过这样的逆向选择过程，劣质产品将完全驱逐优质产品，导致劣质产品成为市场的主流。

逆向选择的存在也构成了一种奇怪的大众非理性行为，当大家越怕上当、对产品的报价越趋保守，就越有可能把真正的优质产品驱逐出市场，导致更多的劣质产品进入市场，反而使交易者上当的可能性加大。在生活中，我们通常会感叹，越担心的事情往往是最容易发生的事情，从逆向选择的道理上说，我们的感叹其实是有深奥经济学道理的。

案例 7—3

P2P 投资中的逆向选择

自 2013 年以来，伴随着余额宝为代表的互联网货币基金的兴起，互联网金融已越来越深地融入了每个人的生活。诸如互联网货币基金、P2P、移动支付、比特币，一系列的新鲜互联网金融名词开始被人们所熟悉。以互联网平台实现社会资金协调配置的 P2P 网站，以其高收益一度成为很多人乐于投资的对象。

的确，P2P 的经营模式简单、清晰。在传统的银行主导型金融体系中，往往是银行承担起了从广大居民手中吸收存款，然后通过积沙成塔，把吸收来的大量资金以更高的利率，通过贷款投放到需要资金的个人与企业。而其中的存贷款利差自然就成为了银行的经营利润。由于银行在我国金融体系中的垄断地位，因此银行自然就成为了盈利能力最强的国有企业。

如果推行银行的市场化改革，真正使民间资本也能进入银行系统，增加存贷款中的市场竞争，自然就可以提升银行吸收存款的利率水平或者降低贷款利率水平。由于长期的钱荒，原有银行系统的资金远远无法满足中国企业的融资需要，因此贷款利率的降低是缺乏市场土壤的，而待开发的庞大民间资本却在呼唤更高的投资收入。

早在2014年，中国民营银行的设立就已提上日程，但中国银行业的市场化改革步伐十分缓慢。P2P的创立，其实就是以一定的形式倒逼银行业的开放。在现有的P2P模式中，P2P平台充当了银行的角色，它们通过发布高息融资需求信息，为有意获得投资，却无法从银行系统正常获取贷款的筹资人提供了筹资的渠道，让他们直接与有投资能力、期待高投资收益的社会资金所有人形成联系，撮合社会资金的流动。一方面，P2P为无力从银行系统获得融资的小微企业与个人提供了融资渠道；另一方面，P2P极大地提高了社会资金的投资收益。

然而，在P2P的运行中存在着一种明显的逆向选择。筹资人之所以愿意以远高于银行贷款利率的成本从P2P平台筹集资金，显然是由于这些筹资人并不具有优良的资信评级和信用评价。在银行看来，把钱贷给这些筹资人具有较高的风险，因此才会把这些在银行看来是劣等客户的筹资人赶进了P2P市场。这也导致了P2P本身就存在着远高于银行的投资风险。

P2P之所以能够获得投资者的青睐，自然是因为它们提供了远高于银行存款利率的高收益率，但羊毛出在羊身上，这也意味着它们向筹资者索取的利率也是远高于银行贷款利率的。对于投资风险较小的优质客户而言，既然自己有能力从银行以更低的利率获取融资，自然根本没有必要跑到P2P市场中融资，这就把更多的优质客户从P2P市场驱逐出去，最终留在P2P市场中的只可能是根本无法进入银行贷款市场、投资风险更高的劣质客户。

此外，对于P2P市场中的筹资者而言，由于P2P市场要求其以远高于银行贷款利率的承诺回报率吸收资金，如果把这笔资金用于正常的投资领域，以目前国内一般行业的投资回报率而言，是很难达到10%，甚至20%左右的P2P高利率的。要想顺利归还来自P2P市场的融资，筹资人只能采取一些激进的投资策略，把资金投入利润更高，同时投资风险也更高的投资领域，因而加大了P2P投资无法收回的风险。

正是由于P2P运营中无法解决的逆向选择问题，因而我国P2P市场的发展始终与一个名词绑在一起，那就是“跑路”。很多曾经名噪一时的P2P网络投资平台，由于资金大量流入高风险领域，导致过高的坏账率、过低的资金回收率，逐渐无法满足投资客户收回本金的基本要求，不得不选择一跑了之，最终导致我国的P2P市场经过了短暂的春天之后，很快陷入了发展的低谷。

从某种程度上说，P2P的失败就是一个典型的大众非理性行为，它的失败命运是由于自身高收益的运营特点所决定的，博弈中的逆向选择恰恰是把它推向失败的根本原因。

三、重复博弈中的理性

“囚徒困境”的产生，在很大程度上是来源于两个犯罪嫌疑人只能进行一次选择，他们无法通过一次次的报复与承诺，实现彼此之间的勾结与合谋。在经济博弈中，经济学家往往倡导一种“以牙还牙”的博弈策略。也就是说，对于博弈对手的合作与背叛，采取针尖对麦芒的应对策略，从而引导对手的博弈预期，最终保证双方能在最优的选择上达成一致。

正如我们在很多香港警匪片中看到的那样，很多黑社会组织都会以非常血腥、残酷的手段惩罚胆敢背叛组织的叛徒，并照顾、抚恤为组织伤亡的成员家属。在很多观众看来，惩罚叛徒往往会增加组织成员的罪行，实在多此一举。

例如，几年前火遍大江南北的美剧《越狱》就成功地刻画了一帮成功逃出监狱的囚犯们的冒险故事。在这一系列剧中，逃犯们大多通过构思奇巧的越狱计划，获得了他们所期待的自由，唯有一名倒霉的逃犯阿布卢兹，由于想去报复曾经出卖自己的手下而被警方伏击，当场击毙。的确，睚眦必报反而容易让警方搞清自己的行动计划，也增加了被警方俘获的概率。实际上，这一看上去并无必要的行为选择恰恰是维系众多非法组织稳定的关键。

正是由于黑社会组织惩罚叛徒和照顾家属的做法，才会使组织的所有成员都忠于组织。他们知道，如果向警方坦白招供，那么自己的下场可能会比坐牢还悲惨。在这样的预期下，即使组织成员被警方抓住，也宁可怀着把牢底坐穿的豪情壮志，把所有罪行都承担下来，坚决不咬出其他组织成员，避免组织被警方一锅端的风险。可以想象，如果《越狱》中的阿布卢兹不惩罚告发自己的手下，以后就会有更多的手下依样学样，向警方举报自己，而自己的老大地位也肯定坐不安稳。如果自己能够成功地惩罚告发者，在黑帮圈中形成自己睚眦必报的预期，那么无论是手下还是竞争对手，都不敢随便得罪自己，反而可以巩固自己在黑道中的江湖地位。

下面回到“囚徒困境”的分析中，如果两个犯罪嫌疑人能够拥有上述预期，那么他们就可能在都不招供、只需坐3年牢的策略上达成均衡，这样的选择反而会比同时招供更合理。

即使不存在上述的组织报复，如果这两个犯罪嫌疑人已形成了长期合作的关系，可能多次被警方同时抓住，那么他们知道：如果这次自己招供，那么对方坚持以牙还牙的应对策略的话，下次必然也会招供，反而使自己也不得不承担更长的刑期。如果自己不招供，双方更容易达成共识，每次都不用担心会因对方的招供而把自己推向更不利的境地，这样更容易形成双方的平衡。

可能很多朋友都记得著名的影片《教父》里有一个特殊的家族——卜启丘家族。说它特殊，是因为这个家族固然在黑手党帮派中很著名，却不从事传统的黑帮生意，他们只是充当各个黑手党帮派谈判时的中间人。因为这个家族人数虽少，但都是亡命之徒，他们从不说谎，也从不背叛他人。一旦有人欺负了这个家族中的某一个人，那么整个家族不惜一切代价也要为之报仇。这就导致了在黑帮谈判中，选择雇用卜启丘家族的成员充当中间人，那么一旦某方不诚信或背信弃义，导致充当中间人的卜启丘家族成员被对方杀掉，那么卜启丘家族不会找杀人的一方报复，反而会不惜代价去找违约的一方展开血腥的报复，这就意味着任何一方违约就将给自己树立一个极为可怕的敌人。这使所有黑手党家族都明确了卜启丘家族不可欺的心理，一旦在黑帮谈判时选择重金雇用卜启丘家族的成员充当中间人，大家就知道，对方是有诚意的，是肯定不会违约的，而充当中间人的卜启丘家族的成员自然可以安然回来。

可以想象，卜启丘家族绝对不会是一开始就充当了中间人的角色，自然是曾经有些黑手党帮派由于违约而遭受了卜启丘家族的疯狂报复后，才确立起他们的品牌形象。也就是说，形成对他们的准确预期，并不是来源于单次的博弈行为，而是多次博弈中的报复，引导后来者确立了某种心理预期。这种重复博弈模式自然可以更好地达成博弈双方的平衡，避免双方在大众非理性行为上实现双输的平衡。

在大家都熟悉的“狼来了”的故事中，说谎的小孩为什么真的被狼吃了？我们可以想象，如果他只说过一次“狼来了”的谎言，山下的农夫是不会知道他说的是真是假，自然会有人上来打狼救他。如果他只放这一次羊，只说这一次谎，对他而言，别人对他的预期并没有特殊的意义。可是，当他一次次的说谎、一次次的以“狼来了”为借口戏弄别人时，通过这样的重复博弈，他其实巩固了一个“凡是这个孩子说‘狼来了’就是谎言”的概念，进而明确了其他人对他的预期。此时，如果真的有狼来了，哪怕他叫破喉咙，也根本不会有人前来援助了。

当然，P2P 并不是单次博弈，绝大多数投资人会先把少量钱投入 P2P 平台，直到见到投资收益之后，才会逐步增加投资，而 P2P 平台完全可以通过“庞氏骗局”的模式，以后来投资者的投资偿还前面投资者的收益，直到吸引更多投资人的加入，维系更大的投资平台，到最后实在无法偿还所有的资金，才最终走向崩盘。其实，它运用的就是重复博弈，通过帮助投资人确立这样的投资是安全的、可靠的虚假预期，引导投资人的博弈预期，最终产生某种虚假的预期。

在某种程度上，它是利用了重复博弈的特点，改变了博弈双方的预期，最终形成了某种人为设计的大众非理性行为的典型。

案例 7—4

38 元大虾背后的博弈

在 2015 年的国庆“黄金周”，享受生活、举家旅游、遍尝各地美食依旧是无数国人的首要选择。在“黄金周”的全国旅游产业中，得益于多年以来铺天盖地的“好客山东欢迎您”的旅游广告宣传以及泰山、曲阜、青岛等著名旅游景点的口碑传播，山东省以 392.10 亿元的旅游收入，同比增长 12.8%，在全国各省市中独占鳌头，成为最大的赢家。然而，就在“黄金周”后不久，一条不起眼的网络微博却使山东一下子从旅游大赢家的巅峰跌落谷底，成为国人批评、调侃的对象。

一名大学生网友在社交网络中吐槽，称自己一家三口在国庆期间到青岛旅游，随意进入了一家名为“善德活海鲜烧烤”的饭店用餐。用餐前，他们也曾特意询问了菜价，大虾 38 元 1 份，螃蟹 58 元 1 只，扇贝 10 元 1 份，扎啤 38 元 1 扎。在点菜前，网友还再三与店家核对：“大虾 38 元是不是 1 份？”店家回答：“是，自然是按一份一份算价钱。”

可是等到用餐结束结账时，网友傻了眼，一盘大虾 1 520 元！此时，老板过来解释了：大虾是 38 元 1 只，你们桌一共吃了 40 只，所以收 1 520 元。不是说好 38 元 1 份的吗？何况所谓的大虾也就手指头大小，不大的盘子装了 40 只，显得也不满，怎么能要 1 520 元呢？

看到游客表达不满，老板和一帮服务员全部围了上来，开始威胁游客：如果不按账单所规定的价格结账，小心麻烦。如果再不老实，那么吃的所有东西都按个算账，一盘蛤蜊 38 个，两盘 760 元，一盘扇贝 12 个，两盘 240 元，不结账不允许走人。

游客拨打了当地旅游局的投诉电话，可是对方回答：目前是国庆放假，无人负责解决，得等到国庆上班之后才接受投诉。拨打工商局电话，工商局回答：这属于价格欺诈，不属于工商局的管理范围，工商局没有执法权。拨打 110，警察也没有办法，只能让游客出于人身安全考虑，还是把钱交了好。最后，尽管在警察的协调下，号称 2 175 元的餐费只收了整数 2 000 元，而后游客才得以安全离开餐馆。

当愤愤不平的网友回到酒店并将自己的经历发到网上后，一时之间，群情激愤，38 元大虾在很短的时间内就成为媒体关注的热点新闻。此时，当地的工商、物价、旅游各部门才反应过来，对餐馆做出停业、罚款的处理，企图平抑民愤。然而为时已晚，山东多年以来花费重金打造的旅游形象轰然倒塌。

其实，之所以如此一个不起眼的 38 元大虾事件能在很短时间内红透网络，还是因为旅游价格欺诈早已成为众多国人愤慨的现象。可能很多国人都经历过类似的旅游欺诈，什么低价游、购物游、宰客在旅游行业几乎是公开的秘密。由于国人对于旅游中的众多乱象存在极大的意见，而 38 元大虾事件恰好为他们提供了一个发泄自己不满情绪的机会，因此这一事件忽然爆红也就不奇怪了。

在旅游途中，游客们购买纪念品或者在景点吃饭，经常会遇到一些消费陷阱，商家通过虚抬价格、以次充好、强迫消费等手段损害消费者的利益，甚至引起一些消费争端。但是，如果居民到自家附近的市场或者小区门口的小饭店、小超市购物的时候，就会发现，这些商家很少选择欺诈性的销售策略。

其原因很简单，在旅游景点的商家都知道，他们面对的是只会来这个景点一次的顾客，即使他们诚实守信，也很难吸引这些顾客再次光顾；同样，商家选择欺诈顾客，顾客同样不会再次光临。也就是说，无论他采取什么样的竞争策略，交易对手的策略都是一样的。既然他的策略不能改变对手的策略，那么选择最符合自己利益的欺诈性策略，当然就是商家的最优策略了。

相反，在日常生活中，一些商家知道前来光顾的都是住在附近的居民，如果他诚实守信，甚至让利给顾客，就能保证顾客的再次光顾，帮助自己争取更多的回头客。如果自己选择欺诈并引起纠纷，不仅会伤害自己的声誉，更会搞砸自己的生意。在这种情况下，当面临重新博弈的机会时，交易者所选择的策略大多是维护双方的利益均衡，而不是仅关注自己的利益。

其实在日常购物中，在价格相当的情况下，我们宁愿选择固定摊点或者有店面的商贩进行日常用品的采购，而不愿在流动商贩处购物，其原因是一样的。对于流动商贩，我们进行的交易通常都是一次性博弈，很容易诱发流动商贩的欺诈行为。而对于一些有店面的固定商贩而言，“跑得了和尚，跑不了庙”，他们已经有了固定店面，再放弃的成本就会很大，他们面对的都是老客户，即这种模式下的博弈都是重复博弈，因此选择让利顾客、建立起良好的客户关系，对于维系这种重复博弈模式自然就是合理的策略选择了。

从某种意义上说，旅游宰客也是一种典型的大众非理性行为。大家都知道这样的行为存在极大的不合理性，长期的旅游宰客会降低民众出游的积极性，更会减少游客的旅游花费，无论是对于中国的旅游产业发展，还是旅游行业人员而言，都不是一个好的选择。然而，作为一次性博弈，对于各行业从业者来说，宰客这种非理性行为的确是一个一本万利、风险不大的行为决策。当这种行为成为一种行业选择时，它破坏了整个行业的健康发展，自然就需要政府通过制度加以约束了。

第三节　博弈中的心理因素

一、非理性的最后通牒博弈

在经济博弈中，我们通常会假定决策者是充分理性的，他们会根据自己的成本和收益，从中选择对自己最有利的决策。也就是说，决策者的决策总会符合自己的利益，他们不会做出不符合自己利益的非理性选择。然而，事实果真如此吗?

1982 年，德国柏林洪堡大学的几位经济学教授组织一帮学生做了几次特殊的博弈游戏，无意中揭示了现代经济学博弈研究中最热门、也最玄妙的最后通牒博弈模式。

在这次游戏中，几位教授选择了 42 名学生，每两人一组进行实验。教授给每组实验者 4 德国马克，它将在两名实验成员之间自由分配。一名实验成员扮演提议者，他有权提出分配方案，可以提议拿出 0~4 德国马克之间任何金额的资金给另一名实验者，而剩下的资金将归提议者所有。另一名实验成员则扮演回应者的角色，他有权接受或者拒绝对方的提议。如果选择接受，教授就将按提议者的分配方案分配 4 德国马克给两名实验者；如果选择拒绝，教授将收回全部的资金，两人都将一无所获。

此外，在实验过程中，为了防止感情因素、冲动以及事后社会舆论的压力等因素对实验者造成的影响，提议者与回应者的选择都是随机形成的，并且不公开对方的身份。在实验中，提议者有一天的时间做出自己的分配方案，他拥有充足的时间进行慎重考虑，而当他确定分配方案后，将由实验主持者负责把其做出的方案转交回应者，由回应者做出最终的决定——接受或拒绝。

如果单从经济理性来看，对于回应者而言，无论提议者提出什么样的分配方案，只要给予自己的金额大于 0，这可是白得的，苍蝇虽小也是肉，不拿白不拿。因此，对于自己来说，接受总比拒绝对自己更合适。对于提议者而言，如果他们能想到这一点，并且对方果真是理性的，那么自己就应该只给回应者 0.01 德国马克，而给自己留下 3.99 德国马克，这才是最符合自身利益的选择。可是，在真实情况中，实验者真的如经济理论想象的那么理性吗？

实验共进行了两轮。在第一轮实验中，由于缺乏对实验内容的深入理解，在21组成员中有7组提议对半分配资金，另有2组提出由提议者独占所有的4德国马克。不出意外，其中的1组被回应者拒绝。在剩下的12组中，提议者提出分给回应者的金额都大于1德国马克，其中一笔给予回应者1.2德国马克的提议被拒绝。总体说来，在第一组实验中，提议者给予回应者的金额约占37%，其中有2组提议被拒绝，因而这两组中参与实验的4名学生都分文未得，两手空空地结束了实验。

一周后进入了第二轮实验。由于所有实验者都已充分理解了整个实验的内容，这次实验的结果精彩了很多。首先，从提议者分配的金额来看，提议者变吝啬了，他们提议支付给回应者的金额有了明显下降，但仍占总金额的32%，而不是我们想象的诸如0.01德国马克这样的最小金额。其次，第二轮实验中的否决率提升了很多。在所有的21组实验成员中，只有2组选择平均分配，另有一组给予回应者的金额小于1德国马克并被回应者无情地拒绝了。除此之外，还有3组给予回应者1德国马克的提议被拒绝。更令人惊奇的是，居然有一组提议者提出给回应者3德国马克，而这样的大便宜居然无人领情，也遭受了无情的拒绝。因此，本轮实验中总共有5组被拒绝。

这样的实验结果非常有意思。如果按通常的理性人假设，回应者应接受所有大于0的提议，因为得到小额资金也比毫无所获来得合适。同理，提议者应提出给予回应者最小的金额，如0.01德国马克。实际上，参加实验的所有成员（无论是回应者还是提议者）所做的选择都偏离了理性，更接近于公平分配。如果分配金额过于偏离公平分配，无论是剥夺了回应者理应获得的资金，还是给予回应者更多的资金，都有可能影响实验者心中的公平价值观，因此会在一定程度上伤害实验者的情感，导致实验者做出非理性的选择。这也引起了一种新的大众非理性行为。

当然，最后通牒博弈也能在一定程度上验证前面所说的理性人假设。尽管在绝大多数实验中提议者给予回应者的金额都少于可分配金额的一半，其实也是存在明显不公平的，但通常只有特别不公正的提议才被拒绝。尽管绝大多数提议的确存在不合理、不公平的因素，只要不是特别伤害回应者的情感，他们仍会理性地选择接受，而不是拒绝。

更有意思的是，还有一些学者对于最后通牒博弈的实验内容进行了适度修改，比如有些学者在实验中剥夺了回应者对于提议者所提出分配方案进行拒绝的权利，设计出了一种独裁者博弈。也就是说，无论提议者提出支付回应者多少金额，回应者只能被动地接受，而无拒绝的权利。那么，在这样明显不公平的实验条件下，即完全是由提议者主导的实验条件下，那么提议者总可以毫无顾忌地减少支付给回应者的金额了吧。可是，即使在这种情况下，尽管提议者所提出的方案中愿意支付给回应者的资金比例有了明显下降，但仍不是我们想象的那样（即降至最低），提议者愿意支付给回应者的金额仍占总金额的 20% 以上，甚至在这样毫无约束的实验条件下，仍有提议者愿意与回应者平分实验资金。

显然，最后通牒博弈证明：在日常决策中，我们并不是真正理性地做出所有的策略选择。在很多时候，感性会替代理性主导我们的决策，而在被情感支配的选择条件下，大众非理性现象自然就会普遍出现了。

例如，在中国传统文化中倡导的“廉者不受嗟来之食”，如果从理性来判断，好死不如赖活着，在饥寒交迫之际，有人愿意给你食物，显然是莫大的恩赐了，你还要强求对方的态度，似乎有些吹毛求疵、强人所难了。从理性方面判断，接受“嗟来之食”以维持自己的生存，应是最理性的选择。而在讲究气节的古代，饿死事小、失节事大，对于很多人而言，维系内心的安宁和气节，其重要性远高于自己肉体的痛苦和生命的逝去。那么，非理性地拒绝别人不礼貌的帮助，并维持自身的尊严，自然就成为一种常见的大众非理性行为了。

二、海盗分金中的理性分析

经济学中有一个非常经典的博弈问题，那就是著名的“海盗分金”。曾经有一支 5 人组成的海盗队伍，他们在一次偶然的机会里抢劫得到了 100 枚金币。可是，怎么分配金币才能让更多的海盗成员接受，这成了困扰大家的一个头号难题。

因此，海盗们决定从大头领开始，按职位的高低依次提出分配方案，每个分配方案必须获得半数以上成员的支持才能获得通过。如果不能获得半数成员的支持，那么提出方案的成员就将受到严厉的处罚——扔进大海去喂鲨鱼。然后，由后面的成员依次提出方案，并在剩下的成员中投票表决，直到最终分配方案被半数以上成员接受或者只剩下最后一名海盗，那时自然就不用再分配了。

此时，所有的压力都在大头领身上，他到底应该如何选择才能取悦更多的成员呢？作为大头领，盯着他的位置的同伙肯定不在少数，有人正眼巴巴地等着他喂鲨鱼后，自己有机会当上大头领。再说少一个人，自然参与分钱的人也就少了，肯定不少人都乐于看到大头领被扔到海里喂鲨鱼的场景。

大头领为了保住性命，是否应该选择少要甚至不要金币，而把更多的金币分给其他同伙以取悦大家、保住自己的性命呢？是否最后一个参与分配的小角色能够坐享渔翁之利，只要不同意前面的所有分配方案，就有机会把前面的所有海盗同伙都送去喂鲨鱼，而把金币全部留给自己呢？

显然，在这个海盗分金的博弈中，每一个人都有几个基本的原则：首先，活着才是硬道理，一定要保证自己能有更大的机会活着；其次，确保自己能够分得更多的金币；再次，如果有可能，尽量把其他同伙扔到海里喂鱼，减少与自己分金币的竞争者；最后，也是最关键的一点，所有海盗都接受过专业的经济学教育，都具有专业的理性分析能力，肯定可以清楚地分辨出哪种选择才是对自己最有利的选择。

假设根据级别，我们把大头领命名为A，二头领命名为B，后面的依次为C、D和E。如果你只是单纯站在大头领A的角度考虑到底应该怎么分配金币，可能就根本没有机会改变被扔下海喂鲨鱼的命运了。海盗分金的关键就在于一定要从最后一个人的角度考虑，再往前倒推，然后判断前面的人究竟应该如何选择才最有利。

首先，如果前面的A、B、C三个人都已被扔下海喂了鲨鱼，现在只剩下D和E还留在船上，那么D会做出什么样的选择？E肯定知道，因为只剩下两个人，D肯定会支持自己的分配方案，也就是无论他提出什么样的分配方案，都会获得半数通过并确保自己不会被扔下去喂鱼，那么他的分配方案就应是独吞全部金币，一枚也不留给E。在这种情况下，E要避免空手而归的唯一机会就是必须确保前面的C不能被扔进大海。

如果现在船上还有C、D和E三个人，C自然知道E会尽量留下自己，那么只需要给E一点小小的甜头，他就会支持自己，所以根本不用考虑D的意见。因此，他的选择就应该是自己留下99枚金币，一枚也不给D，只给E留下一枚金币。

现在轮到B出场了，B知道：如果自己被扔到海里，D一枚金币也得不到，因此只需要给D一点甜头，那么D就会支持自己，自己就能在4个人中获得两票支持，不仅可以幸存，而且还能留下大把大把的金币，因此B的选择是一枚金币也不给C和E，只给D留下一枚金币，而自己留下99枚金币，成为大赢家。

好了，大BOSS总算有机会出场了。大头领A自然也不会在逻辑分析上弱于自己的手下，他同样知道：如果自己被扔下海，那么C和E将成为牺牲品，一枚金币也无法获得。与此同时，如果自己不想被无情的手下扔下海，那么至少要获得三票支持，也就是还需要再赢得两个手下的支持，自己才有活命的机会。综上可知，只需要C和E的境况有所改善，他们就会支持自己，若自己被扔下大海，那么C和E将一无所获，因此大头领A只需要给C和E各分一枚金币，自己的大麻烦就解决了。作为大头领，自己可以分得98枚金币，的确是有好处的。而可怜的其他四名海盗，只有两人能够各得一枚金币，剩下的两人却连金币的边都沾不到。

如果海盗帮派发展了，海盗成员增加了，这样的海盗分金又会怎么演化呢？假设海盗成员在200人之内。显然，大头领只需要给除自己之外的所有单数成员每人一枚金币，剩下的金币就可以独享了。如果海盗成员正好是200人，那么大头领只能给自己留下一枚金币，而把剩下的99枚金币给予其余的99个双数编号的成员。此时，自己并不比其他人得到更多，但至少可以活命。

可是，如果海盗人数增加到201人呢？显然，大头领必须获得100名手下的支持才有机会活命，那么他需要把所有的100枚金币分给所有的单数成员一人一枚，而自己空手而归、一无所获。

当海盗人数增加到202人时，大头领可以把100枚金币给予在201人情况下无法获得金币的101个双数成员中的100人，就可以让他们的境况有所改善，他还有机会活命。

当海盗人数增加到203人时，大头领悲哀地发现了一个现实，他必须赢得101人的支持，可是自己手上只有100枚金币，因此无论如何，他都无法用100枚金币取悦101人，也就是被扔进大海喂鱼将是他无法改变的宿命。

不过，如果海盗人数再增加一人，即达到204人时，他的命运又会有所改变。因为大头领知道，如果自己被扔进大海，二头领的宿命也是被扔下去喂鱼，因此他肯定会无条件地支持自己，自己只需要讨好其他100人，就有机会活命。

同理，如果海盗人数超过 203 人，在所有奇数总数的情况下，大头领都将被扔下去喂鱼，而在偶数总数的情况下，就总会有人不计报酬、无条件地支持自己，从而扭转自己的命运。

显然，对于很多不具有博弈论思想的读者朋友而言，尽管海盗分金的故事很复杂，却并不难理解。其问题在于，如果不事先看到答案，有几位朋友可以轻松地想出最有利的分金方法呢？即使机智如杰克船长，在获得被诅咒的阿兹台克金币时也会一筹莫展，进而因其分配方案无法满足手下海盗们的意愿，而惨遭遗弃并被直接扔下海盗船，险些丧命荒岛。可能其他大老粗海盗们的选择就更难迎合众人的意愿了。

即使首先做出分配选择的海盗船长是一名拥有精深经济学知识的隐士，他的确知道哪一种分配方案对自己而言是最合适的，但他能保证自己船上的其他海盗也能如他一样理性吗？

可以想象，如果各位读者朋友有幸成为参与分金的海盗中的一员，而且更幸运的是，你将是有机会获得金币的幸运儿。可是，如果海盗船长在 100 枚金币中只拿出 2 枚给了您和另一位幸运的海盗，相比之下，有两位倒霉的海盗更是一枚金币也分不到。估计到了这个时候，尽管赞成海盗船长的分配方案对于理性的你而言，应是一个最合理的选择，但绝大多数人仍会选择把这个贪婪的海盗船长扔下海去喂鲨鱼。

在实际生活中，如果遇到类似的海盗分金情况，绝大多数人会选择由感情支配的相对公平、公正的均分金币，或者根据职位的高低再对金币的分配进行适度调整，而非理性的类似贪婪的做法。

在日常的决策过程中，我们不可能指望所有人都像海盗分金中的这些海盗一样，具有精深的博弈论知识，并能像精密的计算机一样，准确地按博弈思想做出最理性的选择。更多的时候，支配我们决策的往往是感性的冲动，我们追求公平、尊重、协调，也许在这样的思维模式下，我们的选择并不是最理性的，自然也不符合博弈思想，但往往更符合大众的逻辑。也许这样的选择会使我们承担一些冲动的惩罚，但就维系一个稳定的社会体制而言，这恰恰是最合适的大众非理性行为。

三、博弈中的利他主义

尽管深受市场经济的冲击，但雷锋精神并没有从我们生活的社会中消失。尽管广受社会质疑，但富豪们对于各种慈善事业的热衷却始终没有停歇，很多富豪选择裸捐。把辛苦一生赚来的家产全部捐给穷人或者非营利组织，已成为很多富豪的自然选择。尽管在很多段子中，扶老人已经成为一种高危举动，但总有人在见到老人处于危难时，丝毫不考虑被讹诈的风险，而是选择伸出援手。

然而，在传统的经济学思维中，助人与慈善似乎并不是一种理性的选择。在传统的博弈思想中，人们总会将自己的利益作为价值判断的标准，并据此做出最符合自身利益的行为选择。可是，为什么仍有人愿意为了他人的利益而牺牲自己的利益呢？这难道不是一种奇妙的大众非理性行为选择吗？

在博弈论的发展过程中，经济学家曾做过一些非常有意思的实验，它恰恰解释了这种助人为乐行为选择的缘由。在这次实验中，实验主持人随机选择了 7 名实验对象，并告诉了他们具体的实验规则：每人可以分到 5 美元的初始资金，他们可以自行决定是持有这 5 美元，还是把它完全投入公共投资。如果有足够的人参与公共投资，比如 3 个人，那么无论你是否参与公共投资，这 7 名实验者都可以获得额外的 10 美元奖励。可是，如果投资人数不足 3 人，那么所有投资人都将失去他所投入的 5 美元。为了保证实验条件的公正，在实验过程中，所有实验者相互都不认识，而且不允许以任何方式交流。

在这次实验中，我们可以看到几点核心的规则：首先，如果有足够的人进行公共投资，那么投资的人将拥有 10 美元，而没有进行公共投资的实验者，不仅可以保留自己所得的 5 美元，还可以额外得到 10 美元，因此他将拥有 15 美元。显然，公共投资并不是一个理性的选择。其次，如果没有足够的人进行公共投资，那么投资的人将失去他们仅有的 5 美元，而没有做出公共投资的人仍然保留自己所拥有的 5 美元，因此不进行公共投资是一项理性的选择。如果纯粹根据博弈论的利益标准进行评判，那么所有人都保留自己的 5 美元，并且不进行公共投资显然是一项最符合经济理性的选择。可是，如果真的有 3 名甚至更多的傻子愿意进行公共投资，那么大家将拥有 10 美元或者 15 美元，显然会比最理性的选择要好得多。那么，实验对象会如何选择呢？

实际上，在多轮实验后，经济学家发现：尽管从理性上说，进行公共投资并不理性，但仍有 51% 的实验者会选择公共投资。正是得益于这些不考虑自己利益得失，而愿意为他人贡献的人的存在，所有投资人都获得了更多的收益。一个明显的非理性选择却得到了一个绝对理性的结果，完全是一个美好的结局。

经济学家进一步思考，为什么其他 49% 的人不愿意进行公共投资呢？理由还是前面在分析金融投资中大众非理性时得出的结论，即怕失去和想得到。第一个理由是担心或者说怕失去，他们担心愿意进行公共投资的人达不到实验的最低规模，进而丧失自己的投资资金。第二个理由是贪婪，自然就是想得到了。显然，实验主持人所要求的 3 个人与参与实验的 7 个人相比要少得多，即使决策者自己不投资，但只要其他实验者中有足够的人愿意投资，那么实验者就可以搭便车，一分钱不用拿出来，也不用承担投资风险，却可以共享每人 10 美元的投资所得。显然，这是一个更理性的选择。

因此，实验主持人对实验的规则进行了一些调整。首先，如果实验者不再担心，是不是实验结果会好一些呢？随后，实验规则调整为：如果投资人数达不到 3 个人的最低标准，那么所有投资人都可以收回自己已投入的资金。显然，这样的退款保证足以打消所有投资人对于丧失投资本金的担心，但它无法打消搭便车现象诞生的土壤，也就无法克制人性中的贪婪。在这种不担心的机制下，愿意投资的人数并不如我们想象的那样出现大幅增长，仅仅小幅增长到 58%。也就是说，除了以前就愿意投资的 51% 的投资者之外，在消除了投资损失风险的情况下，愿意为他人做出贡献、选择公共投资的人数并不多。

此外，在不担心的实验环境中还存在一种特殊的心理，那就是实验者普遍认为：在这样没有投资风险的实验环境下，愿意进行公共投资的人必然会增长，那么自己投资或不投资，很可能对于能否达到最低规模影响不大。因此，实验规则的调整反而鼓励了投资者的搭便车心理。实际上，如果大家都这么想，最终的结果将是所有人都无法得到额外的奖励。

第二种情况是不贪婪。这次实验主持人规定，如果达到了最低投资人数，只有参与投资的人才可以获得 10 美元的奖励，没有投资的人将无法从中获得收益。这就从根本上消除了搭便车现象产生的土壤。在这种机制下，如果实验者想要得到额外的奖励，就只能参与公共投资了。因此，参与公共投资的人数有了迅猛的增长，其比例达到了 87%。

更有意思的规则修改则是允许所有的实验者在做出选择之前充分沟通，这样他们自然就可以通过深入的交流，明确自己所在小组的投资策略，通过一种自我约束或者舆论压力，规定投资公共产品的人数和具体的人员，从而保证所在小组的投资收益。在具体的实验中，所有允许沟通的小组全部实现了最低要求的公共产品投资规模，进而保证了所有小组成员都能获得相应的经济激励。

当然，在没有强制约束力的情况下，并不排除口是心非者的出现。可能某些小组成员在沟通时答应进行公共投资，而在实际行动中却没有履行自己的承诺，从而出现了损害小组整体利益的情况。但是，充分的沟通对于整体利益的保证通常是更有效的。

其实，在连续几轮的实验中，我们发现：无论是否提供不担心或者不贪婪的制度约束，或者是否拥有充分的沟通，总会有些人愿意牺牲自己的利益而为整体利益提供支持，这似乎支持了集体主义精神。对于很多在任何制度约束下都愿意拿出自有资金用于公共投资，以促进整体利益的人而言，支配其行为选择的往往是做好事的想法，或者说纯粹的利他主义。

然而，在笔者看来，如果调整实验中给予每名实验者的资金规模，比如给予每个人的不是5美元，而是5万美元，相信在同样的制度设置下，愿意全部拿出来进行公共投资的实验者比重将会明显减少。当然，由于实验经费的限制，并没有经济学家尝试过以上实验条件，但可以想象，尽管每个人的内心都有善，有着利他的思想，但同时也会存在对于自己利益的评判。在利已和利他的斗争中，两者的比较就成为很多人做出最终决策的关键。对于很多人来说，5美元并不算很多，即使失去，也不会因此痛苦万分，因此拿出来换取自己内心的安宁和平静，简单地出于做好事的想法进行利他的选择并不困难。可是，如果让实验者冒着损失5万美元的巨大风险去做一项利他的公共投资，对于很多人而言，则是极大的考验。尽管仍有人愿意利他，但由于其代价极大，相信会有很多以往的利他主义者由于注意到自身的利益变化而转向利已。

就好像在日常生活中，如果我们在马路上和地铁中遇到可怜的乞讨者，我们也许愿意拿出一两元钱施舍给他们，我们从中能感受到做好事的快乐。尽管从金钱上说，我们的利益受损了，但考虑到内心的愉悦，很多人仍愿意伸出援手。可是，如果让您一下子把整个钱包里的钱都送给乞讨者，这就是强人所难了，绝大多数人都会毫不犹豫地拒绝。

从某种程度上说，同样的施舍与利他，规模的变化本不应该对实验结果产生本质的影响。然而，规模的变化实际上会改变行为对于实施者内心的感受，引发两种完全不同的选择。那么，如何判断哪一种选择才是理性的？

出于博弈的考虑，似乎每个人的决策行为都会经过非常细致的利益比较，都是极度理性的选择。但是，作为有血有肉有情感的个人，我们的行为在很多时候并不是单纯受理智驱使，情感与心灵在很多时候也会成为决定个人行为选择的关键因素。在冲动与仁慈的驱使下，人总会做出一些并不符合理性，却很符合行为人内心理念的选择。也许这就是为什么我们能在生活中到处看到大众非理性行为的原因所在了。

案例 7—4

赢者的诅咒

2012 年，成龙的电影作品《十二生肖》的推出，让更多的中国人认识了圆明园十二生肖兽首铜像，也开始关注这十二个精妙的中西合璧的古代文物的颠沛命运。

1688 年，乾隆在圆明园的海晏堂前修建了一个宏大的西洋花园，并在花园中央设计了 12 个呈现扇形分布的喷水台，宫廷画师意大利人郎世宁原本设计了 12 个欧式风情的裸体人形喷泉，但被乾隆修改为更符合中国传统文化的 12 生肖，并委托法国人蒋友仁监制。所有的 12 生肖都铸造为兽首人身，兽首为铜铸造，而身躯则为石头雕琢，中间连有水管，可以自兽首喷水。这就是 12 生肖兽首的由来。

传说当整个花园修好后，每天 24 小时，也就是中国传统的 12 个时辰，每个时辰代表该时辰的兽首口中就会喷出水流。特别是每天正午时分，12 个兽首会一起喷水，其场面宏大、景象壮观。然而，1860 年英法联军火烧圆明园后，12 生肖兽首就流落海外。近年来，一些爱国人士纷纷解囊收购生肖兽首，目前已有 7 尊兽首回归国内，而其他 5 尊兽首仍然下落不明，这才是电影《十二生肖》的真实背景。

可能很多影迷很不理解，因为在电影中，中国政府不鼓励爱国人士出资购买兽头，因而险些导致兽首落入火山的行为选择。的确，包括 12 生肖兽首在内的很多中国文物都是在灾难的年代，被外国侵略者掠夺而去。如果鼓励通过合法拍卖或者协议购买的方式赎回这些文物，从某种程度上说，似乎是认可了这些侵略者对于文物的合法占有权利，也就认可了他们的侵略行为。

即使不考虑历史背景和政治因素，不鼓励购买也是符合经济逻辑的。尽管 12 生肖兽首制作精美，兼具中国传统文化与西洋美术设计的神韵，但在浩如烟海的中国文物中，它们并不是最经典或者最珍贵的作品。在它们没有引起民众关注的 1985 年，这些兽首第一次进入人们的眼帘，其成交价格是用 1 500 美元买下虎、牛、马三个兽首。的确，在外国人看来，这只是具有特殊命运的普通装饰品罢了。从某种意义上说，它们只是圆明园中三个喷水的水龙头，与圆明园的众多珍宝相比，显然寒碜多了。

1987 年和 1989 年，当这些兽首第一次进入古玩拍卖市场时，台湾收藏家蔡辰男和蔡辰洋分别以 16.5 万美元、14.85 万英镑、13.75 万英镑和 18.15 万英镑的价格连收猴、牛、虎和马四个兽首。显然，此时的价格已比两三年前翻了数十倍。圆明园兽首回归中国，一时引发众多媒体报道。此时，圆明园兽首终于引起了世人的极大关注。

到了2000年，一度回归中国的兽首再次进入拍卖市场。国企保利地产决定拍下兽首，并以774.5万港币和818.5万港币先后拍下牛首和猴首。当他们再次回到苏富比拍卖场参与虎首的拍卖时，这次价格抬到了1 544.475万港币。

2007年，当苏富比再次宣布拍卖马首时，澳门赌王何鸿燊以6 910万港币拍下马首，并宣布将它捐赠给国家。这次的价格超过前面四个兽首总价的两倍。

也许正是看到了兽首的巨大价值，在短短的一年之后，巴黎佳士得拍卖会宣布拍卖鼠首和兔首，而最终的成交价格令人咋舌，两个兽首居然拍出了3 149万欧元，大约2.7亿人民币。然而，事件的发展出乎了所有人的想象，中国收藏家蔡铭超宣布自己是最终的中标人，同时宣布不会付款取货，这种峰回路转的情节令所有世人大呼诧异。

想必朋友们已经看出兽首的价值变化了，当越来越多的人关注某个拍卖品时，该拍卖品的成交价就可能远远超过它本身应该具有的价值。在激烈的竞买过程中，如果竞争者众多，竞拍者自然会产生，同时增加这是一件极具价值标的的感觉，因此会更加坚定竞拍者的加价竞拍，甚至会产生意气之争，直到把价格抬到远高于其实际价值之上。最终的中标者尽管获得了心仪的标的，但他却付出了远高于真实价值的费用，因而他就成了经济学中所说的“赢者的诅咒”。

在现实的竞拍市场中，比如一些收藏品拍卖市场，一些大城市的土地拍卖市场，包括近期常见的公车拍卖市场，类似的“赢者的诅咒”屡见不鲜。在信息不完全的情况下，拍卖者并不是根据自己所掌握的信息决定自己的标价，而是以其他竞标人的反应作为证明自己出价正确与否的标准。在这样的思路下，如果多名竞标人角逐同一标的，那么激烈的竞争会放大每一名竞标者的心理预期价格，最终使得成交价格完全脱离竞标标的的真实价值。非理性的竞争心理，特别是在激烈竞争的环境中赢得竞争的成就感，往往造成了这种“赢者的诅咒”。

出于这样的考虑，如果中国政府鼓励先富起来的中国人到海外竞拍流失的中国文物，只会鼓励更多的中国人参与这场文物的争夺，而中国人之间的激烈争夺就会把所有的文物价格都炒为天价。显然，这是对中国财富的第二次掠夺，因此不鼓励甚至不允许中国人去竞拍文物自然就成为最理性的应对策略了。

Crowd?

Economic Logic of Popular Irrational Behavior

第八章

网络的金矿：互联网经济中的大众非理性行为

第一节　互联网经济中的大众非理性现象

一、奇怪的键盘布局

随着现代信息技术的发展，电脑已从一种奢侈消费品变成每个人生活中必不可缺的一部分了，上至八旬老叟，下至黄毛小儿，现代社会中的每一个人几乎都可以熟练地操作计算机，用于自己的生活娱乐、工作学习。特别是伴随着移动通信技术的迅猛发展，每个人手上的小小手机基本已演化为一个功能极为强大的微型计算机，可以从事几乎所有家用计算机常用的工作。

无论使用家用计算机，还是更为小巧的智能手机，利用键盘进行文字输入，是我们无法回避的日常使用，不知有没有人像我多年前第一次接触计算机时一样，为记住看上去极为零乱的键盘布局而烦恼。在十多年前，当我第一次使用计算机进行文字处理工作时，我还不得不伸出两个食指，两眼紧盯着键盘，依靠“一指禅”神功，缓慢地点击键盘，但由于眼睛始终盯着键盘、基本不看屏幕，有时不小心点错了键盘之后，可能过了很久才会抬头看到，只能重新删除修改，因而工作效率极低。

在熟悉现有的键盘布局之前，打字看键盘、不看屏幕似乎已成为很多计算机用户打字的常态。的确，现有的 ASDF 型键盘看起来不同字母之间并没有直接的联系，相必很多人都考虑过一个同样的问题：为什么键盘在设计之初，不设计为更容易记忆的 ABCD 型呢？

对于精通英文的朋友们来说，他们往往会对英文字母的顺序极为熟悉，如果计算机键盘在设计的时候使用了按字母顺序排列，自然更容易记住字母顺序。从这个方面来说，按字母顺序布局的键盘自然会比现有的 ASDF 型键盘更科学、更受欢迎。按照正常的逻辑，通过优胜劣汰的竞争机制，现有的键盘布局自然毫无胜机，会让市场竞争自然淘汰的。

可是，理想很丰满，现实却很骨感。现在的计算机键盘却是由 ASDF 型这种不科学、不好用的键盘一统江湖。就连我们这些外行人都知道，使用按字母顺序排列的键盘更好用。为什么没有人想到设计出这样的键盘产品，申请技术专利，再向 ASDF 型键盘发起挑战呢？既然我们相信按字母顺序排列的键盘更好用，一旦它赢得与 ASDF 型键盘的市场竞争，那么想必利润将如滚滚长江东逝水般源源不断，为什么坐守如此巨大的金矿却无人动心呢？

显然，计算机键盘的布局就是典型的大众非理性现象。尽管我们所有人都知道现有的键盘布局不科学，都有革新现有键盘布局的想法，却没有人愿意使用新的、看上去布局更科学的键盘，以替代现有的不好用键盘。那么，导致这种大众非理性现象的原因到底是什么呢？

其实，一切的答案就在前文介绍过的路径依赖之中。也许对于从来没有接触过电脑键盘的朋友们而言，的确，如果设计出按字母顺序排列的键盘，他们会更容易掌握和记忆，有助于提高他们的工作效率。可是，问题在于，对于很多像笔者这样早已熟悉了现有键盘布局，终于可以打字不再看键盘的人而言，如果换了新的键盘布局，我们还要重新熟悉，重温那段不堪回首的看键盘打字的昔日时光。显然，这是我们不愿意承受的巨大代价。

由于大多数朋友已经习惯了现有的键盘布局，因此这些人将成为阻碍键盘布局革新的旧势力，而新的改革会打破他们的既得利益，让他们承担巨大的代价，所以他们自然也就成为最坚定的反对键盘布局革新的力量。而很少使用键盘，甚至从来没有接触过键盘的人，由于还没有形成某种固定的思维和习惯，使用新的键盘布局给他们带来的不便就会小得多，他们并不会为这种改革付出太多的代价，因而这批人才有可能成为推动键盘布局革新的核心力量。

与人类历史上的每一次革命或者变革一样，无论是自下而上、翻天覆地的彻底改革，还是自上而下、为了消除社会矛盾而由统治阶层从制度设计层面进行的细微革新，其成败的关键就在于拥护改革与反对改革的力量对比。变革往往会给旧的力量，特别是既得利益者带来更大的不可测因素，也就是带来风险或者直接的利益伤害，因此既得利益者自然就成为阻碍变革的强大阻力。由于社会底层人士拥有的资源价值非常有限，变革带来的变化对其造成的伤害并不会大，而且变革甚至有可能成为扭转他们在社会中不利地位的机遇。因此，在更多的情况下，他们 会成为拥护变革的推动力。

变革成败与否的关键就在于拥护变革与反对变革的力量对比。

在本书所介绍的键盘布局革新中，由于电脑的普及，当今几乎所有人都接触过电脑键盘、使用过键盘，甚至相当多的人已经熟悉了现有的键盘布局，在这种情况下，如果让他们重新适应一种新的键盘布局，其阻力自然可想而知了。与此同时，真正拥护键盘布局革新的、从未接触过键盘的朋友比重自然很低，在这样的力量对比下，要推出一款新的键盘布局谈何容易。

也许有些朋友会问，你不是说，对于从来没有接触过电脑的人而言，如果按字母顺序设计键盘，他们会更容易掌握吗？那么，你们经常使用现有电脑键盘的人还用老的键盘，我能不能设计一款按字母顺序排列的键盘，就是为了卖给那些第一次使用电脑的人？

的确，这样的想法很棒，针对特定的细分市场提供特殊的服务，这很符合互联网经济的思维，但它并不现实。因为一个人不可能永远只使用一台电脑，比如你现在作为计算机新人，使用一款按字母顺序排列的键盘。可是，如果你到了一个新单位，或者偶尔使用一下朋友的电脑、去泡一下网吧，你会发现其他的所有电脑都是使用ASDF型键盘，面对这种情况，本来打字很熟练的你在一时之间根本就打不出字来，而重新熟悉键盘是一项相当麻烦的工作。由于ASDF型键盘的普及，可以想象，使用字母顺序键盘的朋友将经常遇到熟悉、转换不同键盘布局的麻烦。那么，与其这样，不如直接费些劲，学习、掌握这种最普及、最常见的键盘布局。

因此，正是由于ASDF键盘的普及，所以人们根本不会考虑它的布局是否科学，而会习惯性地接受它，最终形成了当前这款键盘一统天下的局面。虽然这是一种大众非理性行为，但它却是在计算机发展演进的过程中自然而然形成的大众选择。

顺便介绍一下，ASDF 键盘的普及也是一种典型的路径依赖。计算机发明之前，在欧美国家打字往往使用弹簧式的打字机。当打字人使用这种打字机时，比如说敲击 A 键时，A 键会连着一根字杆，并敲在一条色带上，将白纸放在色带和滚筒之间，通过 A 键的敲击，色带上的墨汁自然就在白纸上印下一个 A。然而，在英文打字的过程中，不同字母的出现频率不一样，有些字母（比如 A、E、O）出现的频率相当高，而 Q、Z、X 出现的频率就少得多。

在弹簧打字机中，有些键用得多，有些键用得少，在这种情况下，连接字杆的弹簧劳损自然不一样，因此打字时所需使用的力道和弹簧弹回的时间都不一样。如果按字母排序，若打字过快，可能有些字杆还没有弹回，打字者已在敲击其他键盘，又推动新的字杆了，这样很容易使字杆缠在一起，需要打字者用手把它们掰开，再拨回原处，自然很影响效率。

因此，在打字机发明的过程中，无数人设计出了很多种打字机键盘的布局方案，把常用的字母和不常用的字母混在一起，以减少字杆缠绕的麻烦。此外，还需要把最常用的字母放在打字者手指最容易敲击的方位，以提高打字的速度。在这一过程中，我们熟悉的 ASDF 型键盘恰好在这两个方面都拥有极大的优势，因此慢慢地赢得竞争，也使得后来的打字机基本都沿用了这样的键盘布局。

当计算机设计出来的时候，其实已不存在会缠绕的字杆了，但使用计算机的人很多都是以前使用打字机的人，因而保持相同的键盘设计，自然更容易让这批人接受，于是继续沿用了这样的键盘布局，这样的键盘布局看上去极为自然，但实际上也是一种典型的路径依赖过程。

二、总是最好的产品才能赢得竞争吗?

如果大家理解了为什么日常生活中的键盘并不按照我们习惯的字母顺序进行布局，那么在此基础上，我们再问自己一个问题：在互联网经济中，总是最好的产品才能赢得市场竞争吗?

显然，键盘布局的案例已为我们提供了一个重要参考，尽管按字母顺序排列的键盘布局听起来更合理，而且使用起来，其效率也应该更高，但很可惜，在真正的市场竞争中，特别是在互联网经济中，并非总是最好的企业才能赢得最后的胜利。

对于经常在电脑上从事文字工作的笔者而言，微软公司所生产的 Office 系列产品应是我们最熟悉、使用最多的计算机软件了。然而，Office 真的是最好用的文字处理软件吗？相信很多朋友很难有信心坚决地对这个问题回答“是”。

在实际工作中，笔者也曾偶然使用过由民族品牌金山公司所生产的 WPS 系列办公软件。在使用过程中，笔者也曾有过眼前一亮的感觉：论功能，Office 所拥有的功能，WPS 基本都拥有，而且它的界面设计更合理，文字处理功能更强大。例如，可以兼容 Office 文档，可以阅读和输出 PDF 格式文件，占用计算机内存更小，运行速度更快、更稳定。更为重要的是，与 Office 动辄上百元的售价相比，WPS 永远免费的承诺听起来似乎更有吸引力。然而，如果问笔者现在使用的文字处理软件是什么？很遗憾，笔者所用的文字处理软件不是从性价比上更有优势的WPS，而是听起来似乎一无是处的Office。而且不仅笔者，想必绝大多数朋友的选择都会与笔者相同，这样奇怪的大众非理性行为是什么原因呢？

的确，听起来，WPS与按字母顺序排列的计算机键盘一样，在功能设计方面似乎更人性化、更合理，然而在互联网社会中，并不是最好的产品才能赢得市场竞争，而是赢得市场竞争的产品才是最好的产品。这样的说法听起来似乎有些像绕口令，但它却表达了互联网经济特有的发展规律。

就拿文字处理软件而言，在使用过程中，的确WPS能够凭借其出众的功能设计给用户更好的体验，但我们每个人需要进行文字处理的文件不可能只在一台电脑上使用，在实际的工作、学习中，我们免不了要与其他朋友分享工作文档，此时你就会发现，也许你所提供的WPS格式文档在发送给朋友之后，由于朋友的电脑没有安装WPS软件，因此根本无法打开，这就会给我们带来很大的不便。

当然，我们知道，作为一种弱势的软件产品，WPS特别提供了可与Office兼容的产品设计，这就意味着别人向你提供的Office系列文档在你的WPS软件中是可以兼容、阅读并修改的，但这只是消除了你使用WPS的不便，却不能消除你使用WPS给别人带来的不便。当然，有人会说，WPS也特别设计了可以将WPS制作的文档保存或者转化为微软Office系列文档的功能，因而可以回避或者克服这种不便。但是，这也意味着每次你要给他人发送文档时，都要时刻记得先转换格式，再进行发送；如果一时疏忽忘记了转化，就会给朋友带来大麻烦。与其如此费事，那么我选择一款与他人完全一样的文字处理软件，岂不就一劳永逸地解决了这个大麻烦吗？

我们设想一下，如果微软 Office 也能提供与 WPS 文档的兼容功能，想必就可以从根本上消除人们使用 WPS 系列文档处理软件的顾虑了，也能更好地鼓励更多的用户放弃微软 Office，转用 WPS。如果从技术上考虑，想必这种兼容性并不困难，就连势单力薄的金山公司都可以解决，那么大名鼎鼎的微软公司没有理由做不到。但是，提供了这一功能，微软岂非自掘坟墓，聪明的比尔·盖茨绝对不可能做这样的傻事。

在互联网经济中，并不是技术派掌控着话语权。有时，一个产品似乎看起来平淡无奇，但它只要能够争取到足够的市场关注、拥有足够的市场空间，那么自然而然地就会形成自己的市场势力，进而对市场产生强大的吸引力和凝聚力。这种力量不仅能够实现针对已有客户的维系，更能俘获更多的新客户，不断增强自身的市场影响力，达到事业的成功。

在传统的市场营销领域中，成功的企业往往拥有更大的市场份额，它得益于一个个杰出营销人才的不懈努力，正如被很多营销人员奉为营销圣经的最伟大推销员乔·吉拉德的故事所讲述的那样，真正成功的营销并不只是要赢得更多的客户，更要维系现有的客户不流失。对于每个成功的企业而言，商场如战争，当前拥有更多的客户并不代表着永恒的成功。

对于任何一个卓越的企业，尽管它在行业中拥有看似无法撼动的领导地位，但只要竞争者推出一款优秀的产品，或者自己的产品出现恶劣的质量问题或企业出现严重管理丑闻的话，消费者就会毫不留情地“用脚投票”，将其摒弃，那么企业可能在很短的时间内就丧失自己的领导地位，甚至连自身的生存都难以保证，比如安然、世通、通用汽车、克莱斯勒汽车，一个个曾经名震天下的企业巨头，如今早已化为明日黄花，不复存在。

1884 年，道琼斯指数被引入美国证券市场，它以历史最悠久、规模最大、对美国经济影响最大的若干家企业的股票价格加权平均数来反映美国证券市场的变化趋势。经过一百多年的风雨历程，道琼斯工业指数已成为全球金融市场中最具代表性和影响力的股票指数了。可是，反过头来看其指数所选择上市公司的变化，我们就会发现，在其设立之初所选定的 12 家工业企业，现在只有通用电气一家企业仍然留在道琼斯工业指数中，而其他 11 家曾如通用电气一样声名显赫的企业早已不复存在。这在很大程度上揭示了传统制造业行业中市场竞争的残酷与激烈。

当然，与制造业企业相比，互联网行业拥有更强的内部凝聚性，能够明显缩小互联网企业维系现有市场的客户管理成本。然而，由于摩尔定律的存在，互联网行业的更新速度远快于传统的制造业行业，这也导致了互联网行业的变革并不会明显弱于制造业企业。在很多情况下，互联网行业的变革往往源于技术创新对于传统互联网行业的摧毁，而不在于单个企业的运营决策，这也许是互联网行业不得不面对的巨大挑战。

案例 8—1

雅虎邮箱的自我毁灭

对于很多早期互联网用户来说，雅虎邮箱往往是他们无法忘却的回忆。作为最早进入电子邮箱行业的互联网企业龙头，雅虎公司于 1996 年就已在全球范围内为广大网民们提供电子邮件服务。的确，在互联网刚刚风靡全球之际，给朋友发一封 E-mail，瞬间就可以让朋友看到，并且在第一时间给自己回复。相较于传统的信函交际，不仅效率有了极大的提高，而且省却了购买邮票的花费，因此电子邮件的优势显露无遗。给朋友发送电子邮件，也成为很多人工作、生活中的日常选择。

由于长期致力于电子邮件市场的开发与维护，雅虎邮箱能够为客户提供更多的邮箱空间、更大的附件容量、更安全的病毒防范、更简洁和清晰的功能设置，它可以支持 21 种语言，在全球 192 个国家提供电子邮件的收发服务，因此也赢得了全球 2.43 亿客户的信赖，自然也就成为全球最大的电子邮件供应商。

尽管雅虎邮箱的创始人就来自中国，但作为一家全球的互联网信息服务商，雅虎在中国却一直没有找到稳定的盈利点。与习惯付款消费的欧美国家相比，收费电子邮件服务在中国始终步履缓慢，任何一个电子邮件商一旦宣布服务收费，很快就会出现大量客户的流失。被互联网免费模式喂刁了的中国网民，根本不愿意接受需要花钱才能享受电子邮箱服务的现实。因此，尽管拥有最庞大的客户群体，雅虎中国的电子邮箱业务却不能给公司带来足够的利润回报，反而让公司背负着沉重的运营压力。

为了更好地迎合中国客户，2005 年 10 月雅虎中国通过股权置换的方式将其股份全部出售给中国的互联网领导企业阿里巴巴，希望引入更多的中国元素，为雅虎邮箱的中国业务带来更多的市场机会。

然而，伴随着移动互联技术的不断发展，中国网民可以通过 QQ、微信等各种移动社交媒介实现便捷的联系，电子邮件在现代人工作、生活之中的地位已明显下降，进而导致雅虎中国的邮件服务长期处于衰退之中，尽管其业务仍能给雅虎带来巨大的流量，但其贡献率也在逐年下滑。

2013 年 4 月 18 日，雅虎中国给所有使用其电子邮箱的客户发送电子邮件，宣布将对电子邮件服务进行整体迁移，并于当年的 8 月 19 日停止服务。此后，所有客户的所有邮件以及邮箱的设置都将被删除，并无法恢复。

一时之间，舆论哗然。要知道就在 2007 年 9 月，雅虎刚刚高调地宣布推出终生邮箱，承诺用户的所有电子邮件都将被永久保存，自称雅虎不是把终生邮箱当一个产品来经营的，它要打造的是用户可以从一而终、共同度过的人生伙伴。可是豪言尚在耳边，其信誓旦旦的终生邮箱就成为短命邮箱，怎不令众多用户愤慨。

可以想象，如果不选择退出中国电子邮箱市场，尽管由于电子邮件的产品生命周期进入末年，导致其活跃用户数量不断减少，但对绝大多数用户来说，放弃雅虎邮箱，转投其他互联网企业门下，必须承担极大的麻烦，这就意味着你必须通知自己所有的通讯录好友自己的新电子邮箱地址，这将是一件非常烦琐的工作。显然，如果不是迫不得已，已经使用了雅虎电子邮箱的事实，将把其客户凝聚于此，客户们并不会轻易转换选择。

这种互联网企业所特有的内在凝聚力，是传统企业所没有的。例如，你平时喜欢喝牛奶，那么到底选择购买蒙牛、伊利，还是光明牛奶，也许对你而言并不重要，你完全可以根据心情或者商店的促销情况临时做出选择。而在互联网经济中，你绝对不可能一天换一个电子邮箱，随便更换互联网理财账户或者社交媒体账号，一旦你选择某一项互联网经济选项，它的内在凝聚力自然就能把你置于其中，而不会轻易转投他处。

然而，是生存还是毁灭，这是每一个互联网企业都在时时自问的问题。正如雅虎电邮服务败走麦城所展示的那样，由于互联网技术的飞速发展，互联网企业将面临更快的技术转换节奏与更短的行业寿命，即使客户并不轻言放弃，但是当行业整体进入衰亡期之后，这种历史的更替是任何企业无力回天的，因此互联网企业自然就面临着更严峻的选择。

三、网购的春天

对于很多人而言，选择网络购物，通过轻点鼠标选择商品，然后在家中坐待商品送上门来，已是日常生活的自然选择。甚至有些网络“剁手族”，上至家具、家电，下至青菜、萝卜，从最受网购族青睐的服装、图书，到各种美容、美颜化妆品，几乎都可网购。

2012 年 12 月 12 日，在中国中央电视台的 CCTV 经济年度人物颁奖典礼上，作为当时中国首富的万达集团董事长王健林和稳坐国内互联网经济头把交椅的阿里巴巴董事会主席马云，即兴提出了一场亿元豪赌，而他们不惜重金所赌的对象只是到了 2020 年，中国的电子商务能否在中国的零售市场中占据 50% 以上的份额。正是这场世纪豪赌，让电子商务在中国的飞速发展成为各大媒体热议的话题。

得益于互联网购物的兴起，曾经的光棍节“11 月 11 日”，早已被众多网购企业打造为网络购物的网购节，每年 11 月 11 日前后，关于控制女友或者妻子网购消费的讨论、节后众多网购达人关于“剁手族”的调侃、媒体对于快递公司爆仓的报道，让人充分领略了网络购物在现代生活中的巨大魅力。

可是，不知各位朋友是否还记得 10 年前或者更远的过去，网络购物是什么样吗？作为最早尝试网络购物的第一批网民，笔者在 20 世纪末就曾多次在网上购买商品，由于并不存在诸如支付宝、网上银行、快捷支付这些便捷的网络支付手段，当时也没有圆通、中通、申通、韵达等“四通一达”这样方便、经济、实惠的快递公司，最早的网购消费对象主要是图书、电话卡或者相对廉价的服装等有限的几种商品。网购者在诸如易趣、8848 等早期的网购平台选中心仪的商品后，还必须通过邮局或银行汇款，先把相关货款给卖家打过去，在卖家收到汇款后，才会安排商品的发货。这不仅导致网购者的权益很难得到保障，也极大地拉长了交易时间，购买一件商品花费半个月至一个月是很正常的事情，自然就极大地影响了网购一族的网购体验。

弹指一挥间，得益于现代信息技术的发展，在网购过程中不仅拥有像支付宝、财付通等第三方支付平台提供的保障，移动互联技术的飞速发展还为我们提供了诸如扫码支付、短信支付等方便快捷的支付手段，这也为网购在我国的繁荣发展创造了最关键的环境。尽管我们很难断言马云与王健林的世纪之赌到底鹿死谁手，但互联网购物交易已成为现代商业发展中不可忽视的组成部分。

可是，大家有没有考虑过，为什么互联网购物消费在十多年间能够取得如此巨大的进展，就连一些对计算机的基本应用技巧都不掌握的花甲老人也拿起鼠标，开始学习网购。网购俨然成为现代社会中必须掌握的基本生存技能了。它的这种惊人魅力是如何迸发出来的？

从发展环境看，互联网技术的日新月异和便捷、廉价的物流体系的建立自然是推动我国网购事业突飞猛进的核心因素。更重要的是，网购的普及形成了一种大众非理性行为，并产生了对于整个社会成员的吸引力和凝聚力，从而产生了一种集体思维，进而产生了一种对更大范围的社会成员的心理暗示和行为驱动。当网购成为一种潮流、习惯之后，就会自然而然地把更多的社会成员吸引到网购行为中，最终产生了一种全社会的网购风潮。

案例 8—2

QQ 的兴起

QQ 是一款全国网民都非常熟悉的社交媒介工具，它是腾讯公司于 1999 年 2 月推出的一款即时通信工具。QQ 的原名是 OICQ，在其推出之初，很多早期网民其实更乐于使用其原型 ICQ。当然，从相似的名字也可以看出QQ对于ICQ的模仿。

然而，作为一款由外国设计师设计的全球性即时通信工具，ICQ的用户遍及世界各地。如果我们用它来搜寻聊天对象，则它所搜寻到的对象往往也是来自世界各国。如果用它与外国人聊天，显然需要聊天者拥有较高的英文沟通水平。事实上，真正有时间、天天泡在网上聊天的网民绝大多数都是大中学生，尽管这个群体掌握了一定的英语水平，但他们通常并不具备熟练使用英文进行交流沟通的能力。

更重要的是，尽管在QQ推出之初，很多人选择利用它在网上寻找陌生网友、结交朋友，但他们宁愿结交同处一个城市、在地理位置上感觉更为接近、随时有机会在现实中见面的网友，而不是远在海角天涯、几乎注定无缘见面的外国网友。因此，除了少数利用ICQ练英文的准出国留学生，在OICQ推出之后，基本没有中国网民再选择ICQ了，他们很自然地选择更为中国化、更具地域属性的QQ产品。

但是，在腾讯推出OICQ之初，其注册用户可能只有马化腾和他的创业伙伴张志东两人。在这个时候，想要吸引一个新的注册用户都会很困难，因此对于很多人而言，一款即时通信工具使用的人越少，则利用它来完成社会交际的难度就越大：一是你的朋友都没有注册，就算你注册了，你也无法通过它和朋友实现即时通信；二是使用的人太少，这也意味着你想利用它寻找新的陌生网友同样很困难，因为你根本没有太多的选择余地。

可是，随着越来越多的人加入QQ之后，为了与朋友保持联系，他会推荐自己的好朋友一起注册使用QQ，这就像滚雪球一样，不断地增大 QQ 的用户规模。在 QQ 推出短短 9 个月后（即当年的 11 月），它的用户已超过 6 万人；2000 年 4 月，它的注册用户超过了 10 万人；2001 年 2 月，在 QQ 推出恰好两年的时候，它的用户数量已超过了 100 万人。到了今天，几乎所有的中国网民都拥有一个，甚至多个属于自己的 QQ 账号，QQ 已成为中国互联网经济发展的一个标志性符号，而腾讯也成为中国互联网经济的一面旗帜。

其实，与 QQ 的兴起一样，网购的发展也会经历类似的缓慢起步、提速、飞跃这样的发展历程。在中国刚刚引入网络购物之际，网购还是一种新鲜事物，因为客户少，所以市场有限，也不会有太多的企业愿意投身网络销售。这就形成一种明显的马太效应，强者愈强，弱者愈弱，反而制约了网购市场的扩大。中国的网购市场规模每增加一点，都需要从业人员付出百倍的努力。

随着中国网络销售市场的逐步规范，市场规模也开始稳步扩大，此时会有更多的互联网企业愿意投身其中。我们见证了 2003 年以后淘宝的创立，以及一年后支付宝的横空出世。伴随着淘宝购物的蔚然成风，“四通一达”等物流公司也得到了前所未有的发展机遇。自此，中国的网购发展自然就走上快车道了。

可以想象，当网购成为一种时尚，成为一种普遍的生活态度后，它才会被更多的民众所认识和接纳，许多民众会在身边朋友的影响下，通过一种自然的模仿与学习来试水网购，并逐步转变为网购达人。这样的演化过程看似是一种水滴石穿的过程，但它的发展演化却不是均衡的，它在早期更像一种缓慢的发酵积累过程，达到一定程度之后，量变就会引起质变，并促成一种爆发式的迅猛增长。

促成这种发展态势的主要原因是大众非理性行为的存在，只有当一种行为慢慢产生并形成一种具有影响力的社会潮流之后，才会影响周围其他社会成员的行为，而后引发其他社会成员的模仿与学习，最终使得这种行为成为大家共同的决策行为，而后它的发展自然就是一种爆发式的增长了。这种现象在互联网经济中表现得更加淋漓尽致。

案例 8—3

“双十一”果真是网购的最佳时机吗?

在生活中，我们总觉得自己是理性人，可以客观、公正地做出最符合自己利益的行为决策，特别是在日常的消费行为中，我们总能客观地评价消费和实际的花费，在众多的消费选择中，所有人都会理性地选择最合算、最符合自己利益的消费行为。然而，这样的想法真的符合现实吗？也许我们在众所周知的“双十一”网购节中的行为选择，能够从一个侧面为我们揭示问题的答案。

随着现代互联网经济的发展，11 月 11 日，这个由一连串 1 构成的奇特日子，已经从传统意义上的“光棍节”被彻底改造为众多网民狂洒真金白银的网购节。

也许并没有太多的人知道，已成为网购狂欢节的“双十一”的诞生只是一个历史的偶然。2009 年，马云突发奇想，希望创立一个只属于自己旗下的淘宝节日，之所以选择 11 月 11 日，则完全是一个偶然，也许是因为这个日子听起来很特别，也许是因为这个日子恰好夹在国庆黄金周与圣诞促销季之间，也许是因为它正处秋冬相交之际，正好是很多人添置冬装的时候。当然，实际上，网购狂欢节选择在11月11日还是15日，或者是其他日子，都不会有任何区别。唯一的特别之处就是，包括马云自己也不会想到，这个偶然选定的日子居然能在短短数年之内成为了中国网络交易的里程碑。

2009年，第一个“双十一”过得似乎有些暗淡，尽管淘宝推出了一系列促销活动，然而并没有收到太过明显的实际效果。“双十一”当天，整个淘宝的全部成交量只有5 000万元，然而这是一个奇迹的开始。

一年以后，淘宝交出的“双十一”成绩单是9.36亿元。2011年，成交量增至33.6亿元。到了2015年，有来自世界各国的4万多个商家带来了3万多个品牌、600多万款货品参加阿里巴巴的“双十一”狂欢，仅仅28分钟，成交量就已突破了100亿元大关；一天之内，阿里巴巴创下912亿元的天文成交量，为中国电子商务的繁荣做了一个惊人的标识。

令人惊喜的是，现在的“双十一”已不是阿里巴巴一家的独角戏，京东、苏宁、亚马逊甚至远在大洋彼岸的欧美国家的一些电商企业，也积极加入了这场网购盛宴，“双十一”早已从马云最初设想的阿里巴巴自己的节日演变成全球电商企业的共同节日。

然而，随着“双十一”的日渐红火，一些消费者发现：尽管在“双十一”期间很多产品的价格大幅下降，但实际上，电商企业在“双十一”前先把价格大幅提高，到“双十一”那天再降价，其所谓的促销价格甚至比平时的价格还高。为了应对这些电商企业先提价、再降价的假摔伎俩，一些能够反映网购商品价格变动历史轨迹的比价软件开始走红于网购领域。

尽管在2015年的“双十一”之前，阿里巴巴就已放出风声要打击先涨后降的假促销、假降价行为，然而当“双十一”到来之际，一些广受网民欢迎的比价软件（比如惠惠网购物助手、如意淘、喵喵购等）纷纷宣布因为“你懂的”原因，而停止提供反映网购商品价格历史走势的服务，并在12日恢复了正常。这似乎也揭示了阿里巴巴对于旗下卖家的假促销行为完全是心知肚明的，正是由于对其商品的真实促销力度没有信心，才给众多比价软件公司施加压力，迫使它们在“双十一”期间停止比价服务。

事实上，在网络购物促销已常态化的今天，电商在“双十一”期间能够提供的促销力度并没有想象中的吸引力，而“双十一”期间一些不良电商借机销售过时、过季、质量低劣商品的行为，以及快递爆仓、物流时间延长等现象的常态化，更是极大地伤害了众多网民网购的体验。可是，为什么这些都无法阻挡网民们的网购热情呢？

如前所述，“双十一”的兴起，得益于其培养了一种消费习惯、消费潮流，当所有消费者都在潜意识中认为“双十一”是一个最佳的网购时节，即使网购的体验不佳，可是当所有人都在抢着网购时，就会给身边人一种心理暗示，大家的选择是最合理的，如果自己不网购，就吃亏了，而采取跟随战略，也进行一些相应的网购交易，自然就成为理所当然了。

尽管“双十一”最早只是马云设想中的只属于淘宝的网购节日，但当阿里巴巴行动起来，通过各种或真或假、或大或小的促销行为吸引网民的购买行为时，如果其他电商不随之跟进，由于网民的消费能力都是相对稳定的，当他们选择参加阿里系电商的购买时，自然就会减少对于京东、当当、苏宁等其他竞争对手的消费，也就是形成了对于阿里巴巴众多竞争对手的巨大竞争压力，自然也就迫使其竞争对手选择与之相仿的竞争策略，也通过大力度的促销活动来维持自己的业绩稳定。当降价促销成为一种业内的普遍选择时，“双十一”自然就成为整个行业的网购狂欢节了。

事实上，尽管在早年的“双十一”中，先提价、再涨价，过时、过季、质量低劣产品的降价促销成为一种全行业的秘密，但随着中国网购市场的发展，中国网民也变得更加成熟，假促销、假降价再也无法撬动消费者的购买力了，因此直降、返券、满返、赠品、抽奖等真实的促销行为已成为“双十一”的主流，而“双十一”网购也变得更加合算，自然就吸引了越来越多的中国网民参与这场网购盛宴。

第二节　打车软件大战硝烟背后的大众非理性现象

一、打车软件的“烧钱”大战

如果问起2014年以来，在中国互联网经济中激战最激烈、拼杀最为白热化的战场，不是每年“双十一”众多电商之间的促销大战，也不是淘宝、天猫无数电商之间常态化的价格战争，而是与我们每个人的生活结合更紧密的打车市场。

从2014年初开始，快的和滴滴为争夺出租车网络约车市场而展开补贴打车之战，短短不到半年时间，兴起已有数年却始终波澜不惊的打车软件领域，由于阿里巴巴和腾讯两大互联网巨头的杀入，猛然掀起波澜，在激烈的补贴大战后，曾经群雄逐鹿、处于战国时期的打车软件市场就只剩下平分天下的快的和滴滴两家寡头。

出租车网络约车补贴大战的硝烟尚未散去，随着优步这一外来和尚的一通乱拳，快的和滴滴两大本土网络约车寡头奋起反击，再加上嘀嗒拼车和神州专车几支新兴力量的异军突起，专车这一从来没有被世人所关注的领域，却在不知不觉中成为激战最酣的战场。这场战争从传统的出租车网络约车到价廉物美的快车，从高端优质服务的专车到合伙拼车和代驾等小众租车服务，再到一键呼叫直升机、游艇等网络噱头，似乎打车软件领域的一通混战已蔓延到交通出行的每一个角落。

回首打车软件市场的一场场缠斗，补贴与创新是贯穿整场战争的关键词。阿里巴巴控股的快的和腾讯控股的滴滴通过不断地创新，把打车软件市场化为两大互联网阵营第三方支付平台的支付渠道争夺，又通过持续创新，把战火延续到专车、拼车、代驾等有关现代人出行的所有领域；值得研究的是，作为外来者的优步更是把欧美互联网企业的浪漫情怀引入了中国的互联网经济大战，与本土企业强调直接经济补贴的硬桥硬马式的以力取胜、一力破十会不同，优步根据不同节日、不同客户群体设计出别出心裁的营销策略，更突出以柔克刚的四两拨千斤，已成为经典的经营策略；神州专车反击“黑专车”的一系列广告固然引起了巨大的争议，但在互联网社会，只有争议才有关注，它为神州专车吸足了眼球。从网召出租车的平分天下，再到专车市场的群雄割据，我们见证了众多打车软件公司你方唱罢我登场，大家八仙过海、各显神通的精彩表现，这不仅为中国的互联网经济留下了浓墨重彩的一页，更为现代企业管理，特别是营销、广告留下了无数的经典案例。

在这场打车软件大战中，给世人留下最深印象的却是众多打车软件公司大把“烧钱”、不惜重金补贴客户打车，不惜一切代价争夺市场份额的决心与豪情。2014 年 1 月，这场互联网打车软件战争刚刚打响之际，也是中国主要城市居民最幸福的日子，滴滴从最早的每单补贴客户 10 元钱，很快提高到每单补贴 12 元，而它的最大竞争对手快的则高喊“永远比对手多补一元”的口号，直接把补贴提高到每单 13 元。这也意味着在很长的一段时间内，中国的很多消费者都可以享受免费打车的意外之喜。从补贴大战兴起，再到 2014 年 5 月两大软件公司同时宣布停止对客户的现金补贴，在短短的四个月时间内，两大打车软件公司直接烧掉超过 15 亿元资金，可谓下足了血本。

在出租车网络约车大战刚刚平歇之际，优步这一来自大洋彼岸的外来者再次打破了打车软件领域难得的平静，与出租车网络约车之役关注于对客户群体的补贴不同，优步直接把补贴的重心转向了司机群体。在笔者生活的天津，2014 年底优步刚刚进驻时，优步司机每接一单活儿拿到的补贴居然高达 50 元。这也直接导致很多最早加入优步的专车司机在 2015 年前几个月，每个月可以轻松达到一两万元的纯收入。这不仅远高于传统出租车领域的正常收入，在社会上也是难得的高薪一族。

伴随着阿里旗下的一号专车，腾讯旗下的滴滴专车，标榜高端、专业的神州专车的相继杀入，众多专车公司无不关注于对司机的补贴。因此，加入某一家或者多家专车公司，享受专车公司的高额补贴，在自己的事业之余获得一份外快，已成为无数有车一族的共同选择。尽管伴随着国内相关管理部门对于专车管理态度的不明朗，各地对于专车模棱两可的态度，使得专车市场的斗争很快降温，但各大专车公司对于司机或者顾客的各种或明或暗的补贴却始终未断。由于高额的资金补贴，因此与竞争对手相比，谁能握有最后一块钱，似乎已成为众多专车公司赢得市场竞争的最终标志。

其实，正如前面博弈中大众非理性行为分析所介绍的那样，当所有专车公司一起选择高额补贴、重金“烧钱”时，不同公司的补贴其实是相互抵消的。对于客户而言，大家都提供补贴其实与大家都不提供补贴并没有差异。从某种程度上说，补贴迫使众多打车软件公司陷入“囚徒困境”。大家都知道，取消补贴对各种市场分割并不会有太大的影响，可是当其他打车软件公司没有选择取消补贴时，自己选择取消补贴，那简直就是找死，明摆着看众多客户“以脚投票”、放弃使用自己的软件。可是，如果大家都不停止“烧钱”、不停止补贴的话，那绝对是在等死，总会有那么一天，所有打车软件公司从市场中筹集来的资金会被烧光，那时就将是整个市场死掉的日子。从这个方面来说，补贴带来的结果不是找死就是等死。显然，这不是一个最佳的结果，这也使得打车软件公司的补贴大战表现为一种典型的大众非理性行为。可是，聪明如马云、马化腾这样的互联网大佬，怎么会看不穿如此简单的一幕呢？他们为什么固执地坚持补贴策略不动摇呢？

当各大打车软件公司的补贴大战转战司机群之后，专车司机中的刷单就绝不是秘密。打开淘宝网，搜寻“专车刷单”，一度可以查到数万条各种刷单信息，就连笔者在乘坐专车时，司机也会毫不避讳地跟笔者大谈刷单心得。特别是在优步刚刚进入各大城市之初，在几乎没有乘客了解专车情况的背景下，它所提供的巨额补贴绝大多数都被各个刷单的司机以违规的手段骗走。难道提供补贴的各大专车公司真的太傻太天真，它们真的看不穿众多司机的小伎俩吗？如果真的怀有上述想法的话，那么大家把各大专车公司想得太简单了。

打车软件的补贴与前面所说的网购也罢、QQ 账号也罢，并没有本质的区别，在它们刚刚推向市场时，它们想要争取一名新客户都必须付出巨大的代价。在此期间，各大打车软件公司本来就是抱着赔本赚吆喝的想法而杀入市场进行“烧钱”的。公司在控制司机刷单方面越不利，往往会让更多的司机觉得有机可乘，他们会争相把这些赚钱的小窍门向自己的亲戚朋友介绍，让他们也能跟自己一起轻松赚得大把钱，这反而有利于吸引更多的司机加盟，或者吸引更多的客户乘车。

可以想象，如果从一开始优步、滴滴就严堵刷单漏洞，对所有涉嫌刷单的司机严惩不贷，一点儿违规操作的机会都不给司机的话，可能就不会有太多的司机对它们的打车软件感兴趣，而打车软件的普及自然就不会太过理想了。

特别地，打车软件大战的第一役是在出租车领域。在绝大多数城市中，出租车都处于绝对垄断的地位，它们根本就不愁接不到活，只要开在路上，基本空驰不了多久，就会有人招手叫车，这种衣食无忧的生活也使得更多的城市出租车都以挑活、选活而著称。因此，打车软件公司所宣称的可以提高出租车运行效率的优势，根本起不到吸引司机的作用。

如果只是免费给司机提供软件服务，或者给司机提供补贴，但严格打击司机的刷单行为，那么这些小软件根本吸引不了通常更喜欢听广播，而不是玩手机、上网冲浪的出租车司机。在补贴大战之初，滴滴和快的给各地出租车乘客的补贴通常远高于当地的起步价，这就意味着乘客乘坐出租车时，只要在补贴额以内，付多付少都对自己没有影响。那么，更多的乘客会主动选择做一个顺水人情，按补贴额度而不是实际打车金额向司机付款，这自然就给司机带来了更多的收入。此外，平时偶尔还可以请亲戚朋友帮助刷单，一下子收入自然就比平时多多了。因此，就连很多从来不使用手机上网的司机都开始购买智能手机，学着使用打车软件。这样一来，打车软件还能不火吗？

当软件的用户规模达到一定程度后，就能形成巨大的动能，足以自发吸引更多的司机与乘客。此时，自然各大软件公司就开始清理门户，严厉打击违规刷单、骗补贴的行为了。打一个比方，就好像一辆没有发动机的汽车，一开始想让它启动起来，必须给它一个足够大的力，才能把它从静止推到运动状态。可是，一旦它已达到运动状态后，再想维持它的运动就很简单了，依靠惯性，我们只需要再给它一个小小的力，就可以保证它能够继续前行。

因此，回首打车软件市场的一幕幕补贴大战和市场争夺，我们能够明显看到大众非理性行为的痕迹，各大打车软件公司正是通过一场场补贴，引导市场行为，最终实现了打车软件市场从无到有、从小到大的蜕变。

二、甩不开的补贴

正如前面的分析，对于打车软件市场而言，在市场尚不存在、民众接受度不高的情况下，可以通过高额补贴的方式改变民众的行为选择，引导社会决策行为，从而达到培育市场、实现自身发展的目标。

然而，当市场发展到一定程度时，其实凭借规模优势，打车软件已可以实现独立运营，即使在没有补贴的情况下，依靠庞大的成员规模，它就像一辆处于奔驰状态的汽车一样，完全可以依靠惯性，通过社会成员之间的学习与模仿，实现自身的发展。可是，事实并不像我们想象的那么简单，在打车软件市场中，补贴从来没有真正的消失过，这究竟是为什么呢?

正如我们看到的那样，在第一阶段出租车网络约车大战中，当快的和滴滴两大软件公司在短短三个月的补贴大战中，烧掉超过 15 亿巨款之后，哪怕是马云和马化腾这般巨富，也承受不起如此严重的损失。当时的中国首富马云首先放低姿态，表达出和谈的意愿，呼吁双方坐下来友好地谈一谈，当然所谈的内容就是如何一起降低补贴。而马化腾也就坡下驴，马上接受和谈的提议，两家公司也开始同时甚至同步逐步降低对于乘客与司机的补贴。

曾经有过短暂的一段时间，两家软件公司曾试行过基本取消补贴，结果双方在网络媒体上遭遇了铺天盖地的吐槽以及大量乘客与司机的流失，不得不再次恢复补贴。截至笔者撰写本书时，在各大打车软件市场中，软件公司的补贴已降至极低，比如不到九折或者一两元的现金折扣券，但其补贴却没有完全消失。

如果按大众非理性行为的逻辑判断，各大打车软件公司似乎又陷入了一场新的大众非理性行为中。经过近两年的“烧钱”大战，可以说，无论是最基础的出租车网络约车，还是专车、快车，抑或是代驾、拼车市场都已基本成型，各大软件公司的市场份额也相对稳定，都拥有了相当规模的忠实客户。例如，作为一名打车软件的忠实用户，即使在毫无补贴的那段时期，笔者在出行时仍会习惯地拿出手机来呼叫车辆，而不是随意到路边碰运气。这样的消费习惯固然是得益于各大软件公司早期的“烧钱”大战才逐渐形成的，而一旦形成，这种消费习惯就不会轻易消失。这个时候，大家都不补贴与大家同时补贴的效果，自然就没有太大的差异了。

显然，按照传统的经济博弈思维，当所有的软件公司都取消补贴时，它们淘汰的只是单纯地被补贴而引入的、本来就难以给软件公司带来经济收益的劣质客户。大浪淘沙之后，留下的是最宝贵的、能够保证它们运营收益的优质客户。从这个方面说，补贴的取消不仅可以在相当长的时期内保证公司运营的相对稳定，而且由于减少了大量现金补贴的支出，只会使公司的运营状态更佳。

可是，如此简单的道理，为什么各大软件公司不知道呢？为什么大家明明已达成协议并取消了补贴，但又纷纷重拾补贴大旗呢？问题的答案似乎又回到了本书再三分析的大众非理性行为了。

正如前面所说的路径依赖所反映的现象一样，由于打车软件市场的建立与发展完全得益于众多软件公司慷慨的经济补贴，因而社会公众已习惯于补贴的存在了。当然，补贴得多，大家会更开心；补贴得少，至少也能帮助用户降低打车成本，苍蝇虽小也是肉，大家也不会嫌弃。可是，如果完全取消了补贴，问题的性质就完全变了，要让被各大软件公司喂肥了的用户再回到完全利用自己的钱打车的老路上去，简单是无法接受的痛苦。

实际上，在打车软件兴起之前，自费打车完全是一种理所当然。可是，补贴实际上就是在自费打车的草地中通过用钱影响人的行为选择，慢慢地踩出了一条小道。在没有小道的情况下，大家按秩序绕过草地是理所当然的，可是当草地上已经有人踩出的小道时还不让人走这条捷径，那可要惹得天怒人怨了。

由于打车软件市场始终伴随着补贴的存在，因而在用户的心中已把补贴与打车软件紧密地联系了起来，从而形成了一种难以变更的概念。因此，取消补贴简直就是挑战传统，挑战客户的忍耐程度，是一种让人难以接受的令人反感的市场策略，它自然会引起市场的极大非议，导致用户纷纷“用脚投票”，放弃使用打车软件。

其实，软件公司对于用户的补贴，有些类似于某些地区的扶贫。当贫困人员习惯了外来援助后，他们就会形成一种路径依赖，把别人的好心视为一种理所当然，一旦援助者减少援助，他们不但不感恩，反而会怨恨援助者。软件公司与其冒着丢失用户的风险取消补贴，不如维持一种小额度、低频率的补贴。这样一来，自己的经济负担不大，还能维持更多的用户群体，自然是一种最理性的选择了。

导致众多软件公司恢复补贴的另一个原因就在于它们希望利用补贴从竞争对手处挖得更多的用户，与最早的补贴大战一样，当所有的软件公司都取消补贴后，如果一家公司恢复小额补贴，而其他公司仍不给予补贴的话，它自然能在市场竞争中赢得更多的客户。当然，如果一家公司选择补贴，相信其竞争对手为了不丢失客户，也会选择跟进补贴，这就使市场陷入一种无奈的“囚徒困境”。如果大家继续这场补贴竞争，则新一轮“烧钱”补贴大战又会兴起，而这是所有软件公司都不愿意接受的事实。

正是出于上述考虑，每一家软件公司都会推出小额补贴，一方面，可以吸引更多客户，维持自己的市场地位；另一方面，它们希望不过分地惹怒竞争对手，至少不引发新一轮补贴大战，并把补贴额控制在一个大家都可以接受的范围之内，这就成为众多软件公司博弈的最终平衡点了。

三、专车服务应该更贵吗?

自阿里巴巴和腾讯两大互联网巨头杀入网络约车市场后，打车软件的市场纷争就没有停歇过，特别是当滴滴和快的两大最早的打车软件公司挥霍着投资人的真金白银、狠砸市场之际，忽然从大洋彼岸杀入一个搅局者优步，在现有打车软件公司没有关注的、利用社会闲置车辆发展网络约车的新领域又掀起了一场血雨腥风。

与最早仅利用出租车公司的车辆发展网络约车的模式不同，专车约车所涉及的车辆大多是根本没有运营证明的社会车辆，而且车辆的优劣与司机驾驶技术的好坏也参差不齐。当这些没有合法运营证明、没有挂靠车辆公司、没有司机资质证明的社会车辆进入网络约车市场后，它们不仅不用像正规的出租车那样每月交纳高昂的份子钱，甚至可以从打车软件公司那里获得远高于驾驶服务收费的经济补贴。在进入各地市场的初期，很多专车司机的月收入可以轻松过万元，这更让拼死拼活、辛辛苦苦拉一天活儿也赚不了几块钱的正规出租车司机眼红不已。

在进入市场初期，由于打车软件公司高额的补贴，很多豪车也选择加盟专车，希望利用业余时间赚点外快，于是很多打车者惊喜地发现，自己使用打车软件约车，居然能够约到宝马、奔驰等豪车，甚至玛萨拉蒂、保时捷等价格不菲的世界名车，而乘坐时所花费的车钱居然比乘坐很多车况很差的出租车还少。在很长一段时间，一些专车乘客会为仅花几元钱而乘坐一款自己从未坐过的豪车开心不已，这更是极大地挤压了传统出租车的生存空间。

自从专车服务推出之后，很多传统出租车的业务锐减，在很多城市都出现了出租车司机“钓鱼”举报专车非法运营，出租车司机集体集会抗议运管部门对专车运营管理的不力，甚至出现多起出租车司机打砸专车车辆，对专车司机采取暴力的违法行为。

的确，对于很多专车来说，由于其车型更好，因而它的正常运营成本应高于正规出租车，但由于专车不用交份子钱，反而可以以远低于出租车的价格进行运营，这让出租车司机怎么活啊？

2015 年 8 月初，当一场突如其来的暴雨光临北京之后，由于道路积水严重，因而马路堵塞、车行缓慢，而北京上下班高峰的打车难变得更加严重，很多市民冒着暴雨在路边苦等数小时，哪怕把手挥得酸痛，也只见一辆辆或载客或空驰的出租车疾驰而过，根本不会为自己稍做一丝停留。当乘客们打开优步、滴滴等打车软件后，街上也难得见到几辆运营的专车。当乘客心存幻想，希望呼叫一下专车时，各个打车软件系统均提示，因为当时打车需求过高，如果乘客要继续打车，就必须接受动辄四五倍的动态加价，意味着平时乘坐专车只需要十几元的路程，在暴雨之后，可能就涨至近百元，加价的幅度可谓不小。如果乘客不愿意接受动态加价，那么在用车高峰期，他们是不允许使用各打车软件呼叫专车的。因此，乘客们要不挤得头破血流地回归公交系统，要不只能在路边看运气、拼人品，等待由正规出租车接送。

在很多人看来，补贴只是众多打车软件公司在开拓市场初期的权宜之策，一旦没有补贴或者补贴降低了，专车的价格自然就会提高，毕竟扣除出租车交给公司的份子钱之外，车价更高、车型更优的专车上路行驶的单位成本要高出很多。因此，当专车市场基本稳定、各大专车公司相继推出动态加价系统后，很多业内人士发出感慨：我就知道专车要涨价，猪养大了就得杀了吃，既然市场稳定了，没有一个公司还能承受长期巨额现金补贴的成本压力，只有通过涨价给司机提供更多的利润空间，专车公司才留得住司机，也只有通过涨价，才能给专车公司更大的空间，从司机利润中提取费用，形成自己稳定的利润源，培养出属于自己的盈利模式。

可是没有人想到，这场涨价纷争会来得如此之早，涨价幅度会如此巨大。一时之间，各大打车软件的动态调价机制开始为国人所认识，它们也被民众谴责为趁火打劫，进而饱受舆论的批评。可是，作为众多市场化运营的打车软件公司，它们本来就拥有自己产品与服务的定价权，因而自然有权在合理的范围内适时制定最合适的价格。那么，为什么顾客对于这种动态加价却如此排斥呢?

如果从经济思维来说，通过价格杠杆适时调节供需的变化，使市场始终保持在市场出清、供需平衡的水平，既不会有过多的车辆供应而导致太多司机出来却接不到活、白白空等，也不至于使过多的乘客处于打不着车的尴尬境地。显然，这是一个极为天才的想法。如果各大软件公司的打车软件能够实现这一目标，显然是很值得许多拍脑袋决策者深入学习的经验，毕竟这一想法能够最大限度地提高资源的利用效率，减少资源错配所导致的浪费和闲置。

可是，如果从消费心理学上说，动态加价是一个绝对的败笔。正如前面榜样的力量所介绍的那样，决策者在进行行为决策时，并不是单纯的、静态的、从自身利益基础上进行成本一收益分析，他往往是处在与其他状态的比较，比如与身边的其他决策者或者自己以前的决策进行优劣比较，然后得出相对理性的选择，但不追求绝对的最优。从某种意义上说，个人的决策始终是一个只求更好、不求最好的思维定式。

因此，在个人决策中所选择的对比对象就很重要了，不同的对比对象会让人产生完全不同的决策结果。比如下棋，如果一个棋艺平平的棋手老和臭棋篓子下棋，自然胜多负少，他就会对自己的棋艺拥有更高的信心；相反，如果他从学棋之初就一直与高手过招，也许要不了多久，他就会对自己的棋艺失去信心，进而放弃学棋的意愿。

同样的例子，因为动态加价是一种偶然的加价行为，而不是大家所熟悉的要加价就始终加价、要降价就普遍降价的统一行为，自然无法避免用户在交易之初选择与此前的交易进行比较。比如同样的一段上班路程，平时只要 20 元，可是动态加价后，一下子涨价到 100 元，显然客户会对这种临时性的、突发的大幅涨价更为敏感，心中自然顿生排斥之心。

其实，伴随动态加价的是在很多城市，一些专车公司也曾调整过单位里程收费标准。比如在笔者记忆中的天津，滴滴就曾从每公里 1.3 元涨至 1.5 元，一号专车就曾从每公里 1.5 元涨至 2.6 元。尽管这样的涨价会使客户的乘车成本有所上升，而且在涨价之初也会使乘客牢骚满腹；但是，如果乘客知道以后都是同样的价格标准后，就会自行决定继续使用打车软件，还是转投其他交通工具。此后，愿意继续使用打车软件的乘客，通常也不会再对高昂的价格产生更大的排斥心理了。

可是动态加价就不一样了，现在的价格与一分钟之前可能都不一样，而一分钟之后再选择打车，价格又不一样了。因此，从乘客的角度看，价格调整的频率更高，调整的幅度更大，不同时期的价格比较差异更为明显。在长期低价策略的影响下，乘客不会觉得平时乘车比高峰期更便宜，自己占了打车软件公司的便宜，而会觉得是贪婪的打车软件公司提高了自己的乘车成本，导致自己的乘车费用出现如此巨大的变化，自然就产生更多的非议了。

事实上，如果换一个比较对象，打车软件公司的动态加价其实并不是完全不可接受。如果让乘客对比冒雨站在雨中长时间打不到车的痛苦与在动态加价时段高价乘坐专车，那么相信仍会有较多的乘客选择动态加价。只是在传统的出租车市场中，出租车并没有类似的动态打车机制。乘客知道，如果自己不接受动态加价，并且能够侥幸坐上一辆正规出租车，其实是可以以更低的成本和基本同样的舒适程度完成自己的行程。在有两种或者更多选项的时候，人们自然是在多个选项之间进行比较。因此，对于消费者而言，他们往往是在动态加价的高价乘车与平时的低价乘车以及动态加价的高价乘坐专车和价格保持不变的正规出租车之间进行比较。在这两种常见的思维模式下，动态加价都不是一个更优的选择，那么它遭受批评也就不足为怪了。

事实上，尽管正规出租车没有动态加价机制，但它们的司机仍可以“用脚投票”，他们在暴雨夜更多地选择留在温暖的家中休息，而不是辛苦跑车，却无法获得更多的收入。因此，这使各大城市民众所诟病的高峰打车难现象愈演愈烈。在特殊环境下，出租车的市场供需严重失衡，从而导致各地出租车市场的种种乱象，诸如在机场、火车站的宰客，在恶劣天气下的拒载等。从这方面来说，其实动态加价为这些出租车市场的乱象提供了一个解决的思路。

但问题是，如果在可以动态加价的专车和不可以动态加价的出租车并存的环境中，单方面选择加价的一方自然会在另一方的衬托下显得更为势利、更为见利忘义，而另一方的打车难、服务态度差等劣势在这种不加价的衬托下，都显得那么的不重要。

从某种程度上说，阻碍专车动态加价的最大障碍，恰恰是正规出租车不能加价的机制为消费者提供了一个反面的比较对象，在它的衬托下，能够打到车这个动态调价机制的最大优势反而被选择性地遗忘了。

其实，伴随着专车市场的逐渐成熟以及管理层对于专车市场管理的日臻完善，专车的一些市场化调节、信息化技术、灵活的运营策略等优势将能在更规范的制度框架下得到更好的发挥。当这个市场最终成熟、完善后，无论是运营单价的上涨还是动态加价机制，也许在消费者心中，应将其与及时、高效、优质的用车服务结合起来，消费者不会再在心中简单地比较专车与正规出租车的价格差异。而软件公司更多地关注差异化的市场分隔和精准的消费群体选择定位。也许到了那时，专车市场的涨价也不会再成为大家议论的话题了。

第三节 规模为本

一、暴富的互联网英雄

其实，如果深入反思前面所说的打车软件市场的补贴大战，可能很多朋友不禁自问："这些打车软件公司哪来这么多的钱用来砸市场，给司机和客户补贴呢？"

的确，据媒体报道，2014 年 3—5 月在出租车网络约车市场补贴鏖战正酣之际，仅仅两个多月，快的和滴滴两大软件公司就砸下了超过 15 亿元的补贴资金。也许大家会觉得因为快的和滴滴两大公司背后矗立着阿里巴巴和腾讯两大土豪级的金主，花上十来个亿，一般人或者企业觉得是一笔巨资，但在这两大中国互联网经济的领导企业看来，并非绝对不可承受。

然而，像现金补贴这样的"烧钱"大战，哪怕对于一个规模庞大的大企业而言，也绝不是一个小负担，毕竟这样的"烧钱"行为似乎在短期内根本看不到任何经济回报，简直就是一个吞噬公司资金的无底洞，绝对是一个由冲动而引发的非理性行为。

然而，在互联网经济中，类似的"烧钱"大战却比比皆是。在阿里巴巴多年的培育下，每年的 11 月 11 日（传统意义上的"光棍节"）早已成为众多互联网购物者的购物节日，各大电商纷纷设计名目繁多的促销策略，以吸引网民的关注、增加网店流量，导致每年"双十一"的网络成交量均达到天量。2014 年，仅阿里巴巴旗下的淘宝、天猫在“双十一”一天的成交量就达到 571 亿元。到了 2015 年，这个数字居然增长到了 912 亿元。这对于刚刚红火没几年的网络交易而言，绝对是一个值得铭记的事件。

刺激众多网民掏空钱包的，自然是各大电商花样百出的促销大战。各大电商之间的促销大战吵得震天响，直降、满减、折扣、抽奖等各种促销手段层出不穷，而众多网民自然乐得坐山观虎斗，坐享便宜、实惠的购物体验。

由于过大的促销力度，实际上绝大多数网店是在赔本赚吆喝，尽管成交量屡创新高，可是相当多的交易是不赚钱的，甚至是赔钱的。每年的“双十一”尽管赚够了公众的眼球，也成为众多网络电商展示自身实力的最佳窗口，然而在其背后，它们都必须承受巨大的资金亏损。这些亏损并不是由阿里巴巴、京东、苏宁等电商独自承担，站在它们背后的众多投资人才是真正赞助这些“烧钱”行为的冤大头。

可是，为什么会有如此多的投资人明明知道投资互联网经济不赚钱，还是争先恐后地削尖脑袋往互联网经济里钻呢？

事实上，自 20 世纪末互联网经济在中国兴起后，从门户网站到网络游戏，从电子商务到移动互联 APP，无数互联网英雄如过江之鲫，依靠他们对于互联网经济的敏锐洞察力和强大的市场敏感度，给网民们留下了深刻的印象。从早期的丁磊、陈天桥到马化腾、马云，从张朝阳、李开复到雷军、刘强东，在中国的富豪榜中，我们开始见证一个个互联网经济中的企业家的身价迅速攀升，自 21 世纪以来，丁磊、陈天桥和马云三位不同时代、不同行业、不同业务，甚至完全不同背景的互联网英雄，都曾坐在中国首富的交椅上，而互联网经济的创富效应更是引爆了网上觅金的互联网经济创业热潮。

一个非常有意思的问题是，尽管中国的互联网经济蓬勃发展，并且创造了无数的亿万富翁，可是真正赚钱的互联网企业并不多，绝大多数互联网企业都在循环创造着新互联网经济模式——迅速吸引市场关注——吸引大量投资人投资——连续“烧钱”——市场迅速扩张——钱烧光了——企业走向衰亡的命运。

对于绝大多数互联网企业来说，“烧钱”似乎是它们运营的唯一秘诀。如果烧光钱后，仍没有形成绝对的市场主导力或者无法形成明确的盈利模式，那么走上灭亡的命运似乎就是无法避免的了。

可是问题在于，投资人并不是大傻瓜，为什么他们明明知道绝大多数互联网企业都不赚钱，还是义无反顾地为众多互联网企业的“烧钱”行为提供资金支持，把互联网经济的泡沫越吹越大呢？

二、中国互联网经济中的免费策略

同样的互联网时代，中国互联网企业运营的游戏规则却与欧美国家存在极大的差异，早已被免费策略养刁了的中国网民根本不愿意接受收费的互联网服务，像国外运营得极为顺畅的收费下载正版音乐、正版软件的有偿使用、根据点播收费的在线视频服务在中国却进行得步履蹒跚。所有的中国网民都信奉既然有免费的，我何必花钱买服务的心态，任何一家互联网企业一旦推出收费服务，众多网民立马“用脚投票”，纷纷弃之而去，并转投其竞争对手门下。

在免费制胜的环境之中，哪怕再成功、再受消费者欢迎、拥有再多忠实客户的互联网企业也不敢轻言收费，哪怕深受中国网民喜爱的QQ，由于曾经一度推出有偿申请QQ号码，从而给MSN、飞信等竞争对手提供了更多的发展空间，以至于错过了独占中国网络社交媒介市场的最佳机会，而收费也被视为腾讯发展中最失败的经营策略之一。

中国互联网经济的发展形成了一个类似于“囚徒困境”的大众非理性行为选择。所有互联网企业都知道，如果坚持免费策略，自然会影响自己的收益，进而影响企业的可持续发展。然而，如果所有的互联网企业都选择免费向市场提供服务，这就意味着任何一个企业胆敢率先选择收费，那么在很短的时间内，它就将被市场所抛弃。显然，对于众多的中国互联网企业而言，最佳的选择是所有企业一起收费。可是，在没有硬约束条件的情况下，没有任何一家互联网企业相信竞争对手会信守诺言，与自己保持一致，大家共同收费。毕竟，如果其他相同领域的互联网企业都选择收费，那么仍然坚持免费策略的唯一企业自然可以赢得更多用户的信赖，从而获得一支独大、独霸江湖的绝佳机会。

因此，中国互联网经济的发展就出现了非常有意思的一幕，所有的互联网企业都坚持免费策略，结果几乎所有的互联网企业都不赚钱。从财务收支来看，几乎所有的中国互联网企业都在源源不断地烧着投资人的钱，却很难看到回报。在很多互联网经济领域，也根本看不到现有互联网企业盈利的机会，几乎所有的互联网企业都在寻找属于自己的盈利模式。然而，在免费制胜的中国互联网经济中，要想打破现有的免费策略，几乎是不可能的任务。

在全行业亏损或者是全行业不赚钱的特殊历史背景下，要合理地评判一家公司是否具有投资价值，是否具有发展潜力，显然不能依靠传统经济领域中的投资价值评价标准，而必须寻求一个新的评价指标。

三、市场致胜

前面所介绍的互联网投资问题，其实仍是一个典型的大众非理性行为。与传统经济、传统金融的游戏规则相比，互联网经济的发展拥有一个完全颠覆性的规则，它们对于规模的关注度实际上远超对于经济收益的关注度。

想必很多朋友拥有证券投资的经历，如果在传统的金融市场中从事一些金融投资交易，我们最关注的往往是企业的基本面情况，从宏观的国家经济发展的健康状态，到所处产业的发展趋势，再到企业的盈亏情况，都是投资者决定投资与否的核心因素。对于一些擅长财务分析的投资者而言，上市公司所公布的资产负债表、损益表和现金流量表这三大财务报表，更是必须深入、细致研究的投资风向标。通过对于企业众多财务指标的细致分析，把握企业运营的健康情况与可持续发展的概率，才是最终决定是否把自己的真金白银投入这些企业的关键所在。也就是说，在传统的金融投资中，投资者关注企业的真实经营业绩和财务状况，以及相对长远的行业发展趋势与企业发展机会。其实，这些很容易通过企业真实财务指标的变动得出结论。因此，很多专业的金融投资企业都拥有自己的金融分析方法和投资决策机制，并以此来决定投资与否。

可是，如果把这套在传统金融领域广受欢迎的投资决策机制应用到互联网经济领域，我们会遇到很大的麻烦。从产业发展趋势来说，几乎所有的互联网产业都是运用互联网思维，对于传统产业进行改造，甚至是颠覆，都代表着信息技术发展的方向和互联网时代人民需求的对接，都可以称为行业发展的趋势所在。

在免费制胜的游戏规则下，中国的互联网企业却处于普遍的亏损之中。如果运用传统金融分析的财务分析方法，似乎根本找不到互联网企业的明显盈利机会。几乎所有的互联网企业都处于全行业的“烧钱”大战中，它们或者挥霍了创业者自己的资金，或者花费着来自众多投资人的庞大资金，并通过免费甚至是给予客户更多的经济刺激，以吸引更多的客户。

在这样的游戏规则下，对于互联网企业的评价自然也就使用了一种完全不同于传统企业的方法了。投资市场对于互联网企业是否具有投资价值的评判不再根据其自身的盈利能力和财务状况，而是更为简单的市场占有量。换言之，对于很多互联网企业来说，它们并不需要追求盈利，也不需要实现自身的财务状况稳健，只要保证其产品与服务能够得到更多客户的支持，获得更多的客户，自然就意味着它们能在与同领域的其他竞争对手的竞争中抢占先机，因此也就具有更多的投资价值。

这种以市场占有论英雄的价值评价方法，已逐渐从互联网领域扩展到越来越多的市场中，我们自然看到了更为惨烈的市场争夺大战。近年来，在互联网中，一个名为“老大与老二打架，受伤的却总是老三”的段子被广泛传播。正如段子中所描述的，当苹果和三星为争夺智能手机而打得不可开交之际，以往的手机霸主诺基亚却沦落到被微软收购，不得不含泪退出手机市场的命运；当国产牛奶市场中蒙牛与伊利双雄激斗不已时，另两家著名的传统牛奶企业光明和三元的市场空间却被极大地挤压；当京东与苏宁为争取 3C 产品网络销售的霸权而大打价格战时，另一家曾经的家电零售霸主国美却面临着彻底的沉沦；在近来火爆的打车软件市场中，当滴滴与优步两大打车软件各自拿出看家本领，补贴、返券、抽奖以吸引更多客户使用时，嘀哒拼车、一号专车、神州专车等曾经盛极一时的其他打车软件公司基本已没有生存的空间了。

显然，上述一系列神仙打架、小鬼遭殃的案例并非个案，正是在市场制胜的游戏规则下，当两家处于主导地位的领导品牌开始为争夺更多的市场空间而展开激烈的市场竞争时，由于两家领导品牌的实力相当，而且在现有的市场竞争格局下，它们的市场竞争策略往往大同小异，因此，如果两大领导品牌采取类似的促销手段争夺市场，它们往往很容易形成一种市场的平衡，以至于很难从竞争对手处抢夺客户；相反，它们的竞争策略却能对其他小品牌形成极大的杀伤力，以至于市场迅速集中到这两家实力相当的领导品牌，而其他小品牌的生存空间将受到毁灭性的打击。正如我们看到的西式快餐中的麦当劳和肯德基，碳酸饮料市场中的可口可乐与百事可乐，运动鞋市场中的阿迪达斯与耐克一样。在这种两个领导品牌主导的市场中，市场竞争反而形成了一种最微妙的平衡。

在互联网经济中，这种市场制胜的游戏规则表现得更明显，无论是从早期门户网站时代的新浪、网易，还是互联网经济中的后起之秀京东、优步，尽管这些互联网企业已为我们创造了无数的互联网英雄，缔造了众多的网络新贵，然而这些企业的盈利状况却与它们的盛名不相符。很多互联网企业至今仍处于亏损状态，却不影响众多投资者争相为它们献上大把的资金。显然，在投资者看来，这些互联网企业的价值并不在于一城一地的得失，不在于真金白银的盈利，而在于它们能否在市场竞争中争取到更多中国网民的支持，能否获得更大的市场占有率，而这恰恰是最终决定这些企业如何定价的核心因素。在这样的游戏规则下，互联网企业不计代价、不求回报的砸钱行为也就不足为怪了。从某种程度上说，互联网企业的市场致胜游戏规则恰恰导致了互联网经济中追求市场的“烧钱式”大众非理性行为。

案例 8—3

巨亏的互联网巨人

对于喜欢网购的朋友来说，京东商城是许多人很熟悉的一家网络零售商城。可能很多人都已习惯直接使用电脑或者手机在京东商城上通过点击下单购买一些日常生活用品，然后坐等身穿红马甲的京东快递员在第一时间把自己选定的商品送上门。

其实在 1998 年，京东创始人刘强东单靠 1.2 万元的初始投资资金创建京东之时，它只是混迹于中关村的数百家不起眼的电子产品销售商而已。自 2003 年“非典”后，京东首次触网进入电子商务领域，凭借强大的物流配送能力，经过十年的时间，刘强东已逐渐在国内电子商务领域打造出一个庞大的电子商务帝国。

目前，京东已拥有遍布全国的超过6 000万注册用户，其经营范围包括家电、数码通信、电脑、家居百货、服装服饰、母婴、图书、食品、在线旅游等12大类数万个品牌的百万种商品，日订单处理量超过50万单，网站日均浏览量超过1亿次。

自京东投身电子商务领域之初，就得到了众多投资者的青睐。多年以来，京东共获得6轮投资者的资本投入。2007年，今日资本首次投资京东1 000万美元，从此拉开了外部投资者投资京东的序幕。2009年1月，今日资本再次出手，联合雄牛资本、梁伯韬私人公司一起投资京东2 100万美元。连续两轮的投资为今日资本带来了超过100倍的回报，取得上市后京东近22亿美元的持股价值。从对京东的投资中，今日资本总算赚了个盆满钵盈。

继今日资本之后，2011年4月京东得到了俄罗斯DST、老虎基金、红杉资本等6家基金和个人融资共计15亿美元；2012年11月，京东得到加拿大安大略教师退休基金、老虎基金共计4亿美元的投资；2013年2月，京东得到加拿大安大略教师退休基金和Kingdom Holdings Company等共计7亿美元的投资；2014年3月，京东获得来自腾讯的2.14亿美元投资。

由于得到了众多投资者的青睐，在长期的互联网市场竞争中，京东一向以敢花钱、会花钱的“不差钱”形象而著称。在市场中，账上有钱也一直是刘强东多次向竞争对手以及众多客户强调的竞争优势，2013年初，京东在获得投资后，更是公开向市场宣布京东账上拥有超过150亿元现金储备，以震慑苏宁、国美、当当、亚马逊等其他竞争对手。

正是由于机构投资者的追捧，京东上市融资的欲望并不强烈，甚至一度公开宣称在2015年前不会上市融资。然而，这样一家“不差钱”的企业还是选择在2014年1月30日向美国证券交易委员会提交上市申请，并于2014年5月22日在纳斯达克挂牌上市。

在此次上市过程中，京东只拿出10%的新股用于IPO发行，并以每股19美元的价格共发行93 685 620股美国存托股票，共募资17.8亿美元。尽管这已是目前中国企业在纳斯达克最大的一次IPO，然而与京东此前接受机构投资者投资的规模相比，还算不上一次惊世骇俗的上市交易。

然而，尽管获得了众多投资人的青睐，京东却没能实现盈亏平衡，甚至可以毫不客气地说，京东一直在挥霍投资人的资金，用来“烧钱”砸市场，以缔造自己“价格屠夫”的市场形象。然而，京东的“烧钱”行为却没有为投资人带来真实的投资收益。

在京东上市之初提交给美国证券交易委员会的上市材料中显示，2013年前三季度，京东的净营业收入为492.16亿元，比上一年度同期的288.07亿元增长70%，2013年前三季度京东净盈利6 000万元，而前一年则是巨亏14.24亿元。看上去，京东可以以盈利的面貌欢庆自己的上市了，然而这却引起了市场极大的怀疑，很多业内人士都怀疑京东的盈利是为了上市而拼凑出来的。

事实果然证实了大家的怀疑，2014年3月，在京东提交给美国证券交易委员会的第二轮上市材料中，披露了它在2013年的业绩：2013 年，京东全年总收入 693.4 亿元，净亏 6 000 万元，尽管比 2012 年 17.29 亿元的巨亏有了极大的改善，然而亏损毕竟是亏损，其以盈利迎接上市的梦想终告破灭。

赴美上市为京东的发展提供了更充足的资金供应，也为前几轮投资者的投资提供了极好的变现机遇，更为刘强东创下了数十亿美元的身家，然而它却没有扭转京东亏损的命运。2015 年 3 月，京东发布了 2014 年财报：2014 年，京东总营业收入 1 150 亿元人民币，其亏损却达到 8 亿美元，接近 50 亿元人民币，而它在上市前夕发放给创始人刘强东的股权激励价值就达到 36.7 亿元，全年亏损 50 亿元，其中 36.7 亿元进入了刘强东的腰包，这样巨大的反差也引发了市场极大的批评之声。然而，“人为财死，鸟为食亡”，作为京东的创始人及实际持有人，在上市之前实现自己财富的最大化，也无可厚非。何况，即使不考虑这 36.7 亿元，也不会改变京东仍有十多亿元亏损的真实现况。

然而，这么一家不断亏钱的企业，为何能赢得众多投资人一轮又一轮的投资呢？在京东赴美上市之际，为何也能赢得看上去更理性的美国证券市场投资人的追捧呢？显然，京东的价值并不在于其盈利能力，而是京东在中国电子商务领域巨大的市场影响力。

正如其年报显示的，年营业收入过千亿元，全年交易金额超过 2 600 亿元。尽管京东仍远逊于老对手阿里巴巴 2.27 万亿元的成交金额，但京东的成交绝大多数是源于其能够给自己带来收益的自营平台，而阿里巴巴却来源于数以百万计的小卖家，他们尽管为阿里巴巴贡献了成交量，却不能为它创造实实在在的营业收入，这样的反差自然落入了投资人的眼中。

更重要的是在2013年第一季度，在京东至少完成一笔交易的活跃客户数量为1 660万人，仅为阿里巴巴的9.7%，而到了2014年第四季度，其活跃客户数量已激增至5 470万人，已达到阿里巴巴的16.4%。与2013年第一季度相比，京东230%的活跃客户增长率远高于阿里巴巴94%的增长率，这一巨大的落差也构成了京东足以与阿里巴巴掰腕子的资格。

在众多互联网经济的投资人看来，有着如此巨大的市场占有率和市场影响力，有着如此惊人的增长速度，自然京东赚钱只是时间问题。对京东进行投资，尽管在初期只能眼睁睁地看着它把自己辛苦赚来的钱亏掉，但坐拥如此优质的互联网企业的股份，自然也就相当于拥有了一只会下金蛋的母鸡，这样的投资机会自然值得把握。

图书在版编目（CIP）数据

乌合之众？大众非理性行为的经济学逻辑 / 沐风著 . —北京：中国人民大学出版社，2016.11

ISBN 978-7-300-22982-9

Ⅰ. ①乌… Ⅱ. ①沐… Ⅲ. ①人民群众－行为经济学－研究 Ⅳ . ① F069.9

中国版本图书馆 CIP 数据核字（2016）第 127907 号

乌合之众？

大众非理性行为的经济学逻辑

沐风 著

Wuhezhizhong

出版发行	中国人民大学出版社		
社　　址	北京中关村大街 31 号	邮政编码	100080
电　　话	010-62511242（总编室）		010-62511770（质管部）
	010-82501766（邮购部）		010-62514148（门市部）
	010-62515195（发行公司）		010-62515275（盗版举报）
网　　址	http://www.crup.com.cn		
经　　销	新华书店		
印　　刷	北京捷迅佳彩印刷有限公司		
开　　本	890 mm×1240 mm　1/32	**版　　次**	2016 年 11 月第 1 版
印　　张	10.125 插页 1	**印　　次**	2024 年 5 月第 2 次印刷
字　　数	203 000	**定　　价**	76. 00 元